ගී තරු මල්

කැලේ පිපුණු කවි මල් සොයා ගිය
වන්දනීය ගී යාත්‍රාව

නලින් ජයවර්ධන

ගැයූ ගී පද සරණිය

ගී තරු මල්

කැලේ පිපුණු කවි මල් සොයා ගිය
වන්දනීය ගී යාත්‍රාව

නලින් ජයවර්ධන

ගැයූ ගී පද සරණිය

සංස්කරණය

වසන්ත විජේකෝන්

ENTERTAINMENT

යූ-එන්ටර්ටේන්මන්ට්
ප්‍රකාශනයක්

Tel | 077-8304120
e-mail | u.ent.publications@gmail.com

ප්‍රථම මුද්‍රණය - 2016 සැප්තැම්බර්

ගී තරු මල්

ගී පද සරණිය

සංස්කරණය
වසන්ත විජේකෝන්
ISBN 978-955-4053-00-7

කවර නිර්මාණය
සෞම්‍ය සඳරුවන් ලියනගේ

පරිගණක පිටු සැකසුම සහ
අක්ෂර සංයෝජනය
යූ-එන්ටර්ටේන්මන්ට්
077-8304120

භාෂා සංස්කරණය
සුනේත්‍රා තුෂාරි ඩයස්

පරිගණක ග්‍රැෆික්ස්
ජානක මල්මුතුරාම

ඡායාරූප
සමන්ත ප්‍රදීප් විල්තෙර

මුද්‍රණය
සත්සර ප්‍රින්ට් හවුස්
පානදුර

ප්‍රකාශනය
යූ-එන්ටර්ටේන්මන්ට්
කළුතර
ටෙලි | 077-8304120
e-mail | u.ent.publications@gmail.com

First Published in 2016

Gee Tharu Mal
Song Lyrics Collection

Edit By
Wasantha Wijekoon
ISBN 978-955-4053-00-7

Printed By
Sathsara Print House
Panadura
Sri Lanka

Published By
U-Entertainment
Kalutara
Sri Lanka
Tel| 077-8304120

ස්තූතිය

පළමු කොට මෙවන් භාර දූර කාර්යයක් මා වෙත පවරා, එයට අවැසි පහසුකම් නොඅඩුව සැපයූ නලින් ජයවර්ධන නම් වූ ඒ සොඳුරු මිනිසාට ද,

දෙවනුව **ගී තරු මල්** ගේය පද සරණියේ අඩංගු සියලු ගීත වල ගේය පද රචනා කළ රචක රචිකාවියන්ට ද, තනු රචක සහ සංගීත අධ්‍යක්ෂකවරුන්ට සහ සහය ගායක ගායිකාවන් සියලු දෙනාට ද,

තෙවනුව කිසිම පැකිළීමකින් තොරව පූර්විකා සටහන් ලබා දුන් සුනිල් ගෝවින්නගේ, ආචාර්ය විකුම්ප්‍රිය පෙරේරා, සංගීත අධ්‍යක්ෂක සංගීත් වික්‍රමසිංහ සහ රුක්ෂාන් කරුණානායක යන මහත්වරුන්ට ද, පසු කවර සටහන ලියූ ප්‍රවීණ ගේය පද රචක ප්‍රියානන්ද විජේසුන්දර මහතාට ද,

සිව්වෙනුව ආකර්ෂණීය ලෙස පිට කවරය නිර්මාණය කර දුන් සෞම්‍ය සඳරුවන් ලියනගේ සොහොයුරාට ද, මෙහි ඇතුලත් නලින් ජයවර්ධනයන්ගේ ඡායාරූප ලබා දුන් ටෙනිසන් එදිරිසිංහ, අමිල් වීරසිංහ, සංගීත් වික්‍රමසිංහ සහ නිශානි ජයවර්ධන යන ඡායාරූප ශිල්පී ශිල්පිණියන්ට ද, සෝදුපත් කියවා අක්ෂර සංස්කරණය කර දුන් සුනේත්‍රා තුෂාරි ඩයස් මහත්මියට ද,

පස්වෙනුව **ගී තරු මල්** ගී පද සරණියෙහි අඩංගු සියලු ගී තැටි නිෂ්පාදන කටයුතු සිදු කළ Lanka heritage ආයතනයට ද, (http://www.lankaheritage.net/products.php) ඒ සියලු ගීත නොමිලයේ ශ්‍රවණය කිරීමේ සහ බාගත කිරීමේ පහසුකම් සලසමින් ඒ ගීත http://netcd.lakderana.com/cdlist.php වෙබ් පිටුවට ඇතුලත් කළ එහි සංස්කාරකතුමාට ද,

අවසන **ගී තරු මල්** ගේය පද සරණිය මනාව මුද්‍රණය කර දුන් සත්සර මුද්‍රණාලයේ අධිපති රෝහන සරත් කුමාර මහතාට ද, කාර්ය මණ්ඩලයේ සේවක මහතුන්ට ද,

මාගේ ස්තූතිය පුද කරමි.
සංස්කාරක

පිදුම

පිපෙන්නට වෙර දැරූ
නවක ගේය පද රචක පරපුරකට
පිපෙන්නට අවැසි
පොහොර, දිය සැපයූ
නලින් ජයවර්ධනයන්ටත්
ඔහුට ඒ සද්කාර්යය කරන්නට
සෙවනැල්ලක් මෙන් ළඟින් සිට
වෙර විරිය දුන්
රේණුකා ජයවර්ධනයන්ටත්
ගී තරු මල්
ගී පද සරණිය
භක්තියෙන් පුදමි.

"ගී තරු මල්" ගී පද සරණිය ගැන සටහනක්

පර්ත් නුවර වෙසෙන ශ්‍රී ලාංකික - ඔස්ට්‍රේලියානු ගායකයකු වන නලින් ජයවර්ධන මහතා එදා මෙදා තුර ගායනා කරන ලද ගීතවල, ගේය පද රචනා ඇතුලත් **ගී තරු මල්** ගී පද සරණියට පෙරවදනක් ලියන මෙන් කරන ලද ඉල්ලීම මා සතුටින් පිළිගත් නමුත් එය මහත් අභියෝගයක් ලෙස මට සිතිණ. මන්දයත්, මා ගීත විචාරකයකු හෝ සංගීතඥයකු නොවන බැවිනි. එබැවින් මෙම කෙටි සටහනේ අරමුණ වන්නේ නලින් ජයවර්ධන මහතාගේ ගායනා කොට ඇති ගීත සහ ඒ සඳහා තෝරා ගත් ගේය පද ඇසුරෙන් ඔහු කවරාකාරයෙන් සුවිශේෂ සිංහල ගීත සම්ප්‍රදායකට දායක වී අද්දැයි යන්න පිළිබඳ ව, රසිකයකු ලෙස මගේ පුද්ගලික නිරීක්ෂණ කිහිපයක් සටහන් කිරීම යි.

නලින් ජයවර්ධන මහතාගේ ගීත කලාව ඔහුට උරුම වී ඇත්තේ, සංගීතයට නැඹුරුවූ පරම්පරාවක් තුළින් බව පළමුවෙන් ම පැවසීම නිවැරැදි යැයි සිතමි. මෙම සටහන ලිවීම සඳහා මා කිය වූ මූලාශ්‍රයන්ට අනුව, නලින් ජයවර්ධන මහතා ශ්‍රී ලංකාවේ සංගීත සම්ප්‍රදායට සම්බන්ධ පරපුරකින් පැවත එන්නෙකු බව පැහැදිලි ය. ශ්‍රී ලංකාවේ මෙන් ම, එතෙර ද ප්‍රසිද්ධියක් ලබා ඇති ප්‍රවීණ සංගීතඥයකු වන රොහාන් ජයවර්ධන මහතා, නලින් ගේ සොහොයුරෙකි. ඔහුගේ සහයෝගය හා අනුබලය මෙන්ම, ප්‍රකට සම්මානලාභී සංගීත අධ්‍යක්ෂක නිමල් මැන්ඩිස් මහතාගේ ඇසුර සහ ආභාෂය ද නලින්ගේ ගායන කුසලතාවයන්ට රුකුලක් වූ බව මම අසා, කියවා ඇත්තෙමි. එබැවින් මගේ මුල් ම නිරීක්ෂණය නම් නලින් ජයවර්ධන මහතා සංගීත කලාවට සහ ගීත ගායනයට පිටස්තරයකු ලෙස පිවිසි අයකු නොවන බව ය.

දෙවැන්න, ජයවර්ධන මහතා දශක දෙකක පමණ කාලයක් තුළ ගායනා කොට ඇති ගීත වලට පාදක වූ ගේය පද රචනාවල ගම්‍යමාන වන විවිධත්වයයි. මෙම විවිධත්වයට හේතුවන්නේ එකී ගේය පද නිර්මාණය කළ පුද්ගලයන්ගේ පසුබිමේ විවිධත්වයයි. තමා ම ලියා ගායනා කල ගී වලට අමතර ව, ජයවර්ධනයන්ට ගේය පද රචනා කොට ඇත්තන්ද විවිධ ය; විෂම ය. ඒ අතර ප්‍රබුධයන් සහ ආධුනිකයන් ට අමතරව කාන්තා-පුරුෂ, ගිහි-පැවිදි, තරුණ-මහළු ආදී කුලකයන් නියෝජනය කරන්නෝ ද වෙති. නලින්ගේ ගීත වලට ගේය පද ලියූවන් අතර මහාචාර්ය අනුරාධ සෙනෙවිරත්න, ආචාර්ය වික්‍රම්ප්‍රිය පෙරේරා, හද්‍රජ් මහින්ද ජයතිලක සහ දයා ආනන්ද රණසිංහ වැනි ප්‍රබුද්ධයන් මෙන්ම, පළමු වරට ගේය පද ලියූ ආධුනික රචකයන් ද ඇති බව ගේය පද වලින් පැතිරෙන බස් වහර තුළින් පැහැදිලිවේ.

මෙයින් හෙළිවන්නේ නලින් ජයවර්ධන ගායකයා ගැන මා දකින තෙවැනි නිරීක්ෂණ ය යි. එනම්, ශ්‍රී ලංකාවේ මෙන් ම, දැනට ලොව වෙනත් රටවල විසිර සිටින සිංහල ගීත වලට ඇලුම් කරන, විවිධ රසික, රසිකාවන්ට ගැලෙපෙන, එසේ ම ඔවුන් ප්‍රිය කරන තේමාවන් ගවේෂණය කොට අදාළ ගේය පද තෝර බේරා ගෙන ගීත ගැයීමට නලින් තුළ ඇති සහජ හැකියාව යැයි මට හැඟේ.

සිව්වෙනි නිරීක්ෂණය නම් නලින් තමා ගැයූ ගීත, රසිකයන්ට බෙදා හදා දෙන්නට කාලයත්, ශ්‍රමයත්, මුදලත් වැය කිරීමට කටයුතු කොට ඇති ආකාරය යි. ඒ සඳහා ඔහු තුළ වූ හැකියාව සහ කැපවීම ගැන අප අවධානය යොමු විය යුතු ය. තමා ගැයූ ගීත, සංයුක්ත තැටි මගින් සහ වෙබ් අඩවි තුළින් ලොව විවිධ රසිකයන් අතරට බෙදා හදා දෙන්නට ජයවර්ධන ගායකයා වෑයම් කර ඇති ආකාරය ප්‍රශංසනීය ය . තමා ගැයූ ගීත, ලොව වටා වෙසෙන, ලක්ෂ සංඛ්‍යාත රසික පිරිසකට නොමිලයේ පිරි නැමීමට ඔහු තුළ ඇති නැඹුරුව, හැකියාව සහ නිහතමානී බව නලින් දායක වූ ගීත සම්ප්‍රදායේ සුවිශේෂ ලක්ෂණයක් බව මගේ අදහස යි.

මෙම ගී සරණියට අතුළත් ගී සියල්ල ම පාහේ, නොමිලයේ Youtube වැනි වෙබ් අඩවි මගින් ද, සිය ශ්‍රමයත්, මුදලත් වැය කොට, ඔහු සහ අන් සහෘදයන් විසින් නිර්මාණය කොට නඩත්තු කරන netcd.lakderana.com වැනි මාධ්‍ය හරහා ද බෙදා හදා දීමට ජයවර්ධන ගායකයා කර ඇති මෙහෙවර, නලින් ගේ ගීත සම්ප්‍රදායේ සුවිශේෂ ලක්ෂණයකි. සිය ගායනයට ගේය පද රචනාවලට දායකවීමට අමතර ව, Lanka heritage වෙබ් අඩවිය මගින් සිය ගීත, ලොව දස අත විසිරුණු රසිකයන් අතට පත් කිරීමට මුලින්ම ආරාධනා කොට, අනුග්‍රහය දක්වා හිතවතෙකු වූ ආචර්ය විකුම්ප්‍රිය පෙරේරා ගැන ජයවර්ධන ගායකයා සඳහන් කර ඇත්තේ මෙසේ ය.

" ආචර්ය විකුම්ප්‍රිය පෙරේරා මහතා මට මුණ ගැසුණේ 2002 වසරේ දී යි. මේ සියළුම කර්තව්‍යන්ට මුල් වූයේ ඒ හමු වීමයි. ඔහුගේ ආරධනා, අදහස් සහ ආශිර්වාදයන් මැද ගොඩ නැගුණු සුසංයෝගය අදත් පවතිනවා , ඉදිරියටත් පවතිනු ඇත".

ජයවර්ධන ගායකයා දායක වන සංගීත සම්ප්‍රදාය පිළිබඳ ව මගේ පස්වෙනි නිරීක්ෂණයේ අංග ලක්ෂණ දෙකක් මම දකිමි. ඉන් පළමුවැන්න නම් තමන්ගේ ගීත වලට පද ලියූ ඇත්තන් මෙන් ම, සිය ගී වලට ගැලෙපෙන සංගීතය සපැයූ විවිධ දක්ෂතා ඇති සංගීතඥයන් සොයා ගැනීමට ඔහු තුළ වූ හැකියාව යි. දෙවැන්න, තමා ගායනා

කළ ගීත, නව සන්නිවේදන මාධ්‍ය තුළින්, සිංහල ගීතවල විවිධත්වය සොයා යන, නව (තරුණ) රසික පරපුරක් සමග සම්බන්ධ වීමට ජයවර්ධනයන් සතු හැකියාව යි.

හයවෙනි නිරීක්ෂණය නම්, සිය ගීතවල ආත්මය ලෙස සැලකිය යුතු ගේය පද සොයා යෑමේ දී සහ, ගීත වල පසුබිම් සංගීතය සොයා යෑමේ දී, පර්යේෂණ සහ නව මං ගවේෂණය කරන්නට ජයවර්ධනයන් ගෙන ඇති වෑයම යි. මෙහි දී උදාහරණ දෙකක් සඳහන් කරනු කැමැත්තෙමි. පළමුවැන්න, ගේය පද සොයා යෑමේ දී පෙර දී සඳහන් කළ පරිදි ප්‍රබුද්ධයන් හා ආධුනියන් එකසේ සලකා, ප්‍රබුද්ධ සහ නවකයන් සිය ගීත සම්ප්‍රදායේ හවුල්කරුවන් කර ගැනීමට ඔහු දක්වා ඇති වෑයම යි. ආධුනික ගේය පද රචකයන් සොයා ගැනීම සඳහා මුහුණු පොත (Face book) මගින් ආධුනිකයන්ට ආරාධනා කිරීමට ඔහු මැළි නොවේ. දෙවැනි උදාහරණය නම් නව පරිසරයක් පසුබිම් කොට ඇති ගේය පද සඳහා සංගීතය සොයා ගැනීමට ජයවර්ධනයන් අත්හදා බැලීමට මැලි නොවීම ය. අප දෙදෙනාම වාසය කරන පර්ත් නුවර ගැන මා ලියූ ගේය පද මාලාවක් සඳහා ඔස්ට්‍රේලියානු ඇබොර්ජිනල් ජාතිකයන් භාවිතා කරන ඩිජිරිඩූ (digeridoo) (ගස්වල අතුවලින් සාදා ගන්නා වස් දඬු) නාදයන් යොදා ගැනීමේ වැදගත්කම අවබෝධ කර ගත් ඔහු, එම ගීතයට සංගීතය සැපයූ සංගීතඥයාගෙන් ඩිජිරිඩූ නාදයක්, ගීතයේ පසුබිම් සංගීතය සඳහා යොදා ගන්නා ලෙස යෝජනා කළ බව මා දන්නා කාරණයකි. මගේ අවබෝධය අනුව ප්‍රථමයෙන් ම සිංහල ගීයකට, වසර දස දහස් ගණනක් පුරා ඔස්ට්‍රේලියානු ආදි වාසිකයන් භාවිතා කළ ඩිජිරිඩූ නාද රටාවක්, සිංහල ගීයකට යොදා ගත්තේ, සිය ගායනා කලාව සඳහා නව පර්යේෂණ කිරීමටත්, අත්හදා බැලීමටත් ජයවර්ධනයන් බිය නොවූ නිසා යැයි මට සිතේ.

හත්වෙනි නිරීක්ෂණය නම් දුරු රටක වෙසෙමින්, කාර්යය බහුල, එමෙන් ම අත්‍යාවශ්‍ය සේවයකට සම්බන්ධ රැකියාවක නිරත වෙමින්, සාර්ථක ලෙස සිය දරුවන් මෙන් ම, මුණුපුරු පරපුරක් සඳහා කාලය යොදවන අතර, දශක දෙකක් පුරා සංයුක්ත තැටි රැසක් ද, වෙබ් අඩවි මගින් ද, ලොව දස අත වෙසෙන නව රසික පරපුරකට තමා ගැයූ ගීත, නව තාක්ෂණ මාධ්‍ය උපයෝගී කොට බෙදා හැරීම සඳහා කාලය සොයා ගැනීමට තලින් ජයවර්ධනයන් ට ඇති හැකියාව යි. සිය ගීත සම්ප්‍රදාය බිහි කරන්නට ජයවර්ධන ගායකයා කාලය සොයා ගන්නේ කෙසේදැයි යන්න තවමත් මට වටහා ගත නොහැකි වූ අභිරහසකි.

මෙම ගී පද සරණිය, සිංහල සංගීතය මෙන් ම ගේය පද ගැන විවරණ සපයන, අධ්‍යයනය කරන විද්‍යාර්ථීන්ගේ අවධානයට යොමු වෙනු ඇතැයි මම සිතමි. මන්දයත්, මෙම ගී සරණියේ ගේය පද, ශ්‍රී ලංකාවෙන් ඔබ්බට ගොස් විකාශණය වන සිංහල ගීත කලාව නියෝජනය කරන නව කෝෂ ග්‍රන්ථයක් ලෙස අගය කළ යුතු නිසා ය. එසේ ම, මෙම ගී සරණිය, තුළින් අපට නලින් ජයවර්ධන ගායනා කොට ඇති ගේය පදවල විවිධත්වය සහ තේමාවන් මෙන්ම, ඒවා ලියූ පද රචකයන් අප හමුවේ තබන සුවිශේෂ සමාජ සහ දේශපාලන තේමාවන් ද නිරීක්ෂණය කිරීමට අවස්ථාවක් ලබා දෙයි. මේ සියල්ලට ම අමතරව ජයවර්ධන ගායකයා, මෙම ගී සරණිය පළ කිරීමෙන් අපට අගවන ඉඟියක් ද ඇතැයි මට සිතේ. එනම්, සිය ගීතයන් මගින් ලොව පුරා පැතිරී සිටින ශ්‍රී ලාංකීය රසික පරපුරේ පසුබිම සහ ජනගහන ලක්ෂණ (demographic characteristics) කවරේ ද යන්න සොයා දැන ගත යුතු ය යන ඉඟියයි. ගෝලීකරණ ලොවක වෙසෙන අප ගීත කලාවේ නව ප්‍රවණතා ගැන සොයා බැලිය යුතු ය; සාකච්ඡා කළ යුතු ය. මගේ අවබෝධය අනු ව, මෙම ගී පද සරණිය අපට එබඳු අවස්ථා රාශියක් ම ලබා දෙයි.

සුනිල් ගෝවින්නගේ
මානව අධ්‍යයන අංශය
කර්ටන් විශ්ව විද්‍යාලය
බෙන්ට්ලි
බටහිර ඔස්ට්‍රේලියාව
2016 අගෝස්තු මස 12

සිංහල ගීතයේ පිරිහීම

සිංහල ගීතය පිරිහීමකට ලක් වී තිබේද? ගීතයේ හොඳම කාලය 80 දශකය ද? අද හොඳ ගීත ගායනා, පද මාලා සහ ගී තනු වල පිරිහීමක් දක්නට තිබේද? අපට සෑම සියලු මාධ්‍ය ප්‍රකාශන වලින් සහ ප්‍රවීණ ශිල්පීන්ගේ මතයන් ඇසුරින් මේ ප්‍රශ්න වලට ඒකමතික පිළිතුරක් අසන්නට ලැබේ. එය නම් "ඔව්" අද ගීත කලාව මහත් පිරිහීමකට ලක්ව ඇත, මෙය ඉතා දුක්මුසු තත්ත්වයකි, විකාශන ආයතන හොද ගීත මඟ හැර පිරිහුණු අප්‍රබුද්ධ ගීත විකාශනයටම නැඹුරු වී ඇත, යනාදි වශයෙනි.

මේ ප්‍රශ්න වලට මගේ පිළිතුරු ද එකතු කරන්නට මට අවසර දෙන්න. පළමුවෙන්ම හොඳ ගීත සහ නරක ගීත වශයෙන් ගීත දෙවර්ගයකට පමණක් බෙදිය හැකි ද? එසේ හැකි නම් කුමන මිනුම් දණ්ඩක් ඒ සදහා භාවිතා කළ යුතුද? මේ බෙදීම යම් රාජ්‍ය හෝ රාජ්‍ය නොවන සංවිධානයක් මගින් කළ යුතුද? යනාදි වශයෙන් තවත් අතුරු ප්‍රශ්න රැසක් මතුව ඒ. අද දවසේ තාක්ෂණික වදන නම් "සුභාවිත ගීතයයි ". එසේ නම් හොඳ ගීත යනු සුභාවිත ගීතද? ප්‍රවීණ ශිල්පීන්ගේ සහ විචාරකයන්ගේ අදහස එය එසේ බවයි. සුභාවිත නොවන සේ කරන ගීතය අසාර්ථක ගීතය. එය එසේ නම් අපද එම අදහසට එකඟ වන්නේ නම් සුභාවිත එනම් හොඳ භාවිතයට බඳුන් වූ ගීත හොඳ ගීත වේ. ඇත්ත වශයෙන්ම මගේ පෞද්ගලික අදහස නම් මේ බෙදීම පදනම් විරහිත එකක් බවයි. මෙය කලකට පෙර ඇති වූ ප්‍රබුද්ධ - පීචන් විවාද සේම නව ප්‍රවණතාවක් පමණක් බවයි. සුභාවිත වදනින් ප්‍රකාශ වන පරිදිම ගීතය යොදාගෙන ඇත්තේ එයට උරුම නිවැරදි භාවිතයට නම් එය හොද ගීතයක් විය යුතු බවයි. උදාහරණයක් වශයෙන් මාලු ඇල්ලීමට, කොල මැඩුමට හෝ පැල් රැකීමට යොදා ගත් ගීතයක් ඒ සඳහාම නිපැදවූවක්ම නම් එය සුභාවිත ගීතය විය යුතුය. මාලු ඇල්ලිමට නිපැයූ ගීතයක් දේශාභිමානි ගීතයක් නොවන නිසා එය සුභාවිත නොවන්නේ ඒ අනුරූපයෙන් භාවිතයට ගතහොත් පමණකි . වෙනත් අයුරකින් කියනවා නම් බොහෝ ගීත ස්වභාවයෙන් සුභාවිත ගීතයන්ය. එහෙයින් මෙම බෙදීම අර්ථ ශූන්‍ය බවට ඉබේටම පත් වී ඇති සේ පෙනේ. දෙවනුව ගීතය 80 දශකයෙන් පසුව පිරිහීමකට ලක්වී ඇත්නම් එයට වගකිව යුත්තේ කවුරුන්ද? මගේ පෞද්ගලික

විශ්වාසය නම් සිංහල ගීතය දිනෙන් දින ක්‍රම ක්‍රමයෙන් දියුණුවට සහ ඉදිරියට යන බවයි.

මැදහත් නිරීක්ෂකයෙකුට ගීත සාහිත්‍යය විවිධ ශාඛා ඔස්සේ දළු දමමින් නව ඉසව් නව මං කරා ඉදිරියටම ගලා යන බව පෙනී යා යුතුය. අපි මොහොතකට මෙම ප්‍රවීණයන් හා විචාරකයන් සමග එකඟව 80 දශකයෙන් පසු ගීත පිරිහීමකට බඳුන් වුවා යැයි එකඟ වුවහොත්, එයට වගකිව යුත්තේ කවුරුන්ද? එම ප්‍රවීණයන්ම නොවේද ? මෙම ප්‍රවීණයන් අද ද ජීවතුන් අතර සිටී නම් ඔවුන් 80 දශකයේ කළ කී දෑ තව දුරටත් ඉදිරියට ගෙන යෑම ඔවුන්ගේ වගකීමක් මිස 90, 2000 දශක වල තරුණයන්ට එය පැවරීම යුක්ති සහගතද? 80 දශකයේ බිහි වූ ගීත වැනි "හොඳ ගීත " දැනුදු බිහි කිරීම අපි ඒ පරම්පරාවටම බාර දිය යුතු නොවේද? 90, 2000 දශකවල ශිල්පීන් ඔවුන්ගේම "හොඳ ගීත" කලාවක් නිර්මාණය කෙරේවා! සිංහල ගීතය 40, 50, 60 යන දශක හරහා අද වන විට විවිධ මං මාවත් ඔස්සේ අතු බෙදී විහිදී මහා ශාකයන් බවට පත්ව ඇති බව මැදහත්ව සිතන ඕනෑම කෙනෙකුට පෙනිය යුතුය. එය එසේ නොවේ යැයි කියන්නෝ එලෙස පවසනුයේ වෙනත් හේතුවක් නිසා බව දැන් අපට පැහැදිලි විය යුතු නොවේද ?

ගීත ගායනයේ යෙදුනු වසර ගණන අනුව නවකයෙකු වශයෙන් හැඳින්විය හැකි නලින් ජයවර්ධන ගායන ශිල්පියාගේ ගීත අඩංගු මෙම පොත් පිංචට පෙර වදනක් ලිවීමට ලැබීම භාග්‍යයක් කොට සලකමි. ගායනා කරන ලද ගීත ප්‍රමාණය අනුව හා ගායනා කරන ලද තේමා හා ගීත ආකාර අනුව ප්‍රවීණයෙකු ලෙස අනිවාර්යයෙන්ම සැලකිය හැකි නලින් ජයවර්ධන මහතාට බොහෝ ගීත ලියූ රචකයෙකු වශයෙන් ඔහුගේ ගීත මවිසින් අගය කිරීම සදාචාරාත්මක නොවන නිසා එම කර්තව්‍යය පාඨක ඔබටම බාර කරමි. මෙම ගීත රැස කියවා සිංහල ගීතය ඇත්තෙන්ම පිරිහීමකට ලක්ව ඇත්දැයි නිගමනය කිරීමට පාඨක ඔබටම බාර කරමි .

තවමත් ගීත බිහිවෙන බවත් කුමන මිනුම් දණ්ඩක් භාවිතා කළද "හොඳ ගීත " තවමත් බිහිවෙන බවත් මේ එක් ශිල්පියෙකුගේ ගීත පමණක් වුවද විචාරක්ෂියෙන් විමසුමට ලක් කරන මැදහත් සිංහල ගීත අසන්නාට නිගමනය කිරීමට හැකිවෙනු ඇති බව මගේ විශ්වාසයයි .

නලින් ජයවර්ධන මහතාට සහ ඔහුට ගීත පද මාලා සහ තනු, සංගීත නිර්මාණ නිපැයූ සියලුම ශිල්පීන්ට මාගේ සුභ පැතුම් මේ සමග පිරිනමමි.

ආචාර්ය විකුම්ප්‍රිය පෙරේරා
vicumpriya_music@yahoo.com
Ohiyo, U.S.A
June 2016

මතක ආවර්ජනා

නලින් ජයවර්ධන සොහොයුරා මා හඳුනා ගන්නේ අසූව දශකයේ මුල් භාගයේදියි. උසස් පෙළ අවසන් වූ විගසම වාගේ සංගීත කණ්ඩායමක් පටන් ගැනීමට තිබුණු උනන්දුව නිසාමය. පළමුව මගේ මිතුරා වන්නේ නලින් සොහොයුරාගේ එකම සොහොයුරු රොහාන් ජයවර්ධනයි. ඔහුත් සමග කලඑළි බැසගත් මගේ සංගීත දිවිය 1980 පටන් අද වනතෙක් සුන්දර අන්දමින් ගෙවී යනවා . සංගීතය කෙරෙහි ඇල්මක් බැඳීමක් මේ සොහොයුරන්ගේ පවුල් හරහා ද දිව යන්නේත් මාගේ හැකියාවන් නලින් සොහොයුරා හඳුනා ගන්නේත් අද නොව එදා සිටමය.

වරෙක මා එක්සත් ජනපදයේ ගෙවුණු ජීවිතයේත් ඔහු මාව අමතක කළේ නැත. තාක්ෂණයට පින් සිද්ධ වෙන්න අන්තර්ජාලය හරහා අපි සංගීත ගනු දෙනු කළේය.

ලැබෙන පද රචනා වලින් ඔහු මට යොමු කරන්නේ ඉතාමත් හර බර පද සංකල්පනාවන්. මගෙන් ඔහු බලාපොරොත්තු වෙන්නේ වචන වලට එහා යන සංගීත නිර්මාණයන්. මගේ උපරිමයෙන් මගේ තනු ඔහු වෙනුවෙන් නිර්මාණය වුණා යැයි මා සිතනවා.

"සිත්තරුවාණෙනි" ගීත සමුච්චය ඊට හොඳම උදාහරණයක් . මටත් අභියෝගයක් වුණු ඒ නිර්මාණ එකතුව සම්පූර්ණයෙන්ම ජීවමය සංගීත භාණ්ඩ උපයෝගී කර ගනිමින් නිමාවට පත් වුණු ගීත සමුච්චයක්.

ඔහුගේ මේ උත්සාහය නිසා නව පරපුරේ ගේය පද රචකයන්ටත් සංගීත අධ්‍යක්ෂකවරුන්ටත් ඔවුන්ගේ දස්කම් විදහා පාන්නට හොඳම අවස්ථාවක් වුණා.

ඉතින් මගේ හදවතින්ම ඔහුගේ මේ ගමන වෙනුවෙන් පිදෙන සුබ පැතුම් . ජය වේවා.!

සංගීත් වික්‍රමසිංහ
ප්‍රවීණ සංගීත අධ්‍යක්ෂක

Sentiments For a Golden Journey

It's with great pleasure I send this congratulatory note for the release of "Gee Tharu mal " song book comprises with the lyrics of the songs of versatile artist, Mr. Nalin Jayawardane. My memory goes back to the year 2007 when I got to know uncle Nalin through e-mail and he had been known to my family very well before moving to Australia. Thereafter we were communicating often and I was given the chance to showcase my written compilations about some legendary Sri Lankan musicians on popular Sinhala Jukebox music site which was created by Dr Vicumpriya Perera and partly administrated by Uncle Nalin with another partner.

In the year 2009, I established my own band "Chimes of The 70's" along with our own recording studio. In the same year when I had released the maiden 03 songs from our band, one day I received an e-mail from Uncle Nalin with some lyrics written by Dr. Vicumpriya Perera, asking me whether I could make a melody for it. So I moved on with the request and it ended up with the release of song titled "Kiyu Kavi Gee" which turned out to be my maiden composition for a solo artist. From there onwards I had the chance to compose about nearly 40 songs for him including the two albums titled "Paata Paata Samanalayin" & "Sonduru Wasanthaya". When doing these songs, I really enjoyed working with him as he had given me enough freedom to do the justice for the composition and to be experimental as well.

When considering about the repertoire of songs that Uncle Nalin sang, it's significant that he didn't stick in to one particular genre and went on recording songs with various musical genres. Also the generosity and the intention that uncle Nalin had always to assist the up-coming Artists in the filed should be much commendable. In my point of view, he really did a massive service to bring the artistic talents of up-coming lyrics & composers to the limelight by giving them the opportunity to work with him. Even in getting his songs publicized, most of the time he got rid from the traditional procedures and main stream media and moved out to deal with the new trends such as Youtube, Amazon, Itunes & Google Play.

I believe, today the name "Nalin Jayawardena" has become a household name among the musical lovers around the globe and he has become the owner of a wonderful set of original songs. So I take this opportunity to say a big "THANK YOU" to uncle Nalin for all the assistance he rendered for my music career and at the same time I would like to wish him all the very best for his future endeavors!!!!

Rukshan Karunanayaka
Rukshan Karunanayaka is a young musician, composer, guitarist and the founder of the band, Chimes of the 70's

නලින් ජයවර්ධන සහ ගී තරු මල්

නලින් ජයවර්ධන, ඔහු අපේ කතා නායකයාය. **ගී තරු මල්**, ඒ අපේ කතා නායකයාගේ අවුරුදු 15 ක් වන සංගීත නිර්මාණ දිවියේ එතෙක් මෙතෙක් කල් ඔහු විසින් එකතු කර ගත් මුතු මැණික් සංචිතයය.

මා මේ සටහන තබන්නේ නලින් ජයවර්ධන ගැයූ ගී පද රචනා සංගෘහිතයටය. එම නිසාවෙන් මා මෙහි ලිවිය යුත්තේ **ගී තරු මල්** ගී පද රචනා පොතේ අඩංගු ගී පද රචනාවන් ගැනය. එනමුත් නලින් ජයවර්ධන ගැන නොලියා මට මේ පොත ගැන සටහනක් තැබීමට නොහැක. මන්ද නලින් ජයවර්ධන යනු ඒ තරමටම සුවිශේෂි පුද්ගලයෙක් බැවිනි. ඔහු ගැන ලිවිය යුතු දෑ බොහෝ වෙතත් අඛණ්ඩව පැය 24 ක් නොව පැය 48 ක් වෙහෙසී මෙවැනි පොත් එකක් නොව දෙක තුනක පිටු පිරෙවුවද ඔහු සහ ඔහුගේ නිර්මාණ දිවියේ ඇති සුවිශේෂිතා ගැන ලියා අහවර කල නොහැක. නමුත් මාගේ මේ දුර්වල ප්‍රයත්නය ඔහු සහ ඔහුගේ නිර්මාණ දිවියේ ඇති සුවිශේෂිතා **ගී තරු මල්** ගීත සංග්‍රහය පාදක කරගෙන සංක්ෂිප්තව හෝ මෙහි සටහන් තබන්නටය .

නලින් ජයවර්ධන නම් ගායකයාගේ බිහිවීම

උත්පත්තියෙන්ම සංගීත ඥානයක් සහ ගායන කෞශල්‍යයක් දෝතින් ගෙන 1957 අප්‍රියෙල් 18 වන දින මෙලොව එළිය දුටු නලින් ජයවර්ධනයන්ට, ඔහුගේ භද්‍ර යොවුන් වියේදී ගායකයෙකු වීමේ වාසනාව අහිමි විය. 60, 70, සහ 80 දශක වල ශ්‍රී ලාංකීය සංගීත ක්ෂේත්‍රයේ තිබූ ඒකාධිපතිත්වයත්, ඔහුගේ සමාජීය සහ ආර්ථික පසුබිමත් එයට හේතු වූවා විය හැක. නමුත් නලින් ඔහුගේ බලාපොරොත්තු අත් හැර ගත්තේ නැත. ඔහු ඉපදී අවුරුදු 40 කට පසු ඔහු ඔහුගේම ගී නිර්මාණයක් කළේය. එතැන් සිට මේ පොත සංස්කරණය වන මොහොත දක්වා අවුරුදු 15 ක් තුළ ගීත 311 ක් ගයා ඔහු ඔහුගේ හැකියාව සිංහල සංගීත ක්ෂේත්‍රයට දායාද කළේය .

තරුණ පරපුරට අත දීම

ඔහු ගැයූ ගීත 311 පුරාම මා දකින එක් සුවිශේෂී දෙයක් ඇත. එනම් ඒ ගීත 311 න් බහුතරයක් ගීත තුළ ඇත්තේ ආධුනික තරුණ පරපුරේ හැකියාවන්ය. නිර්මාණාත්මක ගුණ සුවඳය. ඔහුගේ තරුණ කාලයේ ප්‍රවීණයන්ගෙන් ඔහුට නොලැබුණු අත - හිත ඔහු ඔහුට හැකි කාලයේ, ඔහුට හැකි පමණින් බාල පරපුරට ලබා දුන්නේය.

නලින් විසින් මුල්ම ගී පද රචනාව ගයා ගී පද රචක රචිකාවියන් වශයෙන් භෞතිස්ම කළ රචක රචිකාවියන් මේ ක්ෂේත්‍රයේ බොහෝ වෙත්. දැන් ඔවුන් ක්ෂේත්‍රයේ ප්‍රවීණයන්ටත් ගී පද රචනා කරන්නවුන්ය. ලක්මි ප්‍රභා රත්නායක, ඉන්දු ලියනගේ, අරුණ වික්‍රමාරච්චි, චතුරිකා සෙව්වන්දි, සංජීවනි දහනායක, සංජීවිකා සමරතුංග යනු සීයයකට වැඩි පුද්ගල නාම ඇති ඒ නාමාවලියෙන් උපුටා ගත් නම් කිහිපයකි .

ඔහුගේ ගීත ඔහු බය නැතුව තනු රචනා කිරීමට සහ සංගීත අධ්‍යක්ෂණය කිරීමට තරුණ පරපුර අතට පත් කලේය. රැක්ෂාන් කරුණානායක, ජයංග දැදිගම, ධම්මික එදුස්සූරිය එවන් හැකියාවැති තරුණයන් තිදෙනෙකි. මේ පොතේ සංස්කරණ කටයුතු කරගෙන යන අවස්ථාවේ වරක් මම නලින් ජයවර්ධනයන්ගෙන් ප්‍රශ්නයක් ඇසුවෙමි.

"නලින් අයියේ ... බොහෝ ගායකයෝ නිර්මාණ කටයුතු කරන්නේ ප්‍රවීණ පද රචකයන් සහ සංගීත අධ්‍යක්ෂකවරුන් සමග. ඔයාට බය හිතුණෙ නැද්ද මේ වගේ නවක තරුණ අයත් එක්ක වැඩ කරන්න."
ඔහු ගත් කටටම කීවේ,

"මල්ලී. හැමෝම ඔය විදිහට හිතුවොත්, ප්‍රවීණයන් සමග පමණක් වැඩ කළොත්, කොහොමද තරුණ පරපුරක නිර්මාණ එළියට එන්නේ . පුදුම හැකියාවක් තියෙන තරුණ පරපුරක් අපිට ඉන්නවා ."
යනු වෙනි. ඔහුගේ ඒ ප්‍රකාශය මොන තරම් නිවැරදි දැයි ඔහුගේ මේ ගීත සමුච්චය දෙස බැලීමෙන් මොනවට සනාථ වේ.

පද රචනයෙන්, සංගීත අධ්‍යක්ෂණයෙන් සේම සහාය ගායනයෙන්ද, ඔහු ආධුනික පරපුරකට සමාජ ගත වෙන්න සුළු හෝ අත්වැලක් සැපයුවේය .

ප්‍රවීණයන්ගේ ඇසුර

ඔහුට හැකි පමණින් නවකයන්ට අත්වැලක් වුවා සේම ඔහු ඔහුගේ නිර්මාණ වලට ප්‍රවීණයන්ගේ ඇසුර ද ලබා ගත්තේය. මේ ගී පද සරණිය හොඳින් පරිශීලනය කරන්නෙකුට පද රචනා නාමාවලියේ මහාචාර්ය අනුරාධ සෙනෙවිරත්න, දයා ආනන්ද රණසිංහ, ආනන්ද පද්මසිරි, ආචාර්ය වික්‍රම්ප්‍රිය පෙරේරා වැනි නම් ද, තනු රචනා සහ සංගීත අධ්‍යක්ෂණයෙන් ආචාර්ය රෝහණ වීරසිංහ, එච්. එම්. ජයවර්ධන, නිමල් මෙන්ඩිස්, සරත් ද අල්විස්, නවරත්න ගමගේ වැනි ප්‍රවීණයන්ගේ නම්ද, සහය ගායනයෙන් විශාරද නෙලු අධිකාරි, වෝල්ටර් ප්‍රනාන්දු, රූපා ඉන්දුමති වැන්නියන්ගේ සේම අමිලා නදීශානි, චේතනා රණසිංහ වැනි ජනප්‍රිය ගායිකාවන්ගේ නම් ද ඇස ගැසෙනු නොඅනුමානය.

හොඳ ගී පද රචනා තෝරා ගැනීමේ සහජ ඉව

ප්‍රවීණ ඇසුර ලද පමණින් කිසිවෙකුට හොඳ ගායකයෙකු විය නොහැකිය. හොඳ ගායකයෙකු වීමට සංගීත ඥානය සේම සාහිත්‍ය ඥානයද තිබිය යුතුය. නලින්ට සංගීත ඥානය සේම සාහිත්‍ය ඥානය ද සහජයෙන්ම උපරිමව පිහිටා ඇත. මේ ගී පද සරණිය හොඳින් පරිශීලනය කරන ඕනෑම අයෙකුට මා මේ කියන සාහිත්‍ය ඥානය ගැන මනා අවබෝධයක් ලැබෙනු ඇත.

ඔහුගේ ගී වපසරිය මාතෘකා එකකට දෙකකට පමණක් සීමා වී නැත. ආදරය, මව් පිය සෙනෙහස, සමාජ ආසාධාරණය වැනි බහුතරයක් දෙනා අත පත ගානා මාතෘකා පමණක් නොව විරල තේමා ඔස්සේ ලියවුණු ගී පද රචනා වලින්ද ගී තරු මල් පොහොසත්ය.

මහලු මඩමක තනි වී සිටින මව් පිය දෙපලකගේ චෛතසිකය ගැන කියවෙන **බෝපත් සෙවණේ** ගීතය මා ඉහතින් සඳහන් කළ කාරණාව සනාථ කරන්නට ගත හැකි හොඳම නිදසුනකි.

බෝපත් සෙවණේ සිත සැනසේවා
හිමි සඳ අහියස පෙළට වදිනවා
සෙනෙහස් ගින්නට සිත ඇවිලෙනවා
මහලු මඩම කුල ගෙයයි සිතෙනවා
-තරිඳු අමිල (පිට -56)

සංජීවනී දහනායක ලියූ අප්පච්චී ගීතයද එවන් වූ වෙනස්ම අත්දැකීමක් ගැන ලියවුණු ගීතයකි.

සසර ගිනි කඳ මතම දැවි දැවී
ඉන්න බැහැ මගේ අප්පච්චී
ඒ ගිනි නිවනට දිය සොයන්නට
යන්න අවසර අප්පච්චී

- සංජීවනී දහනායක (පිට -59)

සසර නිස්සාරත්වය දැක ගිහි ගෙයින් නික්මෙන්නට තම පියාගෙන් අවසර ඉල්ලන පුතෙකුගේ සහ පියා තම එකම පුතුගේ ඉල්ලීමට දක්වන භාව ප්‍රතිචාරයන් ගැන මේ ගීතයේ ලියැවී ඇත. කිසිවෙකුගේ ඇස නොගැසෙන මෙවන් වූ තේමාවන් තම ගී ගොන්නට එකතු කර ගන්නට නලින් ගත් වෑයම ප්‍රශංසණීයය.

විශේෂ අවශ්‍යතා ඇති දරුවෙක් සිටින මවක් පියෙක් මොන තරම් දුක් ගිනි කන්දක් විඳිනවාද ? එහෙත් නලින් අහුලා ගන්නේ ඒ දරුවා දෙස ආදරයෙන් බලන රචනයකි.

සඳක් වගේ නුඹ මලක් වගේ
වාරු නැතුව යහනේ
කාට බැරි උනත් මං නුඹ රකිනවා
මගේ ඇස් දෙක වගේ

- අනූෂා නිලන්තිකා (පිට -64)

අලි මිනිස් ගැටුම වනය ආශ්‍රිත ගම් නියම් ගම් වල ජීවත් වන්නන්ට නම් අමුත්තක් නොවේ. අපි ද ඒ කාරණාව ගැන පුවත් මගින් අනන්තවත් අසා කියවා ඇත. එහෙත් ගීතයකට නැගුණු අවස්ථා නම් විරලය. නලින්ගේ ගී ගොන්න සුවිශේෂී වන්නේ එවන් විරල අනුභූතින් සහිත රචනාවලින් ද එය පොහොසත් නිසාය.

ඇතින් ඇසෙයි තැතිගත් කිරලුන් සද්දේ
අලි කලබලය නැග එයි වැව ඉස්මත්තේ
අපි අසරණයි, අපි අසරණයි වන අයිතිය උන් පැත්තේ
දෙවියනි වඩිනු මැන හනිකට මේ පැත්තේ

- අජන්ත ජයසේකර (පිට -62)

ගේය පද රචකයාගේ භූමිකාව

මා ඉහත ඡේදයේ සඳහන් කළ සාහිත්‍ය ඥානය නිසාම නලින් තුළින් අපූරු ගේය පද රචකයෙකුද බිහිවී තිබුණි. නමුත් පසු කලෙක ඔහු විහින්ම ඔහුගේ රචනා කෞශල්‍ය යටපත් කොටගෙන ඇතද, ඔහුගේ ගීතාවලිය පිරික්සන ඕනෑම කෙනෙකුට ඒ සඳහා සාක්ෂි ඔහු ඕනෑවටත් වඩා ඉතිරි කොට ඇත. නලින් සංගීත ක්ෂේත්‍රයට පැමිණි මුල් කාලයේ ඔහු ගැයූ ගීත බොහෝ ගණනක ගේය පද රචනාවන්ද ඔහුගේමය.

පිට රටකට ඇවිදින් කල් ගෙවුවා මදිද දැන්
සොඳුර මහලු වී පොඩි දරුවන් ලොකු වී
ඇති මදිද මල්ලියේ හිටියා
සුද්දට යටවී අපි දැන් සුද්දට යට වී
(පිට -311)

අඳුරු රැයක් විය මා හද චංචල
ඒ රැය කලුවර දෑස වසා
සොඳුරු ලඳක් විය මා හද පෙම් කළ
ඒ පෙම් ලෝකය දෑස වසා
(පිට -325)

ඉහත ගීත දෙකම පමණක් වුව ඔහුගේ ගේය පද රචනා පබැඳීමේ හැකියාව ගැන අපට අදහසක් ගන්නට හොඳටම ප්‍රමාණවත් ය.

මට පොඩි ප්‍රශ්නයක් මතුවේ. එනම් නලින් ජයවර්ධන නමැති ගේය පද රචකයාව මරා දමා නලින් ජයවර්ධන නමැති ගායකයා පමණක් පසු කලෙක ඉස්මතු වුයේ මන්ද යන්නයි. ඔහුගේ ගීතාවලිය තුළින්ම එයට පිළිතුරුද මට සොයා ගැනීම එතරම් අසීරු නොවේ. නලින් නමැති පද රචකයාව ඔහු විසින්ම මරා දමා ගායකයා පමණක් ජීවත් වුයේ නවක ගේය පද රචක පරපුරකට අත දීමේ වැඩි ඉඩ කඩක් වෙන්කිරීමේ ඔහුගේ තිබුණ ඒ උත්තුංග බලාපොරොත්තුව නිසාම විය හැකියැයි මට සිතේ. මේ ඔහුගේ තවත් ගේය පද රචනාවකින් උපුටා ගත්තකි.

අපේම ජාතිය දෙකට කඩන්නට
පාර කපන්නේ අපි අපිමයි
ආගම් හින්දා බේද පුරන්නට
රැකුල් බඳින්නේ අපි අපිමයි
(පිට -274)

රැළි වලට හසු නොවීම

නලින් ජයවර්ධනයන්ගේ මා දකිනා සුවිශේෂිතම ලක්ෂණය නම් රැළි වලට හසු නොවීම සහ එකම ගීත ශෛලියකට රාමු ගත නොවීමයි. විටෙකදි ඔහු භක්ති ගීතයක් ගායනා කරන අතර ඒ ක්ෂණයකින් ඔහු විරෝධාකල්ප ගීතයක් ගායනා කරයි. ප්‍රේම ගීතයක් ගයන ඔහුගේ ඊළග ගීතය උත්ප්‍රාසාත්මක ගීතයකි.

අතලොස්සක් ගායකයන් පමණක් අත ගැසූ උත්ප්‍රාසාත්මක ගීත කලාව නලින් හරි අපූරුවට ග්‍රහණය කර ගණි.

මහ මුහුද පැනන් රට රට වල වෙලා පදිංචි
මහ මුදුනෝ වෙලා කල්ලි ගැසි ගයයි ප්‍රශස්ති
මම සභාපති හිතවතානේ ලේකම්
බිරිඳටත් දෙනවා මුදල් පැත්ත නැත්නම් ජල්ලී
අයියෝ නැත්නම් ජල්ලී
-සුසන්ත දන්දෙනිය (පිට -72)

දවසක් දා කක්කුට්ටෙක් - ළං කරගෙන පොඩි උන් රොත්තක්
දෙනවලු ඔවදන් ගොන්නක් - දිවියට වෙන්නට හයියක්
-ලීරා ද සිල්වා (පිට -74)

බණ කියන්න දොස් හොයන්න හැමෝම එනවා
නිකන් වගේ එතන ඉඳන් ඔවදන් දෙනවා
තමන්ගේ වැඩ බලා ගන්න නැතිද විනෝදේ
උදේ ඉඳන් රෑ වෙනකන් සොයයි කුඩා දේ
-ආචාර්ය විකුම්ප්‍රිය පෙරේරා (පිට -341)

මේ උදාහරණ කිහිපයකි.

අන්තර්ජාලය ගීත ජනගත කිරිමට භාවිතා කිරිම

2000 දශකයේ ආරම්භය යනු සිංහල ගීතය සංයුක්ත තැටි නිෂ්පාදකයන්ගේ ග්‍රහණයට නතුව තිබූ යුගයකි. නලින් ජයවර්ධන

ගීත නිර්මාණකරණයට යොමු වෙන්නේත් මේ යුගයේදීය. ඔහු වෙනස් විදිහට හිතන මිනිසෙකි. ඒ නිසාම ඔහු ගීත ජනගත කිරීමට සංයුක්ත තැටි නිෂ්පාදකයන් පසු පස ගියේ නැත. ඔහු මුදලාලි ග්‍රහණය අතික්‍රමණය කරමින් එකල බොහෝ දුප්පත් අඩියක තිබූ අන්තර්ජාලය තම ගීත ජනගත කිරීමට යොදා ගත්තේය.

අන්තර්ජාලය භාවිතා කරමින් ගීත සමුච්චයක් එළි දැක්වූ ප්‍රථම අවස්ථාවේ නියමුවාද නලින්ම විය. අද මෙන් මුහුණු පොත හෝ අන්තර්ජාල භාවිතාවක් නොවූ 2004 වර්ෂයේ ඔහු විසින් නොමිලයේ බාගත කළ හැකි ආකාරයට ගීත සමුච්චයක් අන්තර්ජාලයට මුදා හරිමින් කුට සංයුක්ත තැටි නිෂ්පාදකයන්ට අභියෝගයක් එල්ල කළේය. එදා ඔහු ගත් ඒ පියවර මත ඇවිදින් අද වන විට ශ්‍රී ලාංකික ගායක ගායිකාවන් සියලුම දෙනා පාහේ අන්තර්ජාලය සහ මුහුණු පොත තමන්ගේ ප්‍රධාන වාහකයා බවට පත් කොට ගෙන ඇත.

ගී තරු මල් ගීත සංග්‍රහයෙහි අඩංගු සියලුම ගීත මේ වන විට You tube, Itune, Googal play සහ Lakderana වැනි යෙදවුම් තුළින් නැරඹීමේ, ඇසීමේ සහ බාගත කිරීමේ පහසුකම ලැබී ඇත.

ඔහු ඇගයුම් ලැබිය යුතු පුද්ගලයෙකු වුවද, ඔහු කිසි විටෙක ඇගයුම් බලාපොරොත්තු වූ පුද්ගලයෙකු නොවේ. හොඳ නිර්මාණ පසුපස මිස, කීර්ති ප්‍රශංසා පසු පස ඔහු දිවුවේ නැත. නමුත් **සෙරන්ඩිබ් නිවුස් නෙට්වර්ක්** සංවිධානය විසින් තම උපන් රටේ සංස්කෘතිය සහ කලාව වෙනුවෙන් කරණ සේවය අගයමින් පිදෙන **සෙරන්ඩිබ් දේශමාන්‍ය** සම්මානයෙන් නලින් ජයවර්ධනයන් 2016 වර්ෂයේ පිදුම් ලැබුවේය.

ගී තරු මල් සහ අපේ කතා නායකයා ගැන තවත් කිව යුතු බොහෝ දෑ ඇතත් මේ එයට සුදුසු වේලාව නොවේ යැයි මට හැඟේ. ඉතිරිය පාඨක ඔබට භාරය. දැන් **ගී තරු මල්** ඔබගේය. කියවන්න ... අසන්න ... විචාරන්න. නලින් ජයවර්ධන වැන්නන් තවත් මේ පොළොවේ බිහිවිය යුතුය. ඔබේ විචාරණය එයට පොහොර සපයාවි.

වසන්ත විජේකෝන්
සංස්කාරක

පෙළ ගැස්ම

ඉක්බිති දෙවරක්

ඉක්බිති දෙවරක් මා දෙස බැලූ ඈ
ඉක්මන් ගමනින් යන්න ගියා
දස වසරක පෙම් මාළිග ඉදිකළ
වෙරළ කොනෙන් නික්මිලා ගියා

වරකදි ඔබ හට අතීතයම පෙනුණා දෝ
සමරු කෙළි සිනා මැකෙන නියා
සමු දී සමුගෙන යන ගමනේ
අතීතයේ සැමරුම් බිඳුණා

වරකදි ඔබ හට අනාගතේ පෙනුණා දෝ
සිහින ප්‍රාර්ථනා බිඳෙන නියා
සමුදී සමුගෙන යන දිනයේ
අනාගතේ මාළිග කැඩුණා

ගේය පද - ආචාර්ය වික්‍රමප්‍රිය පෙරේරා
සංගීතය - විශාරද දර්ශන වික්‍රමතුංග

ගීතය රස විඳින්න
https://youtu.be/kt6RsPJT0Ek

පොළව දැන ගත යුතුව තිබුණා

පොළව දැන ගත යුතුව තිබුණා
දුක් දෙද්දි අහසට හුඟක්
දරා ගන්නට නොහැකි තැන එය
කඳුළු වැහි විය හැකි බවක්

හඬා වැටෙනා අකුණකත් විය
හුරු පුරුදු ලෙන්ගතු හඬක්
ඉතිං එහෙනම් නුදුරේම එන
ගං වතුර ගැන ඇයි බයක්

කොහොම මේ රිදුමන් දරන්නද
සංසාර ගත පෙම වුණත්
සොඳුර මම නවතිමි ඉතිං
ඇයි බලා ඉන්නේ තවත්

ගේය පද - රන්සර බන්ඩාර
සංගීතය - විශාරද දර්ශන වික්‍රමතුංග

ගීතය රස විඳින්න

▶ https://youtu.be/UjfjJxO11Mw

අඳුරු මේ කුළු

අඳුරු මේ කුළු ගාල් වෙද්දී
වැහි වැටෙන බව දන්නවා
වෙරළ ලවනත සිඹින විගහට
සයුරු රළ පෙළ බිඳෙනවා
හමුව වෙන්වී හිමි නොවී යන
අපමණක් සිත් තියෙනවා
දරන් මහ දුක් නුඹ මගේ ළඟ
ඉන්න බව මං දන්නවා

පරව යන්නට තිබෙන බව දැන
හැමදාම මල් පිපෙනවා
පාට දේදුනු පාට බොඳකර
මුරුගසන් වැහි වැටෙනවා
පැළ අහසෙදි සඳක් අසරණ
ලෙසින් හැරිලා බලනවා
කඳුළු නිස්කාරනේ අරගෙන
ඉතිං ඇයි අපි අඬනවා

දිලී දිලුණත් දැවී රිදුමින්
ඉරත් දැන් දුක් විඳිනවා
පොලෝ ළය මත පුරන් වී ගිය
කතා අපමණ තියෙනවා
ඒත් නියගෙට ඉරි තැලී ගිය
බිමක පුසුඹක් දැනෙනවා
සිනා සෙමු අපි අපිට තවමත්
අපේ සෙනෙහස තියෙනවා

ගේය පද - ශාමිලා හුසේන්
සංගීතය - විශාරද දර්ශන වික්‍රමතුංග

ගීතය රස විඳින්න
▶ https://youtu.be/L4fEMAAVhi4

සැනින් ගිලිහෙන

සැනින් ගිලිහෙන ජීවිතේ හැටි
පසක් කරදී දුක තියා
මෙරක් සෙනෙහස දුන්නු තරු මල
මගෙන් වෙන්වී දුර ගියා

සිනා සී දුක සඟව ගන්නෙමි
ඇතිව නැතිවෙන බව සිතා
පමා වී නෙත පිසිමි සොඳුරිය
මතක ඉතිරිව ඇති නිසා

ජීවිතේ බර ඔබෙන් සඟවා
එකට ආ මග රළු තමයි
බිඳක් නොරිදා සෙනෙහෙ දුන් මට
ඔබේ නික්මන බර වැඩියි

ගේය පද - අනීෂා ශිරෝමාලා
සංගීතය - විශාරද දර්ශන වික්‍රමතුංග

ගීතය රස විඳින්න

https://youtu.be/T1Zgi6v8moA

විදාහල මුත්

පි-විදාහල මුත් පියාපත් යුග
ඉගිල යන්නට නුඹ වෙතින්
ගැ-මුදාහල මුදු නුඹේ සෙනෙහස
රැගෙන යන්නට මා වෙතින්

පි-කැදැල්ලක වෙමු බොහෝ කල් හිඳ
සුළං කපොල්ලක මුව තැනූ
ගැ-කෝඩ සුළඟින් බිඳී යන්නට
නොදී අප එය රැක ගමූ

පි-පියාඹා විත් බොහෝ දුර සිට
නුඹට ළං වී උන්නෙමි
ගැ-විඩාබර වූ නුඹේ අත්තටු
සුමුදුවට පිරිමදිනෙමි

සහය ගායනය - ඉනෝකා අහංගම
ගේය පද - අමිල උක්වත්ත
සංගීතය - විශාරද දර්ශන වික්‍රමතුංග

ගීතය රස විඳින්න
https://youtu.be/_FiF1dWxCNE

තව ටිකක් ඉවසන්න රාධා

තව ටිකක් ඉවසන්න රාධා
ඇස කඳුළු නවතන්
අපට අපේ වී ඉන්න දවසක්
ඉක්මනින් එන කම්
ජීවිතේ මේ ආපු ටික දුර
නුඹත් නොවුණා නම්
කොහේ හෝ මග අතරමං වී
නැවතිලා ඇති මං

දුක් බරිත කුසුමක නිදාගෙන
හිත හැදුවේ නුඹ නම්
මේ තරම් ඉක්මණට ඇයි මේ
නෙත කඳුළු පුරවන්
ජීවිතය ගැන නුඹ කියා දුන්
පාඩම ම අද මං
හරි හිමින් නුඹේ හිත ලියා යමි
සිනා වෙනු මැන දැන්

පිච්ච මල් පර වෙන්න කලියෙන්
වේදනා උහුලන්
පිනි පොදක් ඉස යාවි වැහි දිය
ජීවිතය දී දන්
අපිට අපේ වී ඉන්න දවසක්
ඉක්මණින් එනකම්
හුස්මකින් හිත හදා ගමු
අපි අපේ වෙනකම්

ගේය පද - අසංක සඳරුවන්
සංගීතය - විශාරද දර්ශන වික්‍රමතුංග

ගීතය රස විඳින්න
▶ https://youtu.be/9JJLOQmKMFU

ගත සිත දැඩි

ගත සිත දැඩි හද හිමි
මිනිස් හද කම්පනය දරා
සෝ සුසුම් ඇහැරුණේ ඇයි
ජීවිත හීනේ නොදුටු නියා

සිසිල් සීතල දැනි දැනී
සුසුම් වැල් හදෙහි එති සිතෙහි ගිලන්
පපුතුරේ හිඳිනා ළඳුනේ
ඇයිද කියාපන් මට හිමි නොවන්නේ

දෙවැරූ පන්දම් රැගත්
පිච්ච මල් සරසා පියමන් කරනා
පපුතුරේ හිඳිනා ළඳුනේ
ඇයිද කියාපන් මට හිමි නොවන්නේ

ගේය පද - ත්‍යාගා සෙව්වන්දි
සංගීතය - විශාරද දර්ශන වික්‍රමතුංග

ගීතය රස විඳින්න

https://youtu.be/Jh36Ah1UG_A

කොළඹ අහසේ
(අම්මා)

කොළඹ අහසේ තරු පිපෙන්නේ නෑ
සුළඟ යන එන මගක් දන්නේ නෑ
හීනෙනුත් මහ ගෙදර එනවා මං
අනේ අම්මේ
ආයමත් නුඹ ළඟට එනවා මං

සිහින විකුණන සිතුවමක් ළඟ
හඬද්දී ඈ දරු දුකටම යට
මතක් වෙනවා නුඹේ ඇස් දෙක
හැඩු හැටි මා තුරුල් කරගෙන
මතක් වෙනවා නුඹේ ඇස් දෙක
අනේ අම්මේ
ආයෙමත් නුඹ ළඟට එනවා මං

වෙන්න ලොකු මිනිහෙක් කියා මට
හතර වරිගය මුදා ගන්නට
එදා නුඹ කියූ සිදාදිය ළඟ
හිතක් නැති සිටු කුමරියක් ඇත
එදා නුඹ කියූ සිදාදිය ළඟ
අනේ අම්මේ
ආයෙමත් නුඹ ළඟට එනවා මං

ගේය පද - බණ්ඩාර බෙලිකැටමුල්ල
සංගීතය - විශාරද දර්ශන වික්‍රමතුංග

ගීතය රස විඳින්න

https://youtu.be/R3ckK1JJtkw

අනේ අදුර

අනේ අදුර දුක් නොවන්න
මා නැති වුව තනිව ඉන්න
මා සිටි වග සිහියට ගෙන
ඉර එනතුරු නිදා ගන්න

මා ලියු කවි නොකියන රට
ගැන උරණව නොම තැවෙන්න
කවි නොකියන මා දරුවන්
ගැන දුක් වී ලත නොවන්න

ඇය උරණව සිනහ වේවි
ඒ ගැන ඔබ ලත නොවන්න
අනේ අදුර දුක් නොවන්න
මා නැති වුව තනිව ඉන්න

ගේය පද - සුනිල් ගෝවින්නගේ
සංගීතය - විශාරද දර්ශන වික්‍රමතුංග

ගීතය රස විඳින්න
▶ https://youtu.be/hsaZq7ESpPw

සංදේශයකින්

සංදේශයකින් ඔබට ලියන්නේ
ආදර හසුනක් බොළඳ නිසයි
ආදරයත් හරි බොළඳ තමයි
පන්හිඳ තවමත් ඔබව පතයි

පරවි කුරුවියන් නැහැ මා සන්තකයේ
උන්නු එකම සැළලිහිණි ඔබයි
කොහේ ගියත් ඉගිලිලා ඔහේ
කවුරු වුණත් ඔබ මගෙම තමයි

විඳිමි ඉවසමින් හමු වූ සංසාරේ
පමා වීම මගේ වරද තමයි
ලියු කවිය ඔබ රැගෙන ගියත්
කඳුළු වලට මං තවම බයයි

ගේය පද - උදිත වර්ණකුලසූරිය
සංගීතය - විශාරද දර්ශන වික්‍රමතුංග

ගීතය රස විඳින්න

▶ https://www.youtube.com/watch?v=W1dES3_F7EA

මගේ සිහිනයට

මගේ සිහිනයට ඉතිං නුඹ එන්න
ආයෙමත් ආදරෙන් ආදරෙන්
හදේ නවතින්න තුරුල් වී ඉන්න
මහ රෑක සිහිනයෙන් සිහිනයෙන්

රිදෙන දා සිත හඬන දා නෙත
ලොවට රහසින් ළඟ ඉඳන්
සෙමින් හිස සිඹ කඳුළු පිසලන
මවක සේ සුව සලසමින්
ආයෙමත් ආදරෙන් ආදරෙන්

පියෙන දා නෙත මියෙන දා ළය
දෝත මත මා හිස තියන්
යළිත් මතු සසරකදි හමුවෙමු
පැතුම් පතනෙමු අපි ඉතිං
ආයෙමත් ආදරෙන් ආදරෙන්

ගේය පද - ගයාන් අබේසිංහ
සංගීතය - විශාරද දර්ශන වික්‍රමතුංග

ගීතය රස විඳින්න
https://www.youtube.com/watch?v=mhfV6RkfAQ4

යායේ මධු මල්

යායේ මධු මල් පිබිදිලා
සිසිල් පිනි කැට විසිරිලා
සමනලුන් එයි තටු සලා
වසන්තය ඈත එළඹීලා

සිතේ පෙම් මල් පුබුදලා
සිනා සෙන්නට මුව පුරා
සිටිය මුත් සිත මඟ බලා
සරත් සමයත් එළඹීලා

සිහින අහසක නැවතිලා
පැතුම් මල් පරවෙනු බලා
හඬයි හදවත තනිවෙලා
නුඹට නැහැ එය තේරිලා

ගේය පද - ලක්මි ප්‍රභා රත්නායක
සංගීතය - විශාරද දර්ශන වික්‍රමතුංග

ගීතය රස විඳින්න
▶ https://www.youtube.com/watch?v=e9tGSzwhXZY

කාසියේ හී සර

කාසියේ හී සර වැදී
ප්‍රේමයේ සඳ කින්නරා
මැරී වැටුණා වීදියේ
නුඹ බලන්නට ආ දිනේ

පාට සව් කඩදාසි මලින්
මල් වඩම් දහසක් හැදූ
ප්‍රේමයේ සඳ කින්නරා
වීදියම මළ ගම් ගිහින්
කොහේ තිබුණිද මල් වඩම්

තඳට කරගැට තිබූ අතේ
පරිස්සම් ලෙස ගුලි කරන්
ලියා තිබුණා ආදරෙන්
කින්නරී නුඹ සමු අරන්
කොහේ තිබුණිද මල් වඩම්
කින්නරා මළ ගම් ගිහින්

ගේය පද - අසංක සඳරුවන්
සංගීතය - ජයංග දැදිගම

ගීතය රස විඳින්න
▶ https://www.youtube.com/watch?v=53gLZjS-aSg

හඬන හඬවන

හඬන හඬවන දෙනෙත් පාමුල
නැවතිලා මොහොතක්
අවසරයි ගිම් නිවන්නට
ජීවිතයේ දවසක්

ගෙවී ගිය එක එකෝමත් එක
කාලයේ දවසක්
නුඹේ උරහිස ම'හිස රඳවා
පවස නිවූ මොහොතක්
මතක් වෙනවා හීනයෙන් මට
ජීවිතේ දවසක්

නපුරු කම් කළ කාලයේ දුර
මතක ගව් ගණනක්
සැරිසරණ හිත ළඟට ඇවිදින්
නුඹ කියයි කවියක්
හුදෙකලාවේ අතරමං හිත
හොයයි නුඹ තවමත්
යන්න පෙර ජීවිතය හැර දා
එන්න තව දවසක්

ගේය පද - සංජීවිකා සමරතුංග
සංගීතය - ජයංග දැදිගම

ගීතය රස විඳින්න

▶ https://www.youtube.com/watch?v=dq_POOVUXE8

මල් කැකුළක්

මල් කැකුළක් - මල් කැකුළක්
අකලට පරවුන මල් කැකුළක්
නිහඬව නිසලව දෙනුවන් පියවු
සයනෙක සැතපුව මල් කැකුළක්

විකසිත වූ නැති මල් කැකුළක්
හෙට ලොව බබළන තරු කැකුළක්
මව් පිය දෙපළගේ හීන ගොඩක්
උදුරා ගත්තේ ඇයිද රුවක්

අඳුරක් වැනසුව පහන් සිලක්
නිවුණේ නැතිවද තෙල් කඳුලක්
ඉතිරි වුණේ එක මතක බිඳක්
අහිමි වුණේ තව මල් කැකුළක්

ගේය පද - චන්දි ජයසිරි
සංගීතය - ජයංග දැදිගම

ගීතය රස විඳින්න
▶️ https://www.youtube.com/watch?v=MSIL69uFvAU

මලට මුවරද

මලට මුවරද විසක් නම් ඇයි
ඒ විසෙන් මල් පිපෙන්නේ
විලට දියවර බරක් නම් ඇයි
නිල් දියෙන් විල් පිරෙන්නේ
සිතට නුඹේ පෙම දුකක් නම් ඇයි
ඒ පෙම ම සිත පතන්නේ

රැයට සඳ මල නොපිපෙනා කල
රැයක් ලස්සන නොවේ නම්
කෙතට පල බර ගොයම් නැති කල
කෙතක් ලස්සන නොවේ නම්
මටද නුඹ මිස නුඹේ පෙම මිස
රටක් දිනුවත් නැත පලක්

ගලන ගඟකට මුහුද හැර වෙන
නිමාවක් ඇති වුණේ නම්
වහින වැස්සට පොළොව මඟ හැර
යන්න වෙන තැන් තිබේ නම්
මටද නුඹ හැර නුඹේ පෙම හැර
ඉන්න තිබුණා නැත දුකක්

ගේය පද - වසන්ත විජේකෝන්
සංගීතය - ජයංග දැදිගම

ගීතය රස විඳින්න
▶ https://www.youtube.com/watch?v=x6DwfBTFH00

අඳුරු වී ලොවම

මුලු ලොවම අඳුරු වී තරු හැංගී
වැහි කඩා වැටෙයි අහසට දුක් දී
නෙත් හිනා උනත් කඳුළට බිය වී
නුඹ ගිහින් හුගක් දුර වෙන් වී

හුරු සේ උන්නට හුරු නැති තනියට පින් දී
හිනැහෙනවා කවිය සඳ වී
ඉඳ හිටක ඇවිත් රහසේ මතු වී
පිනි බිඳක් විලස යනවද දිය වී

රැය අවදි වෙලා සඳ රැස් දෙනෙතින් එබී
මේ උදෑසනම හිඳී බෙහෙවින් නිදිමත වී
කටු ඇනුණ නටු අගින් විස දී
සුදු සිහින හෙටත් ඇහැරී

ගේය පද - කෞෂි දිසානායක
සංගීතය - ජයංග ඇදිගම

ගීතය රස විඳින්න
https://www.youtube.com/watch?v=U3Klba2zxgI

සසර නිසරු නෑ

නොලැබුණා නම් උපත මේ සසරේ
කෙලෙස බුදු බණ අසා පහදන්නේ
සසර කෙලෙසද නිසරු වෙන්නේ
සරු කෙතක් ලෙසටයි හැඟී යන්නේ

මිනිස් භවයක් ලැබ උපන්නේ
දහම් බණ පොත් සුලබ වී
පින් කෙතක් වන් උතුම් දහමේ
මග කියන මහනුන් දිසේ

යළිත් භවයක් නැහැ පතන්නේ
දසත යහ ගුණ පැතිරිලා යා නම්
අඳුරු ලොවකට එළිය දෙන්නට
සසර අප ලද සම්පතක් වන්නේ

ගේය පද - ආචාර්ය විකුම්ප්‍රිය පෙරේරා
සංගීතය - ජයංග දැදිගම

ගීතය රස විඳින්න

https://www.youtube.com/watch?v=aSkXv0hGgXE

පීත වර්ණයෙන්

පීත වර්ණයෙන් ප්‍රදීප සුරංගනාවී
නේත්‍රා හොරෙන් එබේවි සීත රාත්‍රියේ
ගැස්සිලා සුසුම් තරංග හෘදයේ පිරී
භාවනා මිදෙන්න යන්නේ චන්ද්‍රකින්නරී

සත් මසක් පුරා දස්කොන්
ප්‍රේමයෙන් ලබා ළතැවුල්
යන්තමින් හදා ගත් සිත මාත්‍රා පිරී
භාවනා බිඳී සත්සර නුරා රාගිනී

සිසාරා ගුවන් ගැබ සිඹ
පෝයදා පිරුණු සඳ ලෙස
ඉන්න බැරි කිමද වරලත් නිරාශාවනී
ප්‍රේමයෙන් සුදහ ගින්දර නිවා ගනු බැරි

ගේය පද - තුසිත් දඹකොටුව
සංගීතය - ජයංග දැදිගම

ගීතය රස විඳින්න

https://www.youtube.com/watch?v=yBpKHndhPxA

සඳ එළිය දිලෙයි

සඳ එළිය දිලෙයි - රැය දිගුය දැනෙයි
සිත උමතු කළේ ඔබමයි
නෙත් කෙවෙණි සැළෙයි - සිත ඔබව සොයයි
මිහිරකින් ගතම පිබිදෙයි

ඔබේ සුවඳ දැනෙයි - මේ ළඟම වගෙයි
ඝන අඳුර සෙමින් පහ වෙයි
සෙනෙහසක පැතුම් - පෙම් කවක් ලෙසින්
අප ගයපු බවක් සිහි වෙයි

නෙතු පියන් වසා - මුදු හාදු ලබා
අඩ සඳ ද විලිව සැලුනයි
මුලු සසර පුරා - අපි අපව පතා
පිරූ පෙරුම් සිතට දැනුණයි

ඒ සිහින නිසා - නැගි කඳුළු මතින්
නුඹේ සුසුම් සුවඳ දැනුණයි
සිනහවත් අරන් - මුළු ලොවට හොරෙන්
යළි දුවන් එන්න සිතුණයි

ගේය පද - නයෝමි සිරිනාලි නවරත්න
සංගීතය - ජයංග දැදිගම

ගීතය රස විඳින්න

https://www.youtube.com/watch?v=_HLhAJQvc-E

කොලොම්තොට

කොලොම්තොටට නුඹ ගියාට යහතින් දැන් ඉගිල්ලී
සිදාදියේ උන් බලාවි නුඹ ගැන හිත වහල් වී
වෙනස් නොවී හිටපන් හිත මම තවමත් නුඹේ වී
මග බලාන මං ඉන්නවා ගෙදර වරෙන් ප්‍රියාවී

එක එක ජාතියේ සෝබන නුඹේ හිතත් මුලාවී
සිදාදියට හිත ගියහම නුඹ රැවටෙයි පමාවී
එදා වගේ ගමේ හිටිය මගේ ලස්සන ප්‍රියාවී
වෙනස් නොවී ගමට වරෙන් මිනිස්සු ඇත හිනාවී

නුඹ ගිහිල්ලා ගෙවනා විට කාලය දැන් සිනාසී
වෙනස් වෙලා කතා කරන තාලය දැන් පමාවී
එදා මගේ ළඟම හිටිය මගේ ආදර ප්‍රියාවී
වෙනස් වුණේ කොහොමද නුඹ මුදල් වලට වහල් වී

ගේය පද - සමීර ප්‍රේමචන්ද්‍ර
සංගීතය - ජයංග දැදිගම

ගීතය රස විඳින්න
https://www.youtube.com/watch?v=h_MCEQZQPrI

තෙමුණ නෙතු

තෙමුණ නෙතු යුග නිතර ඇතිරුව
ගගන වැසූ වැසි කළුව සිදුරුව
වියලි බිම සිප සුසුමේ පිපුරුව
වැටුණ අසෙනිය ඔබය නපුරු
ආදරය කොහේ ගියෙද සොඳුරු

හිතක හිරිගඩු විටෙක පැතුරුව
සුමුදු මල් කම් කෝල ඇති රුව
හීන අහුරුම ගෙනත් ඇතුරුව
ආදරය කොහේ ගියෙද සොඳුරු
ආදරය කොහේ ගියෙද සොඳුරු

තරු අහස වන මලින් සැරසුව
එමද දිලි දිලි සතුට සැනසුව
කප්පරක් රන් පැතුම් පැවසුව
සදවතම හිත් යහන ගැවසු
ආදරය කොහේ ගියේ ද සොඳුරු

ගේය පද - තුෂාරිකා කන්නංගර
සංගීතය - ජයංග දැදිගම

ගීතය රස විඳින්න

▶ https://www.youtube.com/watch?v=kA7i-Y02q5A

නිවී ගිය එළිය

නිවී ගිය එළිය ගැන ඉතිං දොස් නොකියන්න
පුංචි ඉටි පන්දමක් ඇවැසි නම් දල්වන්න
මිදුල කෙලවර තනි වූ බංකුවේ ඉඳගන්න
යමු සොඳුර මග හැරුන ජීවිතය විඳ ගන්න

නිල් වියන මත පිපුණ තාරුකා නෙත් අතර
දුල් සඳකි හිනැහෙනා වළා සලු මත වැතිර
මල් සුවඳ තල තලා මදනළකි යන පැතිර
සිල් බිඳුණ තුරු හිසේ පෙති සැලෙයි එය අතැර

තරග වැදි ජීවිතය ඉසිඹුවක් නොම ලබා
පලක් වෙද රැඳීමෙන් සිර ගතව මෙන් සබා
නෙත් ඇතත් නොදුටු සේ රැයෙහි අරුමැසි සොබා
අදින් පසු නොම රැඳෙමු විඳිමු දිවි පසු නොබා

ගේය පද - අසන්ති පෙරේරා
සංගීතය - ජයංග දැදිගම

ගීතය රස විඳින්න

https://www.youtube.com/watch?v=BAZ5s4uRAtY

බෝපත් සෙවණේ
(මහලු මඩම)

බෝපත් සෙවණේ සිත සැනසේවා
හිමි සඳ අභියස පෙළට වඳිනවා
සෙනෙහස් ගින්නට සිත ඇවිලෙනවා
මහලු මඩම කුල ගෙයයි සිතෙනවා
පුතණුවනේ - දූවරුණේ
අද වත් ඇවිදින් යනවාදෝ
වියපත් වූ සිත් හිඳී බලා
ඔබ එනතුරු හිඳී බලා

ජීවිත ගමනේ පෙරමං නොබලා
ඔබ ඇති දැඩි කරලා
තනි වුණ සිතකට මහමෙර මොකටද
ඔබ දැකුමට පමණයි ආසා
පුතණුවනේ - දූවරුණේ
අද වත් ඇවිදින් යනවාදෝ
වියපත් වූ සිත් හිඳී බලා
ඔබ එනතුරු හිඳී බලා

ගේය පද - තරිඳු අමිල
සංගීතය - ජයංග දැදිගම

ගීතය රස විඳින්න

https://www.youtube.com/watch?v=s1unUERJc-0

මගේ වුණත් නුඹ

මගේ වුණත් නුඹ නුඹේ නොවන බව
අද මට නුඹ කීවා
සඳේ එළිය මිස සඳ හිමි නැති වග
මම දැනගෙන හිටියා

පෙර දින මා වෙත පෑව සිනහවත
මිලිනව බිම බැලුවා
ඒ සිනහව අද දෑස් යුගල මත
කඳුලක් බොඳ කෙරුවා

අප ආ ගිය මග මග වැරදී මම
වටපිට නුඹ හෙව්වා
හරි මග නුඹ අද යන හැටි දුටුවම
සතුටු කඳුළ ඉනුවා

ගේය පද - වසන්ත විජේකෝන්
සංගීතය - සංගීත් වික්‍රමසිංහ

ගීතය සහ රූප රචනය රස විඳින්න

▶ https://www.youtube.com/watch?v=Zey3s-L375E

නියර දිගේ

නියර දිගේ ලැසි ගමනින් ආව ලියේ
පලා නෙලා ගෙන දෑතට ගත්ත ලියේ
ගලන දොලින් පය සෝදා ගත්ත ලියේ
ඇඟිලි තුඩින් ඉස්සී මෙහි බලපු ලියේ

වරලස සොඳයි මල් මාලා පළඳින්ට
දෑත සොඳයි පාට වළලු දමන්නට
ගෙලත් සොඳයි පෙති ගෝමර ඉසින්නට
මැණිකේ සොඳයි මට කර කාරෙට ගන්නට

ඉද්ද පිපෙන කාලෙට වැච් ඉස්මත්තේ
ගොතා කරල මල් මාලය පළඳින්නේ
බණ්ඩි ගොයම පැහෙනා විට මහ කන්නේ
කැන්දා ගෙන යමි මම මගේ රන් මැණිකේ

ගේය පද - දිළිණි අබේසිංහ
සංගීතය - සංගීත් වික්‍රමසිංහ

ගීතය රස විඳින්න
▶ https://www.youtube.com/watch?v=2atNm7FNams

අප්පච්චී

සසර ගිනි කඳ මතම දැවි දැවී
ඉන්න බැහැ මගේ අප්පච්චී
ඒ ගිනි නිවනට දිය සොයන්නට
යන්න අවසර අප්පච්චී

මගේ පුතේ නුඹ මගේ පණ බිඳ
නුඹ මගේමයි මගේමයි
යන්න අවසර දෙන්නේ කෙලෙසද
හඬයි හදවත රිදුම් දෙයි

මටත් මම හිමි නොමැති සසරේ
මම නුඹේද මගේ අප්පච්චි
මගෙයි මගේමයි කියා කිසිවක්
නැහැ නේද මගේ අප්පච්චී

ගතෙන් දුබලයි සිතත් මහලුයි
ලොබ නැතේ සම්පත් කෙරේ
සසර බැඳි රැහැනයි පුතේ නුඹ
මුදාලනු බැහැ දරු සෙනේ

බැඳුණු බැමි බිඳ ලබන සැනසුම
සොයන්නම් මගේ අප්පච්චී
ගමන අග නුඹ රැගෙන යන්නට
එනවා මයි මගේ අප්පච්චි

කඳුළු ඉවසන් නුඹ වඩින මග
පසු පසින් එන්නම් පුතේ
සසර එතෙරට මග කියන විට
අසා ඉන්නම් බුදු පුතේ

සහය ගායනය - රවීන්ද්‍ර අලගියවන්න
ගේය පද - සංජීවනි දහනායක
සංගීතය - සංගීත් වික්‍රමසිංහ
ගීතය රස විඳින්න

https://www.youtube.com/watch?v=0tcWXa5G0_s

බොරදිය කඳුළක්

බොරදිය කඳුළක් දෝතට ගත්තෙමි
නිල් දිය වර දෙස නොබලා
රෑ පුර අහසේ තරුවක් සෙව්වෙමි
සඳ මඬලින් නෙත් මග හැරලා

මිටියාවත හිඳ මුදුනත විනිවිද
බැලුවෙමි නුඹ කොතැනකද කියා
සැම නෙත් මග හැර නුඹෙ නෙත් සෙව්වෙමි
ජීවිතයේ ගිම් නිවන නිසා

ආ දුර කොතෙක්ද නොදනිමි කියන්න
සංසාරේ මහ දුරක් නිසා
හමුවූයේ ඇයි අප සෙනෙහෙ වඩන්නට
අහසත් පොළවත් ලෙසින් මෙදා

මතකෙන් මතකය අප දුර සඟවා
ලොවටම රහසින් හඬමි සදා
තනි තරුවක් වෙමි කළුවර අහසක
සඳ වත නුඹ මට දුර හින්දා

ගේය පද - සංජීවිකා සමරතුංග
සංගීතය - සංගීත් වික්‍රමසිංහ

ගීතය රස විඳින්න

https://www.youtube.com/watch?v=qCqb6A_vAZU

හීන ගාව

හීන ගාව දඟ පැව
ඔය මල් හිනා
නෙතු ගාව කඳුළක්ව
රූටා ගියා

තරු අතර දුව පැන්න
හද මල් පැතුම්
සුසුමක්ව දුර ඈත
පාවී ගියා

ඔබ උවනේ පිපි
මල් මකරන්දයන්
අමතකව දුරලන්න
මට බැහැ ඉතිං

ගේය පද - ඔමායා ඉරෝෂණී අරුමපුර
සංගීතය - සංගීත් වික්‍රමසිංහ

ගීතය රස විඳින්න
https://www.youtube.com/watch?v=7EAa_UrDfhc

ඇතින් ඇසෙයි
(අලි කලබලය)

ඇතින් ඇසෙයි තැතිගත් කිරලුන් සද්දේ
අලි කලබලය නැග එයි වැව ඉස්මත්තේ
අපි අසරණයි, අපි අසරණයි වන අයිතිය උන් පැත්තේ
දෙවියනි වඩිනු මැන හනිකට මේ පැත්තේ

බණ්ඩි කුරක්කන් යායක ඉව වැටිලා
තුන් පත් රැණ පැන එයි දඬු වැට බිඳලා
වනසන හේන් දකිමින් ගත සිත නවලා
තුන් යම නිදි වරා කුමටද පැල් රැකලා

ඇත් රජෙකුගේ හිස උර මත දරාගෙන
පඬුරු භාර ගති දෑසම වසා ගෙන
පරපුර කළ හදිය හේනට වැදීගෙන
දෙවියන් බලා වුණි දිව නෙත් යොමා ගෙන

ගේය පද - අජන්ත ජයසේකර
සංගීතය - සංගීත් වික්‍රමසිංහ

ගීතය රස විඳින්න

https://www.youtube.com/watch?v=RuFjQJoE4ml

වසන්තය පසු වුණා

වසන්තය පසු වුණා හිතේ දුක පුරවලා
මල් සමයේ තිබු හීන රැල්ලකට හසු වුණා
ක්‍රෝධය රන් මාල ගෙලට තොන්ඩුව වුණා
විස පිරුණු හී උඩම ගත වැතිරුණා

වෛරයේ ගිනි සිලු දෙතොල මත රන්දා
සැර පරුෂ දෑතකින් පොඩි කර දැම්මා
පුපුරු ගැසු දෙතොල් අග ලුණු රස හංගා
රුධිරයෙන් පෙර පව් හෝදලා දැම්මා

අඳ ගොළු ජීවිතයෙන් සමු ගත්තේ එදා මයි
චුති සිත පා වුණේ මහ පොළවටද නොදැනීමයි
තරුණ සිත ළඟ තියන් දුක් කඳුළු ගී ගයයි
උපදින්න සිත ඇතත් ඒ සිතට ඈ බයයි

ගේය පද - මහේෂි කෞෂල්‍යා
සංගීතය - සංගීත් වික්‍රමසිංහ

ගීතය රස විඳින්න
https://www.youtube.com/watch?v=ZtsmMhAB8rU

සඳක් වගේ නුඹ

සඳක් වගේ නුඹ මලක් වගේ
වාරු නැතුව යහනේ
කාට බැරි වුණත් මං නුඹ රකිනවා
මගේ ඇස් දෙක වගේ

පාට සරුංගල් ඈත යවද්දී
අල්ලපු ගෙදර ළමයි
වාරු ගන්න බැරි ගතේ සුසුම් නුඹ
මගේ මුළු දිවිය දවයි

ඈත සසරේ අපි පවක් කරන්නැති
ඇයි මේ හැටි දඬුවම්
මං නැති වුණ දා සෙනෙහස දෙන්නේ
කවුරුද නුඹ වෙනුවෙන්

ගේය පද - අනුෂා නිලන්තිකා
සංගීතය - සංගීත් වික්‍රමසිංහ

ගීතය සහ රූප රචනය රස විඳින්න

▶ https://www.youtube.com/watch?v=B_uey2FYlfg

▶ https://www.youtube.com/watch?v=muUJY7ZsPX0

බඹර මදිරා

බඹර මදිරා පෙරා කලතා
රසය ගෙන ආවත් ලොබින්
තුරුණු මල් කෙම් සිනා සෙන විට
ආදරේ පැන යයි සැණින්

විහග නිම් නාදයෙන් මත් වී
තුරුණු අම රස දෙයි කැලුම්
විදින අනුරා ගලා යන විට
පිපුණු මල පරවී ගොසින්

සුසුදු හස කැන් අමෝරා විත්
මයුර නෙතඟක හී සැරෙන්
පියුම පරවී නටුව සුඹුලත
ආත්මය විකුණා ගොසින්

ගේය පද - ස්වර්ණා බන්නැහැක
සංගීතය - සංගීත් වික්‍රමසිංහ

ගීතය රස විඳින්න
▶ https://www.youtube.com/watch?v=Qs-4PXhPwqQ

යශෝදරා

නෙතු තදින් පියවෙනා රාත්‍රියේ
ලොවම නිදිගත් ඇසළ සඳේ
ලොවට හොරා ගිහි ගෙයින් නික්මුණේ
ඔබේ ස්නේහය නොදැන නම් නොවේ

රුදු කෙලෙස් බරව සසර සරණ
සියලු සතුන් මුදනු පිණිස
අතැර ආවේ ඔබේ දෑත
නවතනු රිසින් සසර ගමන

ඉපිද එකට අනන්ත භව සසර පුරා
ඉනිමං තනා දුනි පෙරුමන් පුරනු නියා
හැර යන බවක් දැන දැන බුදු පදවි පතා
වාවා උන්නු හැටි පුදුමයි යශෝදරා

ගේය පද - රාජාංගනේ ආරියවංශ හිමි
සංගීතය - සංගීත් වික්‍රමසිංහ

ගීතය රස විඳින්න

▶ https://www.youtube.com/watch?v=kK45Do5NTh8

සීතල හිරිකඩ

සීතල හිරිකඩ කවුළුව හැරගෙන
සක්මන් කරන රැයේ
තනිකම විතරක් තනියට ඇවිදින්
මතකය පිරෙයි නෙතේ
ඒ කඳුලැලි නුඹ වෙනුවෙන් සොඳුරියේ
යහනේ මම තනියෙන්

වැටි වැටි පැරදුණු ඉස්සර දවසක
හිනැහී මගේ ළඟින්
අඩසිය වසකට නුඹ දුන් වාරුව
අහිමිව මම තනියෙන්
දරුවන් වෙනුවෙන් දිය කර දිවියම
හිනැහුණු හැටි සතුටින්
කියලා දීපන් කොහෙන් උගත්තද
මේ ගුණ යහපත් කම්

නුඹ පිරූ පිරුමන් තරමට නිවනට
යන්නට පෙර සසරින්
හිනැහී පලයන් අයෙත් ඇවිදින්
මගේ මරණෙට කලියෙන්
හුරු පුරුදුයි නුඹ හමුවුණු හින්දම
සසරේ හැම දාමත්
මිනිපිරියක් වත් වී එනවා නම්
දැක ගම් එක පාරක්

ගේය පද - ජනිත් විතාරණගේ
සංගීතය - සංගීත් වික්‍රමසිංහ

ගීතය රස විඳින්න
▶ https://www.youtube.com/watch?v=-TDi4dXoLpo

ආගන්තුක නුඹ

ආගන්තුක නුඹ දවසක්
නාඳුනනා මගේ නමට
ආදරයෙන් ලියනා ලද
පෙම් හසුනක් එවුවා
එදා ඉඳන් අද වෙනතුරු
මටම නොතේරෙන නුඹ ගැන
මගේ හිතින් ආදරයේ
ටජ් මහලක් මැවුවා

අත මානෙට යන්නත් බැරි
දුරස් වෙලා ඉන්නත් බැරි
නුඹ නම් මට පුදුමයක්ය
ඉඳ හිට හිත කිව්වා

කවදාවත් විඳ නොතිබුණ
ආදරයක අරුත් වදන්
ජීවිතයට කියා දෙමින්
මගෙ හදවත නිව්වා

මගේ ළඟට එන්නෙත් නැති
මගෙන් දුරට යන්නෙත් නැති
ආගන්තුක නුඹේ නමට
මගේ අයිතිය ලිව්වා

ගේය පද - චතු මල්වත්ත
සංගීතය - සංගීත් වික්‍රමසිංහ

ගීතය රස විඳින්න
https://www.youtube.com/watch?v=8FDEtSNVM0Q

මල් කැකුළක්

මල් කැකුළක් නේ මේ හිඟමන් අයදින්නේ
අසරණ කමට නොමැතිද කුසගිනි එන්නේ
පුංචි සිතේ ඇති දුක මුවේ දිස්වන්නේ
මේ මල් කැකුළ අකලට වෙද පර වෙන්නේ

අකුරු කරන්නට යන්නට ආස ඇතී
අසරණ වෙලා ඉපදී අද සිඟාකතී
පුංචි සිතේ ඇති බර මහ මෙරක් වෙතී
ලැබෙනා සුළු දෙයින් තම මැණියෝ රකිතී

රස මසවුලු නැත නුඹේ කුස පිරෙන්නට
ඇඳිවත මිසෙක නැත තව විලි වහගන්ට
සුර යහනක සැප නැත නිදියාගන්ට
සසරේ දුක දුන්නේ ඇයි මේ දරුවාට

ගේය පද - නිම්මි ප්‍රියදර්ශනී
සංගීතය - සංගීත් වික්‍රමසිංහ

ගීතය රස විඳින්න

https://www.youtube.com/watch?v=7GOFTLhT8JA

සුන්දරි නන්දා

විශාලා මහ නුවරට   තුන් බියම කැන්දා
විදිම් මහ විසල් නව නින්දා
කඳුලැලි නෙත රන්දා
යන්නේ කොයිබද සුන්දරි නන්දා

වැසි වස්සන්නට බැරි හින්දා
සිව් රග සේනා කැන්දා
මොනවා කරන්නද මන්දා
ආලවක මග යන්නේ කොයිබද
ටිකක් හිටපන් සුන්දරි නන්දා

නැති සුර පුරක ආනන්දා
පා මුල තබා කර කාර බන්දා
පින් කළේ නැති හින්දා
දෙවියන් විමානෙන් පිට වෙයිද මන්දා
ටිකක් හිටපන් සුන්දරි නන්දා

ගේය පද - කාංචනා ප්‍රියකාන්ත
සංගීතය - සංගීත් වික්‍රමසිංහ

ගීතය රස විඳින්න
▶ https://www.youtube.com/watch?v=3fzSsqL1sPA

නිසල විල මත

නිසල විල මත නිතඹ හැඩකර
සීරුවට පා තබන්නී
තඹරු සිඹ සිඹ සියක් ගව්වක්
පුසුඹ පා කර හරින්නී

මේසයක සුව සිතින් ඇඳ බැඳ
සිහින් පොදයෙන් සොයන්නී
ආල රසයට සම වැදී හිඳ
නුරා බැල්මන් හෙලන්නී

දුහුල් සලු ඇඳි ගතින් වෙහෙසව
සුපෙම් සයනක් මවන්නී
සිහිනයට සැරි සරා සැනෙකින්
අනන්තය වෙත එබෙන්නී

ගේය පද - මනෝජ් පූර්නිමා
සංගීතය - සංගීත් වික්‍රමසිංහ

ගීතය රස විඳින්න
https://www.youtube.com/watch?v=SmqbLroX6Xo

මහ මුහුද පැනන්

මහ මුහුද පැනන් රට රට වල වෙලා පදිංචි
මහ මුදුනෝ වෙලා කල්ලි ගැසි ගයයි ප්‍රශස්ති
මම සභාපති හිතවතානේ ලේකම්
බිරිඳටත් දෙනවා මුදල් පැත්ත නැත්නම් ජල්ලී
අයියෝ නැත්නම් ජල්ලී

උපන් ලෙයින් ලෝකෙට ගෙන ආ කිසිත් නැතී
සමිතිය අස්සෙන් නම් ටික ටික ලොවට ගෙන යති
පිටතින් පිම්බී ලොකු ලොක්කන් කරේ අත වැටී
මම තමා කෙරුමා වෙන නම් නැහැ ලොවම රැවටෙති

පන්සල් පල්ලියේ කලාවේ දෙශපාලනේ
පෙරමුණම සොයයි අතමිට ඇති මුදල් විසි වුණේ
බොරුවම රජවෙනවා දැක දැක මෙලෙස මේ ලොවේ
අනේ කඳුළු පුරෝගෙන මිහිකත හඬා වැළපුණේ

ගේය පද - සුසන්ත දන්දෙනිය
සංගීතය - සංගීත් වික්‍රමසිංහ

ගීතය රස විඳින්න

https://www.youtube.com/watch?v=CAEM5s6l4cs

හොරෙන් හොරෙන්

හොරෙන් හොරෙන් ඇවිත් ගියපු සමනලයින් හට
සුවඳ දුන්න අරන් යන්න විකසිත වූ මල
හඬා වැටිල පලක් කිමද සුවඳ නැතුව අද
සමනලයින් ආයේ එයිද සුවඳ නැතුව ළඟ

පාට පාට පෙති නටවා සුළඟේ පා කළ
සුවඳ නොමැති මල නුඹ අද බඹරුන් නොවඩින
පාට කළත් ඔය තොල්පෙති කරමින් හැඩ වැඩ
අගය කිමද රෑට පිපෙන රෑ කුමාරි ළඟ

වනයේ පිපෙන වන මල් වල දන්නා රොන් රස
අගය කියයි මොණර කොළෙන් එක් කොට මිටි බැඳ
හතර වරිගයෙම ගැවුණ දැලි දූවිලි ටික
යවා ගන්න හැකි වේවිද මොණර කොළෙන් පිස

ගේය පද - රන්ජන් රත්නායක
සංගීතය - සංගීත් වික්‍රමසිංහ

ගීතය රස විඳින්න
https://www.youtube.com/watch?v=3Z7F9Bn3w-Q

දවසක් දා කක්කුට්ටෙක්

දවසක් දා කක්කුට්ටෙක් - ලං කරගෙන පොඩි උන් රොත්තක්
දෙනවලු ඔවදන් ගොන්නක් - දිවියට වෙන්නට හයියක්

ඔය සමහර මිනිස් සත්තු - හොඳ නැහැ වැඩ ඇඟට ගත්තු
නුඹලා මගේ හොඳම පුත්තු - පුරසාරම් වුණා කට්ටු

කරනා හැම දේම හොඳින් - කරපල්ලා නොකර මැදින්
කීවලු කක්කුට්ටා තදින් - කෙලින් ඇවිද කෙලින් හිදින්

කක්කුටු පැටවුන්ට හිනා - කෑගසමින් සතුට පිනා
කීවලු හිස දෙපස වනා - ඇවිදලා පෙන්නපන් මනා

හිතට අරන් කක්කුටු තෙම - මත පිහිටා වැඩිහිටි කම
කෙලින් යන්න වෙර වැයම - ගත්ත නමුත් ගියේ ඇදෙම

පැටවු ටිකත් ඒ පියවර - මත්තේ ඇවිද ටික ටික දුර
අනේ තාත්තේ ඒ කරදර - නොව ඇවිදිමු කළ ලෙස පෙර

තමන්ට බැරි නම් කරන්න - අනුන්ට නොකියාම ඉන්න
කියා කකුළු පැටවු ඔන්න - කී පියාට තරු පෙනෙන්න

වැදි බණ දෙසමින් සමහරු - කරතිලු ඒ වගෙ වැඩ බොරු
තමන් නොකර දී ගරු සරු - අනුන්ට පෙන්නනවාලු තරු

සහය ගායනය - අනුර ඩයස්
ගේය පද - ලීරා ද සිල්වා
සංගීතය - සංගීත් වික්‍රමසිංහ

ගීතය රස විඳින්න
▶ https://www.youtube.com/watch?v=4wk_9n7tudk

ආදරයේ මල් පිපිලා

පි-ආදරයේ මල් පිපිලා
හදින් හදට සුවඳ ගලා
වසන්තයේ චේතනා
පාවී යයි සතුට සදා
ගැ-ආදරයේ මල් පිපිලා
හදින් හදට සුවඳ ගලා
සුරම්‍ය වූ ප්‍රාර්ථනා
පිබිදී එයි සතුට සදා

පි-නිල් දෑසේ තරු පිපිලා
සුපෙම් කැලුම් විහිදෙන්නා
ගැ-සසර පුරා මේ - සසර පුරා මේ
සසර පුරා හුරු පාරේ
ඔබව සොයා මා එනවා

ගැ-ආදරයේ මධු ගීතේ
දිගන්තයේ රැව් දෙන්නා
පි-සොඳුරු ලොවේ මා - සොඳුරු ලොවේ මා
සොඳුරු ලොවේ ඔබ සෙවණේ
සිත මාගේ සැනසෙනවා

සහය ගායනය - හංසි අමල්කා
ගේය පද - ආනන්ද පද්මසිරි
සංගීතය - රුක්ෂාන් කරුණානායක

ගීතය රස විඳින්න
https://youtu.be/2amdjYGwQwk

අත ගෙන පැමිණිය

අත ගෙන පැමිණිය සොඳුරිය පෙම්බර
හොර රහසෙම නෙතු කඳුලක් පිසලන
මොළකැටි සුරතල් බිළිඳෙකු නඟනා
හඬක් නැතුව අඳුරක ඇති කුළ ගෙය

වපරය සැමගේ නුඹ වෙත යොමු වී
සැලෙනා කඳුළෙහි නොමැති වදන් පෙළ
කෙලෙසක අයදිමි සමාව අද මා
මා වෙනුවෙන් ලබනා ගැරහුම් දැක

පැතුම් පතන්නම් සසර පුරාවට
කළ පවු දුරු කර නුඹ දැක ගන්නට
තුරුලේ නැලවෙන දරුවන් හට මතු
පියතුම වී නුඹේ සමාව ලැබුමට

ගේය පද -නයනේන්ත්‍රී කපුරුසිංහ
තනුව - දමිත අයෝද්‍ය
සංගීතය - සංගීත් වික්‍රමසිංහ

ගීතය රස විඳින්න

▶ https://youtu.be/uPwCi9o4vz8

කසාවත

මවිතය හද තුළ පුරවා සැණෙකින්
රැදුණා සුපුරුදු මුව අග නෙතු අග
කසාවතින් වැහිලා රුබර ගත
පා ඔසවන යුරු සංසුන් ගමනක

දෙරණට නැඹුරුව නීල නුවන් යුග
පෙර දිනයෙක පෑ කෝළ බැලුම් නැත
මා මුව අද්දර සුළඟේ දැවටුණ
කෙහෙ අද නෑ මුඩු හිස කිය දිදුලන

පිබිදෙන මතකය යළි හද රිදවන
සොයමිය තවමත් වැරදුණ තැන කිම
ලෝ දම දකිනා මගෙහිය ඔබ අද
පමාය මා එනමුදු ඔබ ජයගෙන

ගේය පද - නයනේත්‍රී කපුරුසිංහ
තනුව - දමිත අයෝද්‍ය
සංගීතය - සංගීත් වික්‍රමසිංහ

ගීතය රස විඳින්න
▶ https://youtu.be/vj_fQUJhezg

පහන් දල්වා

පහන් දල්වා නිවන් පතනා
මහා කරුණා දිය සිදිලා
දහම් එළියෙන් පුබුදුවාලූ
මහ පහන් ටැඹ නිවී ගියා
බුදු දහමේ හරි මග දකින්නට
තිබුණු දොර වැසුණා
අපේ හිමියන් නිවන් මග වැඩියා

අපේ උරුමය අපේ ජාතිය
හෙළ බිමේ පින් කෙත පුරා
වගා කර මහා බෝසත් ගුණ දම්
පුරා පෝ සඳ නිවී ගියා
බුදු දහමේ හරි මග දකින්නට
තිබුණු දොර වැසුණා
අපේ හිමියන් නිවන් මග වැඩියා

මතින් ලොල් වී කෙලෙස් වැපුරූ
නිසරු බිමකට සරු සොයා
ඔබේ තේජස පෙර ගමන් මග
දැයේ දූ දරුවන් සඳා
බුදු දහමේ හරි මග දකින්නට
තිබුණු දොර වැසුණා
අපේ හිමියන් නිවන් මග වැඩියා

ගේය පද - සමීර ප්‍රේමචන්ද්‍ර
සංගීතය - සංගීත් වික්‍රමසිංහ

* සෝබිත හිමි උපහාර ගීතය

ගීතය රස විඳින්න
https://youtu.be/oxudTLj7cCA

රාත්‍රිය මනරම්

රාත්‍රිය මනරම්
සේද කළුවර සේල ඉහිරුණු
රාත්‍රිය මනරම්
පොළොව හඬවන අරුම වැස්සක
නුඹ ළඟින් රැඳෙනා - රාත්‍රිය මනරම්

දම්පාට සඳ සමු ගනී
නුඹේ උණුසුම් සුසුම් ස්වරයක
සුවඳ විඳි දිගු රැය නිමා වේ
මගේ ආදර සොඳුරු පෙම් කවියේ

සමු ගන්න තව ටික වෙලාවයි
අවසරයි පිය මං කරන්නට
ජීවිතේ දුර ඈත දිගු ගමනේ
මට මාත් නැති සංසාර වූ ගමනේ

ගේය පද - සංජීවිකා සමරතුංග
සංගීතය - ධම්මික එදුස්සූරිය

ගීතය රස විඳින්න
https://youtu.be/UPRIAn-KV3M

සේපාලිකා මල්

සේපාලිකා මල් පිපේ
හෙටත් අද වාගේ
නමුත් ඒ මල් සුවඳ මට නැහැ
නුඹේ ළඟ වාගේ

නෙත නෙතඟ පටලා
ඇස් පියන් නොසැලේ
හුස්මකින් හෝ වේද වරදක්
හිත හිඳි නිදි සේ
සේපාලිකා මල් වගේ

රැයක නිදි නොයනා
සිතේ නුඹ පිරිලා
සඳ මඬලේ සිහිලැල් දිය ඔබයි
මිහිරැති රිදුම් මවනා
සේපාලිකා මල් වගේ

ගේය පද - අසංක සඳරුවන්
සංගීතය - සංගීත් වික්‍රමසිංහ

ගීතය රස විඳින්න
▶ https://www.youtube.com/watch?v=7S88WpLs0T8

සෙව්වන්දියේ

සෙව්වන්දියේ වීදියේ හමුනොම වූ
අතිර දමද මේ කියා ඇති
රඟ දෙන බිඟු නද සවනත නොම ගෙන
හැඟුමන් මැද සුසුමන් පාවී යයි

තුරුණු පෙමට රුදු කඳුළැලි දවටා
මෙලොවින් වෙන් වී ගිය නාමේ
තවමත් හද මල තුළම රුවා ගෙන
සුසුමෙහි හස රඳවන ලීලේ

එකිනෙක මැළවි පෙති ගිලිහී යන
සෙව්වන්දිය නොම වී ඉත්තේ
සුවඳක් දෙන මුත් ගැඹුරක වැළපෙන
සොඳුරක් කිම දෝ වත මැවුවේ

ගේය පද - නයනේත්‍රි කපුරුසිංහ
සංගීතය - රුක්ෂාන් කරුණානායක

ගීතය සහ රූප රචනය රස විඳින්න

https://www.youtube.com/watch?v=KzgcAlQ9rHQ

සිතෙහි රැඳිලා

සිතෙහි රැඳිලා හැඟුම් මවනා
ආදරියේ නුඹ කොයිබදෝ
ලංව බැඳිලා සිතැඟි විලසා
පෙම් කරන්නේ කවදදෝ

ආලවන්ත හැඟුම් රන්දා
මම දෙයක් පවසන්නදෝ
ඔබ මගේ කර ගන්න ආසයි
අවසරය මට දෙනවදෝ

සිහින අතුරා දැහැන් බඳිනා
නොවිඳි සෙනෙහස නුඹමදෝ
හදට එබිලා මා පෙලන්නට
නුඹට කිව්වේ කවුරුන්දෝ

ගේය පද - හසිත හේමාල්
සංගීතය - ධම්මික එදුස්සූරිය

ගීතය රස විඳින්න
▶ https://www.youtube.com/watch?v=6VJ67qRmctY

දියෙන් කඳුළ

දියෙන් කඳුළකින් ඇස පිස
හීල් හිරිපොදට ඇහැරෙන
ජීවමාන නුඹේ ඇස් දෙක
සිනාසෙයි සකී
ඈත කඳු පෙළින් දුර හිඳ
රහස් මුමුණනා සුළඟක
ප්‍රේමණීය වූ හසුනක්
එවාපන් සකී

ජීවිතය මෙයැයි කියමින්
ගී ගයා නැගෙන සියොතුන්
නිල් ගුවන අරා පියඹනු
අසාපන් සකී
මල් දහක් පිපී එකවර
සුවඳ විහිදුවයි දස අත
මුදු සිනා වගෙයි නුඹේ මුව
බලාපන් සකී

ජීවිතය මගේ නුඹ හට
තිළිණ දුන් බැවින් දෝතට
හදවතේ සුසුම් සුළඟේ
එවන්නෙමි සකී
ආදරෙන් වැළඳ මා හිස
සිඹින්නට නුඹට දෙමිය අවසර
දිවි පුරා නුඹ මගේ
ප්‍රාණයයි සකී

ගේය පද - ශ්‍රීමති ධනවලවිතාන
සංගීතය - සංගීත් වික්‍රමසිංහ

ගීතය රස විඳින්න

https://www.youtube.com/watch?v=gQDUmBUSE98

වයසට ගියා

වයසට ගියා කියාලා
කිසි දින එපා සිතන්න
අමතක කරන්න වයස
සතුටින් ජීවත් වෙන්න
Live your life and
Forget your age

ලෝකයේ අප ඉපදෙනවා
ජීවන ගමනේ යනවා
දුක සැප දෙක හිමි වීලා
කාලේ ගෙවිලා යනවා
Live your life and
Forget your age

වයසයි කියා සිතාලා
තැවෙන්න එපා කිසි දිනේ
සිතුවිලි තරුණ අය ලොවේ
නෑ නෑ වයසට යන්නේ
Live your life and
Forget your age

ගේය පද - ආනන්ද පද්මසිරි
සංගීතය - රුක්ෂාන් කරුණානායක

ගීතය රස විඳින්න

▶ https://www.youtube.com/watch?v=8tHylybTIx0

හීං එකා

වාං දාපු කනදරාව වැව ඉස්මත්තේ
කෝං ගහේ උළලේනෙක් මොකද කියන්නේ
හීං ඇඳිරි යාමේ පාළුව රජ යන්නේ
හීං පොදේ අහසත් ඇයි කඳුළු හෙලන්නේ

මේං බලාපන් උඹේ යාළුවො රැස්වෙන්නේ
ඕං ඉතිං උන් නෑ යළි හිනා පාන්නේ
රාං කුරුල්ලනි කෝමද නාඩා ඉන්නේ
හීං එකා කොහෙ යන්නද මේ සැරසෙන්නේ

පාං කිරිත්තෙක් ඊයේ රෑ තුන්යාමේ
ආං බලාපන් අත්තටු අකුලන් ඉන්නේ
රෑං රෑං කියාගෙන ඇයි උඹ පස්සෙ නොයන්නේ
හීං එකා අප තනිකර යන්න හදන්නේ

ගේය පද- මංජු නැදගමුව
සංගීතය - සංගීත් වික්‍රමසිංහ

ගීතය රස විඳින්න
https://youtu.be/cVtTjBPMW5k

බැස යන්න අවරට

බැස යන්න අවරට
මේ අහස තනිකර දමා
තවත් හිටියොත් රැඳී අහසෙම
තරු වලට දුක වැඩි නිසා
නුඹ - බැස යන්න අහසින්
යන බවක් නොකියා

වෙන් වෙන්න කාලය
අපට අප හිමි නැති නිසා
තවත් හිටියොත් රැඳී තුරුලෙම
නුඹට මේ දුක වැඩි නිසා
නුඹ - වෙන්වෙන්න මාගෙන්
මතක පමණක් නොම මකා

සමුදෙන්න බැරිවාට
සමු අරන් යන නුඹ දිහා
බලා ඉන්නම් සතුටු දෑසින්
මගේ කඳුලැලි සඟවලා
නුඹ - සමුගන්න මාගෙන්
සුවඳ පමණක් රඳවලා

ගේය පද - වසන්ත විජේකෝන්
සංගීතය - ජයංග දැදිගම

ගීතය රස විඳින්න

▶ https://www.youtube.com/watch?v=1gJjkm-0oJY

සොඳුරු ප්‍රේමය

සොඳුරු ප්‍රේමය අසුරු සැණෙකින්
පර වෙලා වැටුණී
මටත් නොදැනිම නෙත් කෙවෙණි යට
කඳුළු මල් පිපුණී

සුළඟ වී මා නුඹේ කුටියේ
රැඳෙන්නට සිතුනී
කුරිරු වුණු සඳ නපුරු දෑතින්
පියන් පත් වැසුනී

හද කැබලි කොට නුඹත් ගිය පසු
හීන පොඩි මැරුණී
සොඳුරුතම කෙටි මතක පිටුවක
කඳුළු බිඳු රැඳුණී

ගේය පද - අනුර බුලත්ගමගේ
සංගීතය - ජයංග දෑදිගම

ගීතය රස විඳින්න

https://www.youtube.com/watch?v=Uvk79wxOX08

හදාගත් මේ පැල

හදාගත් මේ පැල දමාලා
කොහේ යන්නද මා
සිතට එන්නේ ගත්ත දුක් ගිනි
යළි නැගෙන ජාලා වෙලා

අමා රස වෙයි බීව දුක් ගිනි
අවසනේ දිනුවා
කෙලෙස බිඳදා ඉවත යන්නද
එය මගේ දිවියම වෙලා

කවුරු කවුරුත් අවට දුක් ගිනි
පැලට හරවනවා
හදාගත් පැල දමා ගියොතින්
උන්ට ජය වෙනවා

ගේය පද - ආචාර්ය විකුම්ප්‍රිය පෙරේරා
සංගීතය - ජයංග දැදිගම

ගීතය රස විඳින්න

https://www.youtube.com/watch?v=AsnwYZn4Acw

ඈත අහසේ

ඈත අහසේ සුදු වළාකුළු
රනින් හිරු ඔපවත් කළා
තිසා වැව් ඉස්මත්තේ හිඳ මා
අතීතය සිහිපත් කළා

රුවන් වැලි මහ සෑය වඳිමින්
පැතූ පැතුමන් සුන් වුණා
විරහවෙන් කල් ගෙවී යනවා
සැදෑ සමයත් ළං වුණා

ලබන්නට බැරි ලැබෙන්නේ නැති
උරුම නැති සෙනෙහස නිසා
වියෝවක් දැනිලාද මන්දා
තිසා වැව අද තනි වෙලා

ගේය පද - මාලනි විජේසිංහ
සංගීතය - ආනන්ද වෛද්‍යසේකර

ගීතය රස විඳින්න
https://www.youtube.com/watch?v=Ftp6cfyQs2Q

සිහින මැව්වා

සිහින මැව්වා වැඩිද හද තුළ
පැතුම් එකිනෙක පොදි බැඳන්
ඉටු නොවූ දා දැනෙන දුක නම්
වැඩියි අහසට දුර තරම්

පුංචි පැතුමක පාට තවරා
අනේ මං හැඩ කළ තරම්
නොදැන උන්නද බිඳෙන පැතුමක
මහ මෙරක දුක ඇති තරම්

රිදුම් දුන්නට කමක් නැහැ සිත
පැතූ පැතුමන් දුර ගිහින්
නමුදු හිස් බව ලැගුම් ගන්නට
එපා හදවත යට කරන්

ගේය පද - චන්ද්‍රිකා විජේසූරිය
සංගීතය - ආනන්ද වෛද්‍යසේකර

ගීතය රස විඳින්න

▶ https://www.youtube.com/watch?v=QUqXPbYnd6U

කහට වැලි තීරයේ

පි-කහට වැලි තීරයේ
  මුහුදු වෙරළේ කොනේ
ගැ-රුවන් මතු මාළිගා
  තැනුව අප බාලයේ
පි/ගැ-ඒද යළි කවදා හෝ

පි-සිහින රැළි මානයේ
  බිමක තනි වී ඔහේ
ගැ-එකතු වී ආදරෙන්
  මහල් තැනුවා පැයෙන්
පි/ගැ-ඒද යළි කවදා හෝ

පි-දිනය ගෙවෙනා පැයේ
  හිරුද ගිලුණා දියේ
ගැ-මොහොතකින් සැම දමා
  නැගිට යන ප්‍රීතියෙන්
පි/ගැ-දිනක් ඒද කවද හෝ

සහය ගායනය - නිමන්ති චමෝදිනි
ගේය පද - ආචාර්ය විකුම්ප්‍රිය පෙරේරා
සංගීතය - ආනන්ද වෛද්‍යසේකර

ගීතය සහ රූප රචනය රස විඳින්න

https://www.youtube.com/watch?v=dPstfoKKSaE

සිරිමා බෝ හිමි

සිරිමා බෝ හිමි වඳිතියි මම ඔබ සෙව්වෙමි
සමාධි බුදු හිමි සෙවණේ පුදතියි සෙව්වෙමි
සඳකඩ පහණේ කුට්ටම් පොකුණේ සෙව්වෙමි
තිසා වැවේ නෙළුම් කැකුළු නෙලතියි සෙව්වෙමි

කලා වැවේ සිසිලාරේ පිහිනා සෙව්වෙමි
අව්කන බුදු හිමි අස ගල් වෙහෙරේ සෙව්වෙමි
ඉසුරුමුනියේ පැතලි ගලක මම ඔබ දුටුයෙමි
මිහිරාවිය ළඟට කරන් ගල් රූ නෙලුවෙමි

දෙදහස් පන්සිය වස් ඔබෙ තුරුලෙහි සැතපෙමි
දියත පතල විස්මිත ගල් වඩුවා මම වෙමි
හිරු රැස් සඳ කැන් දහරින් ජීවය උදුරමි
මිහිරාවිය ඔබ මගේය මා ඔබටය හිමි

ගේය පද - විජය මාපලාන
සංගීතය - ආනන්ද වෛද්‍යසේකර

ගීතය රස විඳින්න
https://youtu.be/YMmn9luJWc0

ෆාතිමා

ෆාතිමා බලන් දොරකඩ
මාලතී ලතා රහසෙම
ඉඟි බිඟි කර ඔය දෑසට රහස් කියනවා
ෆර්දාවට හිත වැසිලද කියන් ෆාතිමා

මල්වරව හඬයි නුඹෙ හිත
තුරුලු වෙන්නට නෑ අවසර
හීනෙකින් වත් ඇවිත් මං ළඟ හිඳින් ෆාතිමා
ෆර්දාවට හිත වැසිලද කියන් ෆාතිමා

සම්මතේ කටුක මංපෙත
පා තියා නොගොස් තව දුර
ප්‍රේමයේ සුවඳ සිහිනෙට වඩිනු ෆාතිමා
ෆර්දාවට හිත වැසිලද කියන් ෆාතිමා

ගේය පද - හෂාන් එරංග ද සිල්වා
සංගීතය - ආනන්ද වෛද්‍යසේකර

ගීතය රස විඳින්න
https://www.youtube.com/watch?v=9jlcVd4fwWc

පදනම් පිඩැලි
(කසුප් සීගිරියේ)

පදනම් පිඩැලි දෙස මනැසින් බලා
රජ දහන පෙර සේම මැවිලා පෙනේ
රසයෙන පිරුණු මිනිස් හදකින් බලා
රජ මැදුර දෙව් බිමක් සේ සැකසුනේ

කසුප් සීගිරියේ රජිඳු නන්දනයේ

පවුරු මත සිතුවම් උලා
කඳු මුදුනෙ කැටයම් කළා
සිහගිරෙන් පිය ගැට නෙලා
රජ මැදුර වෙත ළං කළා

නෙක උයන් මල් සරසලා
දිය මලින් ලංකිත කළා
දෙව් ලියන් පිරිවර වෙලා
කුවේරට සරදම් කළා

ගේය පද - ආචාර්ය විකුම්ප්‍රිය පෙරේරා
සංගීතය - සංගීත් වික්‍රමසිංහ

ගීතය රස විඳින්න

Https://www.youtube.com/watch?v=0zexGPRL9JA

ගැහෙන දෑතින්
(විශාකාවෙනි)

ගැහෙන දෑතින් වළලු ගලවන
ඇඟිලි සමගින් මුදුව උදුරන
අසත් පුරුෂයෝ දසත රජයන
විශාලා නව නගරයේ
විශාකාවෙනි කියන්න
නොබා යනයුරු කියන්න

හඬන ඇකයෙන් දරුන් උදුරන
සියළු වස් දොස් මිලෙන් පියවන
අසත් පුරුෂයෝ දසත රජයන
විශාලා නව නගරයේ
විශාකාවෙනි කියන්න
නොබා යනයුරු කියන්න

මෙලවූ මීටකින් ගුරුන් සලකන
මුතුන් මිත්තණියනුත් කෙලෙසන
අසත් පුරුෂයෝ දසත රජයන
විශාලා නව නගරයේ
විශාකාවෙනි කියන්න
නොබා යනයුරු කියන්න

සහය ගායනය - නිමන්ති චමෝදිනි
ගේය පද - ආචාර්ය විකුම්ප්‍රිය පෙරේරා
සංගීතය - සංගීත් වික්‍රමසිංහ

ගීතය රස විඳින්න
https://www.youtube.com/watch?v=6PtAcFRXXcA

මාවතේ දිගු
(අසම්මත පෙම)

මාවතේ දිගු- දෑත් අල්ලා
දෙදෙන පියමන් කරන් යනවා
දෑස් යොමුවී - විවර මුවගින්
දනන් විමසා පසිඳු කෙරුවා
අසම්මත පෙම් යුවළකැයි
ඔබ ඔහුය - ඔහු ඔබය
ආදරේ සුලමුල මෙයැයි

දම්පාට සැන්දෑ වළාවෝ
වෙරළ අද්දර පෙළ ගැසේ
කුකුසු කසු කුසු සවන් තෙරපා
මහ හඬින් දසතේ ඇසේ
අසම්මත සිල් වතක් යැයි
සිත මුදුය - දුක අඩුය
ආදරේ සුලමුල මෙයැයි

ජීවිතේ ගැන ඔබ දනී නම්
ඇතිද සිදුවිය නොහැකිදේ
විමසලා බැලුවද සොඳින්
ඇරුණු මනසට දුර පෙනේ
අසම්මත සොබා දහමකැයි
දිවි කෙටිය - පෙම දිගුය
ආදරේ සුලමුල මෙයැයි

ගේය පද - ආචාර්ය විකුම්ප්‍රිය පෙරේරා
සංගීතය - සංගීත් වික්‍රමසිංහ

ගීතය රස විඳින්න

https://www.youtube.com/watch?v=DJgLRGxMgAI

දියණියෝ

සැමදාම අත රැඳෙන
දියණියෝ වේ මිණි රුවන්
සංවේදනා පිරුණු ලොව
අගේ සිත දරන්

සොඳුරුතම දිනෙක ලෝකයට බිහිවෙලා
මතකයන් දල්වමින් හදක් කුල්මත් කළා

වාසනාවක් නොවෙද කුල ගෙයක පරපුරට
වාසනාවක් නොවෙද උපත ලද පැල්පතට

ලොව දිනන්නට පිටව යන දිනක් ආවදෙන්
පෙරට යන මග දිගේ මල් පිපේවා සැනෙන්

ගේය පද - ආචාර්ය විකුම්ප්‍රිය පෙරේරා
සංගීතය - සංගීත් වික්‍රමසිංහ

ගීතය රස විඳින්න
https://www.youtube.com/watch?v=HCQ760mVlaU

දිවියේ අරමුණ

ඔබට හැකිනම් පෙම් කරන්නට
දෑ කුල ගොත් පටු බේද දුරින්
එදිනම වේ ඔබ ලොව දිනුවා
දිවියේ අරමුණ ඉටුවුවා

ඔබට හැකිනම් විනිවිද යන්නට
මිල මිණි වතු පිටි යාන නෙතින්
එදිනම වේ ඔබ ලොව දිනුවා
දිවියේ අරමුණ ඉටුවුවා

ඔබට හැකිනම් සේවය කරනට
තෑගි බෝග නිල තල පසෙකින්
එදිනම වේ ඔබ ලොව දිනුවා
දිවියේ අරමුණ ඉටුවුවා

ගේය පද - ආචාර්ය වික්‍රමප්‍රිය පෙරේරා
සංගීතය - සංගීත් වික්‍රමසිංහ

ගීතය රස විඳින්න

▶ https://www.youtube.com/watch?v=5vJF5JLRXBg

දෙන පෙරටු කර

දෙන පෙරටු කර ඇවිද
වැලි අතුල මාවතේ
බැඳුණු වී මල්
තොරණ සැරසුම්
ඔබේ දිවිය සමරන්න
එක්වෙන්න ඕනේ

දිගු කලක් සම සිතිනි
බරක් ලෝකෙට නොවිණි
දැයට සෙත දෙම්
නිබඳ සිතමින්
ගෙවූ දිවිය සමරන්න
එක්වෙන්න ඕනේ

ඇති තැනක ජවයක්ය
නැති විටක අඩුවක්ය
පෙරට ගෙන යම්
සමග ජය දුන්
පිරි දිවිය සමරන්න
එක්වෙන්න ඕනේ

ගේය පද - ආචාර්ය වික්‍රම්ප්‍රිය පෙරේරා
සංගීතය - සංගීත් වික්‍රමසිංහ

ගීතය රස විඳින්න

https://www.youtube.com/watch?v=HZ23UO2exPA

පස් ගඩොලින් බැඳ

පස් ගඩොලින් බැඳ දිලිසේ
දහ අට රියනින් අහසේ
නෙත් තැබූ පිළිම වහන්සේ
ඇස පිනවනවා දෝ සිතකට නෑසේ

දිය ඉසි මල් පුද කෙරුණේ
මිහිරෙන් බුදු ගුණ ගැයුණේ
අභියස පිළිම වහන්සේ
කන පිනවනවා දෝ සිතකට නෑසේ

හුණු දිය පස් ගෙන ලෝකේ
බැති සිත් ඉදිකළ නොහැකේ
සිත තුළ පිළිම වහන්සේ
ඉදිවෙනවා දෝ ඇසකට නොගැසේ

ගේය පද - ආචාර්ය විකුම්ප්‍රිය පෙරේරා
සංගීතය - සංගීත් වික්‍රමසිංහ

ගීතය රස විඳින්න

https://www.youtube.com/watch?v=OTZpW4fCIL4

මං නැතිදාකට

මං නැතිදාකට අඩුවක් නොවෙන්න
හෙමින් ඇවිද යමි මේ පොළවේ
අනන්තයට පෙර සේම ගලා ගෙන
යන බව දන්නෙමි සිත සැනසේ

ගත් දේ ආපසු එතැන තබන්නෙමි
තිබුණට වැඩියෙන් ඔප දාලා
මතු පරපුර දුන් ණයක් ගෙවන්නෙමි
ඔවුනට වැඳලා පින් දීලා

මුළු ලොව කම්පා විය යුත්තේ ඇයි
කැරකෙන්නේ මා මැද තියලා
එකෙක් වැටෙන විට දහක් නැගෙන්නට
පෙර පරපුර පදනම දාලා

ගේය පද - ආචාර්ය විකුම්ප්‍රිය පෙරේරා
සංගීතය - සංගීත් වික්‍රමසිංහ

ගීතය රස විඳින්න

https://www.youtube.com/watch?v=lS8dT7ApxCM

මුනුබුරු මගේ

මුනුබුරු මගේ විල්ලුද බිමේ
විදුලිය රියක් ඇතට පදී
පොල් අතු පැලේ ගොම මැටි බිමේ
ඉරටුව එතූ රෝදේ නොවේ

ඔහුගේ සිනා කිංකිණි හඬින්
පුතුගේ ළමා විය සිහිවුණේ
වක්කඩ වටේ මඩ පෝරුවේ
වාගේ නොවේ තිදසේ පුරේ

ඉපදුණු ගමෙන් ගව් සිය දුරින්
නිවසේ තනිව ඔහු හා ඉමී
දවසේ මෙහෙය පවරා ගියත්
සතුටින් සමානයි සිත මගේ

ගේය පද - ආචාර්ය විකුම්ප්‍රිය පෙරේරා
සංගීතය - සංගීත් වික්‍රමසිංහ

ගීතය රස විඳින්න

https://www.youtube.com/watch?v=a4ealvOg-zo

පෙහෙරාණෙනි

පෙහෙරාණෙනි වියනා මේ හිම්දිරි උදයේ
ඇයිදෝ මනකළ ඇඳුමක් නිමවන්නේ
නිල්වන් පාටයි පිලිහුඩු තටු වාගේ
අළුත උපන් පුතුටයි මේ සළුව අගේ

පෙහෙරාණෙනි වියනා මේ ගොම්මන් යාමේ
ඇයිදෝ දිලිසෙන ඇඳුමක් නිමවන්නේ
මොනර පිලක් මෙන් කොළවන් දම් පාටයි
දීගෙක යන රැජිනියකගෙ මුව වැසුමයි

පෙහෙරාණෙනි ඇයිදෝ නිසලව සංවේගෙන්
කුමක් වියනවද සිසිලේ සඳ එළියෙන්
පිහාටු සේ සුදු වලාරොදක් වාගේ
මිනියට අන්දන්නට සළුවයි මියගිය ඔහුගේ

ගේය පද - ආචාර්ය විකුම්ප්‍රිය පෙරේරා
සංගීතය - සංගීත් විකුමසිංහ

ගීතය රස විදින්න

▶ https://www.youtube.com/watch?v=DIH_3h_3a20

* මෙම ගීතය සරෝජිනී නායිදු නම් ඉන්දියානු කිවිඳිය විසින්
1900 දී පමණ රචිත "Indian Weavers" නම් ගැමි ගීතයේ
පරිවර්තනයකි . මෙම ගීතයේම තවත් පැතිකඩක් ලෙස පණ්ඩිත්
අමරදේව සූරීන් ගායනා කරන " සන්නාලියනේ " ගීතය මහගම
සේකර සූරීන් විසින්ද ලියැවී ඇත .

සමනලයෙකු ගිය මග

සමනලයෙකු ගිය මග අහසේ
කෙටි නැතත් හරි සුන්දරයි
ඉහළටයි පහළටයි
පාවි පාවි දස අතේ
ඉගිලිලා යනවා

අරමුණක් ඈත මග දුරයි
මදින් මද එයටම ඇදෙයි
රොන් පිරුණ මල් යාය අද්දර
ලොවක් හිනැහෙනවා

පෙලක් වෙයි ඉගිලිලා යයි
රැසක ඇති සන්සුන් බවයි
තරගයක් නැති ලොවක සිත්කළු
පියාඹා යනවා

ගේය පද - ආචාර්ය විකුම්ප්‍රිය පෙරේරා
සංගීතය - සංගීත් විකුමසිංහ

ගීතය රස විඳින්න

▶ https://www.youtube.com/watch?v=13JC2Pq5570

සැකයක් ඇත්නම්

සැකයක් ඇත්නම් අසා දැනගන්න
හාරා පාරා ඉන්නෙපා
අඹ ඇටේ මහ ගහක් වෙනවලු
කෙලෙස් කඳු කඳු එකතුවී

තරහක් ඇත්නම් මටම පවසන්න
මිතුරු සතුරට දෙන්නෙපා
බලා ඉන්නේ හිනා වෙන්නලු
සිතින් රඟ රඟ සැණකෙළී

තනියක් ඇත්නම් හැරී යළි එන්න
තවත් ඇතට යන්නෙපා
ගලන ගඟකට දොළක් යා වේලු
ඉවුරු සිඳ බිඳ සමඟි වී

ගේය පද - ආචාර්ය විකුම්ප්‍රිය පෙරේරා
සංගීතය - සංගීත් වික්‍රමසිංහ

ගීතය රස විඳින්න

https://www.youtube.com/watch?v=rV6v5liRMhE

සිටු මැඳුරේ

සිටු මැඳුරේ සුව යහනේ සැප නින්දෙන් අවදිවෙන්න
විල්ලුද බිම දෙපා තබා උතුරු සළුව කරේ ලන්න
දැසි දස්සන් මුර සෙබලුන් පිරිවර දන පසෙක ලන්න
යොදුන් දිගැති රියන් උසැති දොරපලු හැර පිටත එන්න

වතුපිටි දොර සල්ලි කන්ද එකතුවුණේ අහම්බෙන්ද
රස මසවුළු මිහිරි පාන පහලවුණේ දෙව්ලොවින්ද
සුවැති යාන රන් විමාන ඉගිල්ලෙන්නෙ පින් බලෙන්ද
සප්ත ස්වර මිහිරි තාල ගී තැනුවේ පංචසිඛද

නුවන් පිනන උයන් තනන දහදිය යනවා ගලා
පාර තනන කුඹුර කොටන සිවුරඟ සේනා කරා
මිහිර පිරුණු කැවිලි සදන ඔබේම සොයුරන් කරා
සෙමෙන් සෙමෙන් පා නගන්න ඈත සිටිනවා බලා

ගේය පද - ආචාර්ය වික්‍රමප්‍රිය පෙරේරා
සංගීතය - සංගීත් වික්‍රමසිංහ

ගීතය රස විඳින්න

www. http://netcd.lakderana.com/siththaruwanani/32/SituMedure.mp3

සිත්තරුවාණෙනි

සිත්තරුවාණෙනි ඔබ නැතිදා
මේ දෙවඟන රුව ඔබ නිමැවූ
සදාකාලයට රැඳේවී

ඒ රුව ඔබ බව
නොදනී කිසිවෙක්
සිය දහසක් දේ කියාවී
දෙවඟන සැබැවින් දුටුවේ
මා පමණයි මේ ලෝකයේ

සිත්තරුවාණෙනි පැහැය යොදා
මගේ රූපයට සම කරලා
ඇන්දේ කිමදෝ අසාවී

මට හිමි නැති පෙම
නොදනී කිසිවෙක්
රජුගේ ඇතුලත මාලිගයේ
දෙවඟන සැබැවින් දුටුවේ
මා පමණයි මේ ලෝකයේ

සහය ගායනය - නිමන්ති චමෝදිනි
ගේය පද - ආචාර්ය වික්‍රම්ප්‍රිය පෙරේරා
සංගීතය - සංගීත් වික්‍රමසිංහ

ගීතය රස විඳින්න

https://www.youtube.com/watch?v=N9oLQadH-9U

සුසුම් කුසුම් වී

සුසුම් කුසුම් වී ආදර මග සරසයි
ගල් පෙති මල් පෙති වාගේ මයි
හවස්කරේ ඔබ එනවානම්
අත් අල්ලා පෙරටම යන්නම්

අළුත් සඳක් වී නිදහසේ
අහසේ පායනවා සොඳේ
සිනහ කටක නැගි වන්නමේ
ගීත රාව දේ සන්හිදේ

බුලත් අතක්වී පාමුලේ
තරහාවීලා නෑ සොඳේ
අතු අග මල්වී මදනළේ
නැළවේ තාලෙට තෙයි තෙතෙයි

ගේය පද - ආචාර්ය විකුම්ප්‍රිය පෙරේරා
සංගීතය - සංගීත් විකුමසිංහ

ගීතය රස විඳින්න

▶ https://www.youtube.com/watch?v=UAKHe2oQVIA

හේනක් රකිද්දී නෑනා සිහිවී

සිටවූ ඉනි පැලවෙන ඇල්හේනේ
වගුරා දහදිය දිවා රැයේ
අස්වනු පිරිලා ඇත ගම මගෙ නෑනේ
අපේ පෙම ඇයිද ළතවෙන්නේ ඉදෝරයේ

වස්දඬු රාවය - ඉනිවැට අස්සෙන්
ඔබේ පැලට - එබිකම් කර එනවද
පිංකම් පොළේදී - බැඳි ඇට මාලෙට
වස්දොස් මැකිලා - නැකතක් ඒවීද

විල්ලූද පලසක් - මොකටද නෑනට
ඉහිරුණු ගෝමර - ඇත්තේය බඳ වට
විසකුරු නා සපු - ගැවසේ ගම් මැද
මොර මල් වාරෙත් - ඇවිල්ලා බැද්දට

ගේය පද - ආචාර්ය වික්‍රමප්‍රිය පෙරේරා
සංගීතය - සංගීත් වික්‍රමසිංහ

ගීතය රස විඳින්න

▶ https://www.youtube.com/watch?v=_TQR4Nfww0A

අවසාන වස්සානය

අවසාන වස්සානයද මේ
ජීවිතේ ගිලන් සයනේ
මා ගෙවන්නේ
අවසාන වස්සානයද මේ

වියලි පරඬැල් අතු අතර පිපි
කුසුම් වල මල් සුවඳකුදු නැති
අවසාන වස්සානයද මේ

බිඳුණු විසිරුණු ගුවන් ගැබ මැද
පිපුණු සඳ මත එළියකුදු නැති
අවසාන වස්සානයද මේ

ගේය පද - වසන්ත විජේකෝන්
සංගීතය - විශාරද දර්ශන වික්‍රමතුංග

ගීතය රස විඳින්න

www. http://netcd.lakderana.com/maaobemayisadaa/
32/AwasaanaWassanaya.mp3

සයුර හරි නිහඬයි

සයුර හරි නිහඬයි
නුඹ වගේමයි
කියව ගන්නට නොහැකි තැන් බොහොමයි
සයුර හරි නිහඬයි

විටෙක රළ වුව තවත් විටෙකදි
ගඟක් සේ නිසලයි
නුඹ වගේමයි
හිතක් නැති ලෙස ඉන්න හැටි නපුරුයි

සිතිජ ඉම ළඟ අහස් කෙළවර
එකතු වී කඳිමයි
නුඹ වගේමයි
දෑස රවටන සිතිජ ඉම පුදුමයි

ගේය පද - වසන්ත විජේකෝන්
සංගීතය - විශාරද දර්ශන වික්‍රමතුංග

ගීතය සහ රූප රචනය රස විඳින්න

http://netcd.lakderana.com/maaobemayisadaa/32/
SayuraNumba.mp3

https://youtu.be/6lSwBMb9Eqs

හිම කන්දක් ළඟ

හිම කන්දක් ළඟ ගිනි ගත් කුමාරිකාවී
ඈත එපිට පෙනෙනා ඉම නිහාරිකාවී
හද කළඹන රෝස පොකුර
කටු ඇනෙනා දෑතින් ගෙන
පියාඹන්න පියාඹන්න සුරංගනාවී

ඉරබටු තරු එළිය දෙන්න
තරු සිතියම් පාර කියන
රැලි පිට රැලි පෙරළි පෙරළි ගොඩට ගසනවා
ඉතිං නෞකාවක නැඟී එන්න මුදු හසරාණී

හිරු දවනා සඳු නිවනා
ලොවක උපන් ප්‍රාර්ථනා
අනන්තයේ එක්කහු කර ගැබ්බර වේවී
ඉතිං නිවාලන්න හද ගින්දර පත්තිනි දේවී

ගේය පද - හසිනි භාග්‍යා තන්තිරිගේ
සංගීතය - විශාරද දර්ශණ වික්‍රමතුංග

ගීතය රස විඳින්න

http://netcd.lakderana.com/maaobemayisadaa/32
/HimaKandak.mp3

වස්සාන සඳ

වස්සාන සඳ අකල් අහස් කුස පායලා
උන්මාද සිතුවමක හැඩ පාට මතු කළා
නුඹ උන්නු අතීතේ මා ළඟින් හිනැහිලා
ඉසුරුමුණි පෙම් යුවළ ආයෙමත් සිහිකළා

අත් බැඳන් උයන් තෙර ඇවිද ගිය අතීතේ
මතක සුවඳක් වෙලා ආයෙ දැනෙනවා වගේ
පුරුදු හැඟුමන් අරන් තෙරපෙද්දි ආදරේ
මුදාලනු කෙලෙස මං වියපත් වූ හදවතේ

අකාලයේ මිලින වුණු සොඳුරු පෙම් කුසුම නුඹ
තබා ගිය මතක වල තනි වුණා හදවතම
ටික දිනයි ජීවිතේ නුඹ සොයා පැමිනෙන්න
දන්නවා බලන් ඇති පෙර වගේ සිප ගන්න

ගේය පද - අරුණ වික්‍රමාරච්චි
සංගීතය - විශාරද දර්ශණ වික්‍රමතුංග

ගීතය රස විඳින්න

www. http://netcd.lakderana.com/maaobemayisadaa/32/WassanaSandha.mp3

සොහොයුරාණෙනි

සොහොයුරාණෙනි - සොහොයුරාණෙනි
කැණි මඬල මැද දිනිසුරාණෙනි
ගිටාරය නුඹ අතින් බිම වැටුණා
බිඳුණු තත් වැද සත්සරට රිදුනා

මිදුණු සිහිනෙක සැඳුණු මැදුරක
දිලුණු දේදුණු රටා බොඳකර
ධවල තිර මත නුඹේ රුව රැඳුණා
තෙලි තුඩින් අවපැහැති ඉරි ඇඳුණා

නුඹව නොපෙනෙන දුරක දොඩ දොඩ
විසිකළෙමි නෙත කඳුළු කඩ කඩ
ඈත සිට ඒ සුවඳ යලි දැනුණා
සීත අහසෙහි තරු ළකුණු මැකුණා

ගේය පද - ධම්මික එගොඩවත්ත
සංගීතය - විශාරද දර්ශන වික්‍රමතුංග

ගීතය රස විඳින්න

www. http://netcd.lakderana.com/maaobemayisadaa/32/Sohoyuraanane.mp3

වෙව්ලයි දෑත

වෙව්ලයි දෑත සවි බල දැන් බිඳිලානේ
ගිරයේ පුවක නොරැඳේ පෙර ලෙස බැහැනේ
කොටනා වංගෙඩිය තබනා තැන නැහැනේ
නොපෙනෙන දෑස එය සොයලා දෙන්නැහැනේ

පොල් අතු ගෙපැලේ අපි සතුටින් සිටියානේ
කැත කුණු අත ගගා නුඹ ලොකු කෙරුවානේ
දහඩිය කඳුළු මත ඉහලම තැබුවානේ
මතකෙට දෙන්න අපි දොඩමලු වෙන්නෑනේ

ලේලිය නුඹව මිස අපි ගැන දන්නෑනේ
මා මෙහි තියන් නුඹේ දීගෙත් දෙදරන්නේ
අම්මා නිවනේ හන්දා මෙය නොදකින්නේ
කිමදෝ පමා තවමත් මට නිර්වානේ

ගේය පද - සුසන්ත දන්දෙනිය ගමගේ
සංගීතය - විශාරද දර්ශන වික්‍රමතුංග

ගීතය රස විඳින්න

www. http://netcd.lakderana.com/maaobemayisadaa/32/wewulayiDetha.mp3

පොඩි හාමුදුරුවනේ

පාන්දරින් බෝ පත් බිම හැපිලා
පහන් පැලේ පානත් නිවිලා
හීල් දානයත් පිලුණු වෙලා අද
පොඩි හාමුදුරුවනේ
නේත්තරා පල් අදහන්නට බැහැ
ගාන්ධාරයත් ගොළු වීලා

මිහින්තලේ වැව සුදු සලු ඇඳලා
කෝන් ගහේ කහ කොඩි පිපිලා
වෑ කන්දත් ඈත සුසුම් හෙලා
පොඩි හාමුදුරුවනේ
තෝන්තුවාවෙන් ගම පිරිලා
ගාන්ධාරයත් ගොළු වීලා

කාත් කවුරුවත් නැතුවයි සිතුණිද
හීං සැරේ නිවනට මං සෙවුවද
හාන්කවිසියක් නිච්චිය නැතුවා
පොඩි හාමුදුරුවනේ
සංසාරෙත් මග වෙනස් වෙලා
ගාන්ධාරයත් ගොළු වීලා

ගේය පද - නයනසේන වන්නිනායක
සංගීතය - විශාරද දර්ශන වික්‍රමතුංග

ගීතය රස විඳින්න

www. http://netcd.lakderana.com/maaobemayisadaa/32/PodiHaamuduruwane.mp3

තෙරක් වූ දා

තෙරක් වූ දා මම සසර මග
විලක් වූයෙත් ඔබ තමා
කතරෙ නිරුදක තනිව හිටියත්
ඔබ ඉන්න වග දැනෙනවා

ගණඳුරින් පිරි දුර අහස මම
නැවිදින් වුණ සඳ මඬල නුඹ
රැයේ තනියම රහසේ හැඬුවත්
ඔබ ඉන්න වග දැනෙනවා

උදුල තරු මිණි සඳ වැස්ස මම
නිලටට දිදුලන මහ පොළොව නුඹ
විහිදුවාලමි තරු එළිය මම
අරගන්න එක ඇබින්දක් ඔබ

සුසුම් නිම්නයේ සැඩ සුළඟ මම
අකල් අසෙනිය මහ වැස්ස නුඹ
සතුට අයදින යාදින්න මම
අරගන්න මේ සිනාපොද ඔබ

ගේය පද - සංජීවිකා සමරතුංග
සංගීතය -විශාරද දර්ශන වික්‍රමතුංග

ගීතය රස විඳින්න

www. http://netcd.lakderana.com/maaobemayisadaa/32/TherakWuuDaaSansare.mp3

දුවේ නුඹට

දුවේ නුඹට තටු ඇවිදින් ඉගිලුනාට දුරට
සුළං කෝඩ සතර දෙසේ කැරකෙනවා එමට
දරාගන්න බැරි උනොතින් නුඹ වැටේවි බිමට
නෙලා ගන්න කිසිවෙකු නෑ පරවුණ මල් එමට

වලා රොදක් සේ පාවෙන නුඹේ සිහින වලට
මුලා වෙන්න මං කියාවි කුරුල්ලනුත් එමට
නෙලා ගන්න බැරි විලසට නුඹ පිපියන් උසට
ගලාන යන ජීවන ගඟ ජයගනු හැකි ලෙසට

හෙලා දකිනු සෑම මොහොතම වරදක් දුටු විගස
තලා පෙලා නොදමනු අසරණ කම කිසි විටක
වෙලා ගන්න ආවත් දුක වලාකුලක් ලෙසට
කලා සොළස පිරුණු සඳක් සේ දිලියන් රටට

ගේය පද - රසී පෙරේරා
සංගීතය - ජයංග දැදිගම

ගීතය රස විඳින්න

www. http://netcd.lakderana.com/maaobemayisadaa/32/
DuweNumbata.mp3

හිරු ගිලිහෙන

හිරු ගිලිහෙන රෑ අහසක
ඔබේ තනිකම ඔබට දැනේ
සසල සිතින් මටද දැනේ
නවාතැනින් පිටවී යන්න
දිවිය කෙටියි හිරවී ඉන්න

නොපිපුණු මල් නව කැකුළට
නිදහස දෙන්න
ගෙවුණු ඔබේ පිරි දිවියට
වීරිය ගන්න
හිතේ ගින්න ලොව නොදවන්න

කෙළිලොල් ගී තාල නදට
හිත රවටන්න
විරිතෙන් බැඳ මෙත නගනට
කාලය එන්න
පාළු අඳුර ඔබ නොදවන්න

ගේය පද - ආචාර්ය වික්‍රමප්‍රිය පෙරේරා
සංගීතය - ජයංග දැදිගම

ගීතය රස විඳින්න

www. http://netcd.lakderana.com/maaobemayisadaa/32/HiruGilihena.mp3

ලොව මා රිදවා

ලොව මා රිදවා තලා පෙලා සිත
අසරණ කළ හැම මොහොතක් පාසා
අසලට එන විට තරවටු කෙරුවට
නුඹ නොසැලී මා ළඟ සිටියා

දුවන මුවන් ළඟ අතහැර පැතුමන්
ලතැවෙන විට නෙත කඳුළැලි පුරවන්
දිව රෑ නිරතුරු මා ළඟ හිඳිමින්
බිඳුණු ම'සිත සවිමත් කෙරුවා

නුඹ පලවා හැර පෙම් කළ මිරිඟුව
අභියස වැතිරුණ විට මා උමතුව
තනිකම මා සිත හඳුනා ගත් නුඹ
රිදුණු ම'සිත සුවපත් කෙරුවා

ගේය පද - චතුරිකා සෙව්වන්දි
සංගීතය - ජයංග දැදිගම

ගීතය රස විඳින්න

www. http://netcd.lakderana.com/maaobemayisadaa/32/LowaMaaRidawaa.mp3

නොලැබෙනා මල්

නොලැබෙනා මල් කැකුළු
රහසේ ගෙන විත් රැන්දූ
සුළඟ නුඹ හරි නපුරු
මටම ඇයි මේ වියරූ

වෙන ගසක ඉති රැසිරූ
බබළමින් නෙක සැරසූ
සුළඟ ඇවිදින් විසිරූ
මලක් මා මත රැඳූණු

සුවඳ මා මන බැඳූණු
පහස සියොලඟ දැවුණු
මගේ හිස මත පිපුණු
මලකි නුඹ මගේ නොවුණු

ගේය පද - හසිනි භාග්‍යා තන්තිරිගේ
සංගීතය - ජයංග දැදිගම

ගීතය රස විඳින්න

www. http://netcd.lakderana.com/maaobemayisadaa/32/
NolebenaaMal.mp3

පෙනෙන නෙතු මානයක

පෙනෙන නෙතු මානයක
මලක් වී සුපිපෙන්න
නෙලා ගනු බැරි නමුදු
පිපී හිනැහී ඉන්න

අහිමි පෙම් සිහිනයේ
සොඳුරු සිතුවම වෙන්න
මට නොවේ මගෙ සිතට
සුවඳ ගෙන සැනසෙන්න
නෙලා ගනු බැරි නමුදු
පිපී හිනැහී ඉන්න

පිපී හද මඬල ළඟ
ස්නේහයෙන් වැජඹෙන්න
මේ සසර හිමි නැතත්
මතු සසරේ හිමි වෙන්න
නෙලා ගනු බැරි නමුදු
පිපී හිනැහී ඉන්න

ගේය පද - මනෝජි පූර්නිමා
සංගීතය - ජයංග දැදිගම

ගීතය සහ රූප රචනය රස විඳින්න

www. http://netcd.lakderana.com/maaobemayisadaa/32/PenenaNethuMaanayaka.mp3

https://www.youtube.com/watch?v=eLic3PWkPwo

නිහඬ වී

නිහඬ වී නෙතු කෙලෙස් අතරම
ජීවිතේ කටු ඇනී හදවත
ගලන රුහිරය සේම සමකළ
රෝස කුසුමක පෙම් පාට හැඩ

ලෝකයක් මැද නග්න සිතැතිව
කටු ඇනී සිත රිදෙන තරමට
නසා පෙම් බස් දොසින් විරහව
රෝස කුසුමක් පරවෙලා අද

දෙනෝ දහසක් පෙම්වතුන් මැද
කෙලින පෙම් බස් අතර හැඬවන
ප්‍රේමයට ගෙන විරහවක් අද
රෝස කුසුමක් පරවුනේ කිම

ගේය පද - නිශාද් ඉන්තික
සංගීතය - ජයංග දැදිගම

ගීතය රස විඳින්න

http://netcd.lakderana.com/maaobemayisadaa/32/
NihandawiiNethu.mp3

මා ඔබේමයි සදා

පි-සඳ පායාවී රෑ සීත යාමේ
ගැ-සිත පාවේවි ඒ මිහිරි මතකේ

පි-මද පවන රහසේ මුමුණනා මොහොතේ
ආදරේ සේයා මැවෙන්නේ
ගැ-මල් සුවඳ අතරේ සුසුම් සුව වින්දේ
ආදරේ මිහිරයි දැනෙන්නේ

පි-දේදුන්නේ පාට තවරලා
මල් පීදේ සුවඳ තවරලා
ගැ-වස්සානේ හීන විසිරිලා
මුතු පින්නේ සිත දැවටිලා
පි/ගැ-මා ඔබේමයි සදා

පි-සඳ පානේ ආදරේ පාලා
සිත මාගේ ඈත පාවිලා
ගැ-පෙම් හීනේ ගීත මුමුණාලා
රැව් දෙන්නේ රෑම සරසාලා
පි/ගැ-මා ඔබේමයි සදා

සහය ගායනය - චේතනා රණසිංහ
ගේය පද - එරංග පාලිතරත්න
සංගීතය - ජයංග දැදිගම

ගීතය සහ රූප රචනය රස විඳින්න

www. http://netcd.lakderana.com/maaobemayisadaa/32/MaaObemayiSadaa.mp3

https://www.youtube.com/watch?v=Lme4QEta0TE

සිත් අහස

සිත් අහස මගේ පාළුයි
නුඹ උන් තැන හරි සීතයි
නොකියාම ගියේ මට ඇයි
මං තාම නුඹෙයි සත්තයි

මට හීන දුන්නේ නුඹමයි
තිස් පැයේ උන්නේ ළඟමයි
කිම යන්න ගියේ අරුමැයි
නෙතු සොයන්නේම රුවමයි

මගේ හිත කියෙව්වේ නුඹමයි
එහි උන්නේ නුඹ පමණයි
ඒ හැඟුම් ගොළු කළේ ඇයි
සිත ගන්න බැහැ එතනමයි

නුඹ ආයේ එයිද නැතිදැයි
හද නිරන්තරේ විමසයි
මම මගෙම නෙතට රහසින්
උණු කඳුළු සඟව ගත්තයි

ගේය පද - ඉන්දු ලියනගේ
සංගීතය - ජයංග දැදිගම

ගීතය රස විඳින්න
www. http://netcd.lakderana.com/maaobemayisadaa/32/
SithAhasaMage.mp3

වියෝ වී මිහි මඬල

වියෝ වී මිහි මඬල
ඉකි බිඳි ඔබේ නමින්
එක සැණින් කළ විපත
නොම වෙයන් කිසි දිනෙක

තරු දහක් පිරූ අහස
තවම සෝකෙන් හඬයි
ඒ සොවේ අවසානේ
තව විපත් ඇති සෙයයි

සොබා දම අපට කියූ
පාඩමක් ලෙස හැඟෙයි
අඩු නැතුව පින් කරමු
ජීවිතය බෝ දුරයි

ගේය පද - දිළිණි අබේසිංහ
සංගීතය - ජයංග දැදිගම

ගීතය රස විඳින්න

www. http://netcd.lakderana.com/maaobemayisadaa/32/
WiyowiiMihiMandala.mp3

වඩිනු මැන බුදු හිමියනේ

කාලයයි යළි හිමියනේ
වඩින්නට මේ දේශයේ
ඉබේ මිය යන දනන් වෙනුවෙන්
වඩිනු මැන බුදු හිමියනේ

ගුරුන් පුදනට අගුලිමාලෝ
ඇඟිලි ගනිනා හීතියේ
මතින් සරණා ඇතුන් පිරිලා
කවුරුවත් නැහැ වීදියේ
වඩිනු මැන බුදු හිමියනේ

ඉදුල් සොයනා කුඩා දරුවන්
හඬා මියයති හාමතේ
සිහින දකිනා කොසොල් රජවරු
ඇහැර වනු බැහැ වාසලේ
වඩිනු මැන බුදු හිමියනේ

ගේය පද - ජනිත් විතාරණගේ
සංගීතය - ජයංග දැදිගම

ගීතය රස විඳින්න

www. http://netcd.lakderana.com/maaobemayisadaa/32/
WadinuMenaYali.mp3

බණ්ඩි ගොයම

බණ්ඩි ගොයම කිරි වැදිලා නුඹේ සිනාවට
දණ්ඩි පැටවූ වහ වැටිලා නුඹේ කතාවට
චණ්ඩි කමට මගේ දාංගලෙන් තිගේ
පායා සැලුණා නියර දිගේ සඳ පළුවක් වගේ

රන් කෙහෙරැලි කොණ්ඩ කරල් දිය ඇල්ලක් වගේ
නිතඹ සැලෙයි දිය කෙණ්ඩිය උකුලේ නර්තනයේ
තඹර විලේ රන් පියුමක් වගේ වත විලියෙන්
හිනා වෙන්නේ කාටද කොච්චරවත් හිමිදිරියෙන්

නෙරිය කොනේ මඩ තැවරූ සුන්දර හිත ගාව
ආදර වියමන් වියන්න සොබනිගේ සිරියාව
විරිය ගෙන ගෙට ගත්තම අස්වනු මේ කන්නේ
සූරිය ළඟ මගේ වෙනවද අවුරුදු අවසානේ

ගේය පද - මාරි භාග්‍යා ප්‍රනාන්දු
සංගීතය - ධම්මික එදුස්සූරිය

ගීතය රස විඳින්න

www. http://netcd.lakderana.com/lanwennatamaa/32/BandiGoyama.mp3

බොඳ මීදුම් සේලේ

පි-බොඳ මීදුම් සේලේ ගත දවටාල
 සුදු හිම කඳු යායේ නුඹ හමුවීලා
ගැ-සීතල හිම වැස්සේ උණුසුම සොයලා
 දුම්මාරෙන් සැඟවී මම ආවා සොයා

පි-පෙති විහිදාලා වත්සානය අග පිපුණා රෝස මලක්
 පිපුනේ නෑ කිසිවකුගේ වන්නට මගේම වන්න මිසක්
ගැ-නුඹ පමණයි ඉන්නේ නෑ කිසිවෙක් දන්නේ
 නුඹමයි මා දුටුවේ නුඹටයි මා පිපුණේ

පි-වළාකුලක් සේ අයාලයේ අපි පාවෙමු රෑ සිහිනේ
 චන්දන සුවඳට පෙම් රස හැඟුමන් කලඹයි සිත මාගේ
ගැ-සැමදා ළඟ ඉන්නේ නෑ අප වෙන් වෙන්නේ
 බැඳී බැමි බිඳලන්නේ මා නුඹේම වෙන්නේ

සහය ගායනය - අනූෂා නිලන්තිකා
ගේය පද - ලක්මි ප්‍රභා රත්නායක
සංගීතය - ධම්මික එදුස්සූරිය

ගීතය රස විඳින්න

www. http://netcd.lakderana.com/lanwennatamaa/32/BondhaMeedumSele.mp3

දවසට විසි තිස් සැරයක්

දවසට විසි තිස් සැරයක්වත් මම
මගේ දුරකථනය විමසනවා
ඇමතුම් හඬ වල් මතුවෙන ගානේ
ඒ ඔබමයි සිත වද දෙනවා

බිඳුමක සෙනෙහස් සොඳුරු සිතක් මට
නොතිබෙන්නට ඇති උරුම වෙලා
මොහොතක මතකය වත් නැතිවද අද
මං ගැන නුඹ තුළ ඉතිරි වෙලා

කවදා හෝ ඔබ මා අමතන තුරු
ඉන්නම් සිහිනෙක තුළට වෙලා
ඔබට එපා නම් මටත් එපා ඔබ
ඉන්නෙමි තනියට තුරුළු වෙලා

ගේය පද - ලීරා ද සිල්වා
සංගීතය - ධම්මික එදුස්සූරිය

ගීතය රස විඳින්න

www. http://netcd.lakderana.com/lanwennatamaa/32/DawasataPeya.mp3

ජීවිතයේ පළමු වරට

ජීවිතයේ පළමු වරට මම ආදරේ කළා
ඔබ වෙනුවෙන් හැම දෙයක්ම මා පිදූ නිසා
දුක්බර වූ ඔබ ලෝකෙන් මුදවාගත් නිසා
ඔබේ ලෝකය එළිය කරන්න මම දුක් වින්දා

ඔබ නොදුටු ඒ ලෝකය දකිනු වස් නිසා
උදේ දවල් රෑ වෙනතුරු මම වෙහෙස වුණා
ඔබට නොදැනුණු මගේ ආලේ ඔබ සාප කළා
මට නොලැබුණු ඔබේ ආලේ වෙනතක ඇදුණා

ඔබ කළ ඒ වැරදි වලට මං කමා කළා
නමුත් ඔබමා ඒ වැරැද්ද ආයෙමත් කළා
මා ගොඩ නැගූ මගේ ජීවේ ඔබ සුණු විසුණු කළා
මා රවටා ඇති බව මට අද පසක් වුණා

ගේය පද - ප්‍රියන්ත පතිරණ
සංගීතය - ධම්මික එදුස්සූරිය

ගීතය රස විඳින්න

www. http://netcd.lakderana.com/lanwennatamaa/32/JiwithePalamuvarata.mp3

කාත් කවුරුවත්

කාත් කවුරුවත් හාන්කවිසියක්
ඇත් වෙච්ච අපි ගැන නොදනී
ගේත් එක්ක අද පාළු වෙලා
මාත් පොඩි උනුත් තනිවෙච්චි

යාන්තමින්වත් කොතැනක හෝ හදේ
ගැවුණු ලෙන්ගතු කම නැත්තී
පාන්දරින් හෙට පුංචි එකා නුඹේ
කිරි බිඳු සොයමින් මොර දෙද්දී
රත්ති ඒ බඩගින්න නිවාවී
මගේ හදවතේ ගිනි ඇවිලෙද්දී

කරල් ගොතන්නට මද්දුමියේ මගේ
වද නොකරන් මට කොණ්ඩේ කඩන්
පොඩි වුණු කලිසම මැද ඇඳපන් පුතේ
පාන්දරම මම මල්ලි වඩන්
මගේ දිවි හිමියෙන් නුඹලා රකින්නම්
අම්මා ගෙයි මතකයෙන් මකන්

ගේය පද - සුසන්ත දන්දෙණිය ගමගේ
සංගීතය - ධම්මික එදුස්සූරිය

ගීතය රස විඳින්න

www. http://netcd.lakderana.com/lanwennatamaa/32/Herayaama.mp3

කුරුල්ලෙකු සේ

කුරුල්ලෙකු සේ තටු සලා
එන්න බැහැ මට ඉගිලිලා
ඔබ ගිහින් මා තනි කළා
මගේ නිදහස නැති කළා

අපේ ලොව තනිවූ මගේ
පැතුම් ඔබ හට නැහැ අගේ
ඔබ එදා නොසැලුණා වගේ
දැනුත් ඉමු අපි ඒ වගේ

ඔබයි මා තනි කර ගියේ
මා නොවෙයි ඔබ හැර ගියේ
පැතුම් මල් මිලිනව ගියේ
ඇවිත් පුබුදනු මැන ප්‍රියේ

ගේය පද - තුෂාරි ලියනගේ
සංගීතය - ධම්මික එදුස්සූරිය

ගීතය රස විඳින්න

www. http://netcd.lakderana.com/lanwennatamaa/32/KurullekuSe.mp3

ලං වෙන්නට මා

ලං වෙන්නට මා හිත හිත ඉද්දී මට ලං වුණේ නුඔයි
ආදරයෙන් නුඔ තව ලංවෙද්දී ඈතට ගියේ මමයි
නුඔ මග ඉද්දී නෙත් තෙත් වෙද්දී ඉවතට ගියා තමයි
එනමුත් ළඳුනේ ගිනි ගත් කතරක අද තනි වුණේ මමයි

සඳ නැඟ එද්දී තරු පිබිදෙද්දී සිහිනෙට තුරුල් වුණා
සඳ බැස යද්දී හිරු නැඟ එද්දී සිහිනෙන් අවදි වුණා
බාධක හමුවේ ආ මග නැවතී හෙළනා සුසුම් නිවා
සුර මැදුරට නුඔ ගෙන යන්නට හෙට මාවත විවර කළා

කටු මාවත් මැද මා වෙත එද්දී හදට සුසුම් නැඟුණා
නුඔේ නමින් ඔහු මැදුරු තනද්දී සැනසීමක් දැනුණා
දුගී පැලක නොව රජ මාලිගයක රැජිනිය වෙයි සිතුණා
අන් සතු වනදා නුඔ දැක ගන්නට එන්නට මට සිතුණා

ගේය පද - ලක්ම් ප්‍රභා රත්නායක
සංගීතය - ධම්මික එදුස්සූරිය

ගීතය රස විඳින්න
www. http://netcd.lakderana.com/lanwennatamaa/32/
LanwennataMaa.mp3

මගේ දෑසින්

මගේ දෑසින් නුඹ දකිනවද නුඹගේ ලොව
නුඹ දෛවයට සරදම් කළ ඔය නෙත් දෙක
හද පතුලේ නිදන්වී තිබූ මගේ පෙම
මගේ හද සුවඳ දැනෙනවද නුඹ හට සඳ

නොපෙනුණත් මා ස්වරූපේ නුඹගේ නෙතින්
නොකියූ වදන් වල දැනුණේ විඳිනා දුක
වැළපෙනා සිහිනේ දකිනෙම් නුඹේ නෙත් කොනින්
හීන ලෝකයම ඉකිගසති හඬමින් හොරෙන්
අහිමි වුවත් නුඹේ නොසිතූ ලෙස නෙත් දෙක
දෙනෙත් අහිමි වූ බව දැනුණේ නැත

නොකියූ ඒ වදන් පෙළම ඉකි බිඳ බිඳ
රූප ඡායා මවනවා නුඹ හොරැහින් මට
හිතට දැනෙනා හැඟුම් පෙළම වද දෙන්නට
දැනුණේ නැහැ කිසිම මොහොතක මා අන්ධයි නුඹ
අහිමි වුවත් නුඹේ නොසිතූ ලෙස නෙත් දෙක
දෙනෙත අහිමි වූ බව දැනුණේ නැත

ගේය පද - ශිලා පෙරේරා කෝනාරිස්
සංගීතය - ධම්මික එදුස්සූරිය

ගීතය රස විඳින්න
www. http://netcd.lakderana.com/lanwennatamaa/32/
MageDesin.mp3

මගේ දිවියට

මගේ දිවියට පාවුණා නුඹ
අඳුර මකන්නට සඳක් සේ පායා
කිසි දිනේ වෙන්වී නොයා
මා ළඟ රැඳෙන්නට
සෙනෙහස දෝත දරා

හිරුගේ රැස් පවා සිසිලස දෙයි මට
නුඹ ළඟ සිටින පැයේ
තරු එළියද මුදු පහනක් මෙනි මට
දිවි මග එළිය කළේ
මගේ දිවියට පා වුණා නුඹ
සඳක් සේ පායා
ගඟට සෙවණ සේ සයුරට රළ සේ
මා ගත සතපවනා

මල් පෙත්තක මුදු සුව පහසක් සේ
මා සිත සනසවනා
මගේ දිවියට පා වුණා නුඹ
සඳක් සේ පායා
මල් රේණුවක රොන් රස කැටි කර
මගේ පවස නිවනා
මගේ හද දිනූ රේණුකාවනි වාසනා වේවා
අපේ යුග දිවි මාවතේ නව
මලින් මල් පිපේවා

ගේය පද - ක්‍රිසන්ති ද ෆොන්සේකා
සංගීතය - ධම්මික එදුස්සූරිය

ගීතය රස විඳින්න

www. http://netcd.lakderana.com/lanwennatamaa/32/MageDiviyata.mp3

වතාවක් මිලින වුණූ

වතාවක් මිලින වුණූ
මගේ සිත අවදි කළ
අමාවක වී ද මා
නුඹෙන් ලැබී සිනහව

සමාවක් කුමකටද
මා නොකළ වරදකට
අවැසි නැත ලියන්නෙමි
ප්‍රේමයේ පසු වදන

වියෝගී ලියන කළ
වෙව්ලනා ඇඟිලි තුඩ
තෙත්වුණූ නෙත් කෙවෙනි
පිස දමයි මතකයම

ගේය පද - එරීන් ප්‍රනාන්දු
සංගීතය - ධම්මික එදුස්සූරිය

ගීතය රස විඳින්න

www. http://netcd.lakderana.com/lanwennatamaa/32/
MilinaWunu.mp3

නෙතු අග්ගිස්සෙන්
(සැලුණු මහමෙර)

නෙතු අග්ගිස්සෙන් සෙනෙහස තවරා
සුසිනිඳු සුසුවඳ මල් පෙති හැලුණා
රන් ගිනි දිදුලන චාමර ලෙලෙදෙන
නව මං පෙතකට ඒ පෙති වැටුණා

සුළැඟිල්ලේ එල්ලී දිනයක
පා පොඩි එසවූ මොළකැටි දියණි
කියා ගන්න බැරි සුසුමන් මැද්දේ
මා අහියස පෝරුවට නගින්නී

මා රජවී සිටි ඇගේ විජීතයට
යුව රජතුමෙකුන් පැමිණි විලාසේ
මගේ කිරීටය මගෙන් ගිලිහිලා
නොපෙනෙන දුරකට යන්නට යාවී

හදවත කකියන උණුසුම් සිතුවිලි
සිරකර ගන්නෙමි මා ළය මඬලේ
යහ මග යන්නට ඔහු හා නිබඳව
පතනෙමි හිස සිඹ ආදර දියණි

ගේය පද - තිළිණි අතුකෝරල
සංගීතය - ධම්මික එදුස්සූරිය

ගීතය රස විඳින්න

www. http://netcd.lakderana.com/lanwennatamaa/32/
NethuAggissen.mp3

නිල් අඹරේ

නිල් අඹරේ පායන තාරුකා වාගෙයි නුඹ ළඳුනේ
මා හදේ ඇති වුණු ආදරේ නුඹටයි මා පිදුවේ
මම බඹරෙකු වී නුඹව සොයා පියඹලා එන්නම්

යස ඉසුරින් පිරි නුඹේ ලෝකයට මට එන්න හැකි වේදෝ
මගේ බිඳුණු හදේ පහනක් වෙලා රෑ එළිය කරාවිදෝ
මම බඹරෙකු වී නුඹව සොයා පියඹලා එන්නම්

මා නුඹට පිදූ ආදරේ නමින් වෙන මල් සොයා යන්නේ නෑ
හිරු සඳු මේ ලොව එළි කරනා සේ කිසිදා වෙන්වී යන්නේ නෑ
මම බඹරෙකු වී නුඹව සොයා පියඹලා එන්නම්

ගේය පද - මංජු සිල්වා
සංගීතය - ධම්මික එදුස්සූරිය

ගීතය රස විඳින්න

www. http://netcd.lakderana.com/lanwennatamaa/32/
NilAmbare.mp3

නුඹ මුමුණන

නුඹ මුමුණන සෙනෙහෙ වදන් මිහිරියි ළදුනේ
පෙර දවසක කිමදෝ නුඹ මට හමු නොවුණේ
අත්වැල් බැඳ දිගු ගමනක් ජීවිත ගමනේ
යන්නට නැතිවද පෙර පින් අපි කර තිබුණේ

ආදරයේ සුවඳ අරන් මගේ සිත් අරණට
මිලින නොවන පැතුමක්වී සෙනෙහෙන් බැඳුණට
දැඟිලි නොබැඳෙන සිහිනෙක හදවත දැවුණට
මතු සසරේ නුඹ දෙන්නේ නෑ වෙන කෙනෙකුට

පෙර කළ පින් මදි වෙන්නැති අපේම වෙන්න
ඔය සෙනෙහස සුවයකි පුළුවනි සැනසෙන්න
නෙතු කඳුලැලි පිසදා සතුටින් හිනැහෙන්න
මතු සසරේදී වත් නුඹ මට මගේම වෙන්න

ගේය පද - චතුරිකා සෙව්වන්දි
සංගීතය - ධම්මික එදුස්සූරිය

ගීතය රස විඳින්න
www. http://netcd.lakderana.com/lanwennatamaa/32/
NumbaMumunana.mp3

චුටි පුතුට

චුටි පුතුට මල් යහනක්
සිහින විමන් තුළ සදලා
මව් පිය කිරි සුවඳ විලේ පිදුම් ලබනවා
තිමිර වලා පටල ඉරා
හිරු කත් දහරින් නැහැ වුණු
රෝස කුසුම් ඕලු නෙළුම් මල් හිනැහෙනවා
පුතු හිනැහෙනවා

රන් දහඩිය බිංදු නුඹටයි
රන් කඳුළැලි බිංදු නුඹටයි
රන් විමනින් බැස ආ පුතු පා දෙවුනාවේ
සුරංගනා මවු උකුලේ සුව දැනුණාවේ
සංසාරේ පැතුම් සුරල් හඬ නැගුණාවේ

ආදරයේ කවි දහසක්
මා දෙතොළග මිමිණෙනවා
හද මන්දිර උයන් දිලී පැතුම් පිරී දළුලනවා
ප්‍රභාතයේ රුවන් දොරින් සුරබිදෙනක් පැමිණෙනවා
ජීවිතයක් අපට ගෙනා පුතු හිනැහෙනවා
පුතු හිනැහෙනවා

ගේය පද - නයෝමි සිරිනාලි නවරත්න
සංගීතය - ධම්මික එදුස්සූරිය

ගීතය රස විඳින්න

www. http://netcd.lakderana.com/lanwennatamaa/32/PunchiPuthuta.mp3

සියලු කතාවන්

සියලු කතාවන් සියලු සිනාවන්
අදින් ඉවර කළා
ඔබේ සෙනෙහසින් මගේ ලෝකයෙන්
ඇය අද සමුගත්තා

මුලදී සිනාවෙන් දෙනෙතේ කතාවෙන්
ආදරයෙන් බැඳුණා
දෙනෙතේ කඳුළින් මගේ පැතුමන්
විසිරී බිම වැටුණා

එළිය මුවාවෙන අඳුරු වළාවෙන්
ඇගේ දෙනුවන් පෙනුණා
මතකයි එදා මෙන් කියූ ඒ වදන්
ඔබ වෙනතක ඇදුණා

ගේය පද - ප්‍රියන්ත පතිරණ
සංගීතය - ධම්මික එදුස්සූරිය

ගීතය රස විඳින්න

www. http://netcd.lakderana.com/lanwennatamaa/32/SiyaluKathawan.mp3

සැලි සැලි පිනි බිඳු

පි-සැලි සැලි පිනි බිඳු විසිරෙනවා
සිලි සිලි සුළඟින් ඉපිලෙනවා
ගැ-දිලි දිලි තරු නෙත් ළං වෙනවා
අනන්තයට මා පියඹනවා
දෙදෙනා- ආරාධනාවන් හදේ
පුබුදයි නැවුම් ආදරේ

පි-රෑ අහසට සඳ සේ එනවා
සාගරයට රළ වී එනවා
ගැ-හද විලේ පිපි මලේ
සුවඳ මට දෝ සදා
දෙදෙනා-ඔබ මගෙයි මා ඔබෙයි
හැර යන් නෑ දිවි තියෙන තුරා

පි-මල් වට බඹරුන් ඉගිලෙනවා
රොන් ගයිදෝ සිත ලත වෙනවා
ගැ-හද විලේ පිපි මලේ
සුවඳ මටදෝ සදා
දෙදෙනා-ඔබ මගෙයි මා ඔබෙයි
හැර යන් නෑ දිවි තියෙන තුරා

සහය ගායනය - සශිකා සිරිමාලි
ගේය පද - ලක්මි ප්‍රභා රත්නායක
සංගීතය - ධම්මික එදුස්සූරිය

ගීතය රස විඳින්න

www. http://netcd.lakderana.com/lanwennatamaa/32/SeliSeli.mp3

අඩ අඳුරේ

අඩ අඳුරේ සිත පෙලා - පිනි කැට වැටුණා වේ
මල් යහනේ ඔහු අතගෙන - නුඹ ගිය දීගේ
සංගීතේ සාදයේ - ගී තනු ගැයුනා වේ
මා රවටා ඔහු අතගෙන - නුඹ ගිය දීගේ

සිතුසේ අප දිවියේ - එක්වන්නේ නැත දෙදෙනා
පෙරදා පැතුමන් බිඳිලා - අවසන් වෙනු පෙණුනා
අපගේ පැතුමන් බිඳී - අවසන් වෙනු පෙණුනා

ඔබගේ කුළුඳුල් දීගේ - එරෙහිව ආ හින්දා
අපගේ අරමුණු බිඳිලා - වෙන්වී යනු දැණුනා
මහදේ පැතුමන් බිඳී - දුක් ගීයක් වූවා

ගේය පද - ආචාර්ය විකුම්ප්‍රිය පෙරේරා
සංගීතය - ආනන්ද වෛද්‍යසේකර

ගීතය රස විඳින්න

www. http://netcd.lakderana.com/malrenuwak/32/AdaAdure.mp3

ලන්ද දිගේ

ලන්ද දිගේ සුළං සැරේ පාවී එන වස්දඬු හඬ
බාල නැනේ නුඹෙ සවනට ඇයි නැසෙන්නේ
අඳුරු ගහේ හේනේ පැලේ තනිවුණු මාගේ සවනට
දහස් වරක් - රහසක් වී ඔබ දෝ එන්නේ

ඔබ සිටිනා ඔබේ පැලේ
කවුලු පියන් හැර තබන්න
රෑ මැදියම ගීයක් වී
ඔබට එක්වෙමී

සුළං රොදේ කඳු වැටියේ
නිසොල්මනේ ඇදී යන්න
සෝ ගීයක තනුවක් වී
රැයම සරසමී

ගේය පද - ආචාර්ය වික්‍රම්ප්‍රිය පෙරේරා
තනුව - රොහාන් ජයවර්ධන
සංගීතය - සංගීත් වික්‍රමසිංහ

ගීතය රස විඳින්න

www. http://netcd.lakderana.com/malrenuwak/32/LandaDige.mp3

අඳුරේම මල් පිපෙනා

පි-අඳුරේම මල් පිපෙනා - මේ සොඳුරු රාත්‍රියේ
ගෑ-සීතලයිද සඳ එළිය - කියනවාද වසන්තය
දෙදෙනා - අප ඇවිද යන මගේ - ආදරේ මල් පිපේ
එරෙහි නොවනා ලොවේ - සාමයේ මල් පිපේ

ගෑ-වෙහෙරේද කොත දිලෙනා - සඳ කිරණ රාත්‍රියේ
පි-නිසලයිද වැව් තලය - කියනවාද වසන්තය

පි-දෑතින්ම මල් පුදනා - පුන් පොය රාත්‍රියේ
ගෑ-ගැඹුරැයිද දම් වදන - කියනවා ද වසන්තය

සහය ගායනය -රූපා ඉන්දුමතී
ගේය පද - ආචාර්ය වික්‍රමප්‍රිය පෙරේරා
තනුව - රුක්ෂාන් කරුණානායක
සංගීතය - රුක්ෂාන් කරුණානායක සමඟ චයිම්ස් ඔෆ් ද
සෙවන්ටීස්

ගීතය රස විඳින්න

www. http://netcd.lakderana.com/malrenuwak/32/
AnduremaMalPipenaa.mp3

අබිමන් දේවී
(Lady Bourgeois)

ආදර ලෝකය කැරකේ
කැරකේ කැරකේ කැරකේ මා හා
ඔබ දකිනා මේ මොහොතේ
මා හද ගැහෙනා රළසේ බිඳෙනා
හඬදී හඬදී පිබිදී එනවා

අබිමන් දේවී කොයිබද යන්නේ
ඇස් දිලිසීලා මුව පිබිදෙන්නේ
හදවත පුදනූ එය පිළිගනිම්
අබිමන් දේවී ඔබ රැකගනිම්

අබිමන් දේවී ඇයි දුක්වන්නේ
සැක නොකරන්නේ ඔබ රැකගන්නේ
ඔබ ලොව මිහිරේ මට මදුවිතකි
අප පෙම පිරවී එය දෙව් ලොවකි

මාගේ ලෝකය ඔබගේ පාමුල
මට හැක මග පෙන්වන්න
ඔබගේ ප්‍රීතිය හා සන්තෝෂය
මට හැක අද දින දෙන්න

ගේය පද - නිමල් මෙන්ඩිස්
පරිවර්තනය - ආචාර්ය විකුම්ප්‍රිය පෙරේරා
තනුව - නිමල් මෙන්ඩිස්
සංගීතය - ආනන්ද වෛද්‍යසේකර

ගීතය රස විඳින්න

www. http://netcd.lakderana.com/malrenuwak/32/AdaraLokaya.mp3

ඉන්ෂා අල්ලා

ඉන්ෂා අල්ලා - දෙවියනේ ඔබ කැමති නම්
වැලි කතර වුව අපේ රජ බිම
ඉන්ෂා අල්ලා - දෙවියනේ ඔබ කැමති නම්
අපේ එකතුව වෙනස් වේවිද

නූර් ඔබගේ පෙම් සිනා
නුරා බැල්මට මත් වුණා
වැලි කතර ගිනියම් වෙලා
හදවතේ ගිනි සැඟවුණා

නූර් ඔබගේ චේතනා
නුරා බැල්මෙන් තේරුණා
වෙනස් ලෝකෙක ඉපදිලා
ආදරේ දැක එක්වුණා

ගේය පද - ආචාර්ය විකුම්ප්‍රිය පෙරේරා
තනුව - නවරත්න ගමගේ
සංගීතය - ආනන්ද වෛද්‍යසේකර

ගීතය රස විඳින්න

www. http://netcd.lakderana.com/malrenuwak/32/InshaAlla.mp3

කඳු වැටි බිඳ ගෙන

කඳු වැටි බිඳ ගෙන ගං වැව් මැද ගෙන
නගරෙන් නික්මී ගොම්මන් අඳුරෙම
ඔබේ කැදැල්ලට මා එන ලස්සන
සසර පුරුද්දක් වාගේ

දවසක කඳ බර හෙලමින් බිම මත
කිරුළු දරන්නට රජෙකු වගේ හිඳ
ආදර පෙම් රජ දහනේ
මා ඔබ වෙතටයි ආවේ

දෑසම දල්වන් වාරෙන් වාරෙට
මග බලමින් ඔබ සිටිනු දකින සඳ
දවසේ වෙහෙසක් නෑනේ
මා ඔබ වෙතටයි ආවේ

ගේය පද - ආචාර්ය විකුම්ප්‍රිය පෙරේරා
තනුව - මර්වින් ප්‍රියන්ත
සංගීතය - ආනන්ද වෛද්‍යසේකර

ගීතය රස විඳින්න
www. http://netcd.lakderana.com/malrenuwak/32/
KanduWeti.mp3

කුමක් කෙරුවත්

කුමක් කෙරුවත් කොහොම කෙරුවත්
සමාවක් නැති ලෝකයේ
ඉගිළිලා යන සමනලුන් සේ
කෙසේ යන්නද නිදහසේ

හොඳක් කෙරුවත් ඒ මටයි
කුසල මගේ ගිණුමේ
පිරිවරක් පසු පසින් නාවත්
සිත පහන් වීලා

වරද කළ විට පමාවී
ලෝකයම කිපිලා
පැරණි අට ලෝ දහම සේ
ජීවිතය ගලලා

ගේය පද - ආචාර්ය විකුම්ප්‍රිය පෙරේරා
තනුව - රෝහණ වීරසිංහ
සංගීතය - සංගීත් වික්‍රමසිංහ

ගීතය රස විඳින්න

www. http://netcd.lakderana.com/malrenuwak/32/KumakKeruwath.mp3

නිවුණු හද රැඳි මෙත් ගුණේ
(ලොකු සාදු)

නිවුණු හද රැඳි මෙත් ගුණේ - ලොකු සාදුගේ
මිහිරි බණ දම් ගායනේ - ලොකු සාදුගේ
බුදු වන දිනේ සෙනෙහස පතා
ගුරු හිමි ඔබේ නමදිමි දෙපා

සසර කලකිරිලා නොවේ
වැඳ වැටී සිල් ඉල්ලුවේ
සතට කරුණා මෙත් ගුණේ
පැහැදිලයි සසුනට වුණේ

නිවුණු හද රැඳි මෙත් ගුණේ - ලොකු සාදුගේ
මිහිරි බණ දම් ගායනේ - ලොකු සාදුගේ

අතොර නැති අදහම් ගඟේ
හිස කෙලින් පා එසවුණේ
හිමියනේ නායක ගමේ
ඔබ නිසයි ගම බැබලුණේ

ගේය පද - ආචාර්ය විකුම්ප්‍රිය පෙරේරා
සංගීතය - ආනන්ද වෛද්‍යසේකර

ගීතය රස විඳින්න

www. http://netcd.lakderana.com/malrenuwak/32/LokuSaadu.mp3

බිම් දොර ළඟ

බිම් දොර ළඟ හිඳ මග බලනා
සල රූ දැක බියවී ගැහෙනා
කේවට්ට පඬිඳුනි දිරි උපදා
උමං මගේ පෙරටම යන්න

රෙදි පිළි උනමින් යළි අඳිනා
ගලවා නම නම කැස කවනා
කේවට්ට පඬිඳුනි නැණ උපදා
පමා නොවී ගැලවී යන්න

මහ රජු ඇතු පිට අර වඩිනා
විදුලිය එළියෙන් මග දිලෙනා
කේවට්ට පඬිඳුනි තතු පහදා
සමාවෙලා පෙරටම යන්න

ගේය පද - ආචාර්ය විකුම්ප්‍රිය පෙරේරා
තනුව - රෝහණ වීරසිංහ
සංගීතය - සංගීත් වික්‍රමසිංහ

ගීතය රස විඳින්න

www. http://netcd.lakderana.com/malrenuwak/32/BimDoraLanga.mp3

මල් රේණුවක්

පි-මල් රේණුවක් මත පාවී - සිත ඈත ලොවකට යාවී
රන් හීනයක් පිබිදේවී - එක ගී සරින් සැරසේවී
ගැ-කොහේදෝ කොහේදෝ මා පාවුණේ
කොහේදෝ කොහේදෝ මා තනිවුණේ
මල් රේණුවක් මත පාවී - සිත ඈත ලොවකට යාවී
රන් හීනයක් පිබිදේවී - එක ගී සරින් සැරසේවී

ගැ-ආදර සිහිනෙක පාවී - සීගිරි කුමරිය ආවා
නිල් තණ පියසෙක තනිවී - සිහිනෙක නළුවන් වූවා
පි-තරු රැණකින් ගත සේදුණා
සිරි යහනකින් සිත පිදුණා
එක හීනෙකින් හමුවේවා
දෙදෙනා -සන්සුන් සිතක් සැනසේවා

පි-මල්සර රැහැනක යාවී - බඹුගේ කුමරා ආවා
එක හිරු සඳු යට තනිවී - නියමයේ මල් එල වූවා
ගැ-තරු රැණකින් ගත සේදුණා
සිරි යහනකින් සිත පිදුණා
එක හීනෙකින් හමුවේවා
දෙදෙනා-සන්සුන් සිතක් සැනසේවා

සහය ගායනය - අමිලා නදීෂානි
ගේය පද - ආචාර්ය විකුම්ප්‍රිය පෙරේරා
තනුව - සරත් ද අල්විස්
සංගීතය - ආනන්ද වෛද්‍යසේකර

ගීතය රස විඳින්න

www. http://netcd.lakderana.com/malrenuwak/32/MalRenuwak.mp3

රුව ඇති ළඳ

රුව ඇති ළඳ ඔබ - මා රවටන්නට
වරමක් දෙමි මා - සිත පහදා
මගෙ සෙනෙහස විඳ - පුළුවන් ඔබටම
මා හට කරන්න - අනුකම්පා

ඔබ මට කියන්න - තරුවක් ගෙනෙන්න
රන් මිණි අබරණ - ගැනද අසා
මගෙ සිත තැලේද - නොසිතා අහන්න
පුළුවන් සැමදේ - ගෙනෙමි සොයා

මිලයට විකුණන -සැමදේ යදින්න
සය ලෝකෙන් හෝ - ගනිමි සොයා
ඔබගෙන් ලැබෙනා - අගයෙන් අනූන
ආදර සෙනෙහස - දෙන්න සදා

ගේය පද - ආචාර්ය විකුම්ප්‍රිය පෙරේරා
තනුව - රුක්ෂාන් කරුණානායක
සංගීතය - රුක්ෂාන් කරුණානායක සමග චයිම්ස් ඔෆ් ද සෙවන්ටීස්

ගීතය රස විඳින්න

www. http://netcd.lakderana.com/malrenuwak/32/RuwaEthiLanda.mp3

ස්වර්ග රාජ්‍යයේ

ස්වර්ග රාජ්‍යයේ - දොර ඇරී තියේ
රත්න මාවතේ - මල් පිපී තියේ
එන්න - ඉඳ ගන්න ඇරයුමක් කෙරේ
අප සෑම මිතුරන් මේ ලෝකේ

ලෝකය කොහේද - සුර සැප ලැබේද
ඇයි අප සිතමින් ලතවෙන්නේ
දෙව්ලොව මෙහේද - සමසේ බෙදේද
තැවුණට නෑ වෙනසක් වෙන්නේ

ඉපදුනෙ මෙහේද - මිය ගියේ කොහේද
බෙදිලා ඇයිදෝ වෙහෙසෙන්නේ
අද මිය ගියාද - සියවස් රැඳේද
සැමදා අප මිතුරන් වෙන්නේ

සහය ගායනය - හදුජ් මහින්ද ජයතිලක
ගේය පද - ආචාර්ය වික්‍රම්ප්‍රිය පෙරේරා
තනුව - හදුජ් මහින්ද ජයතිලක
සංගීතය - රුක්ෂාන් කරුණානායක

ගීතය රස විඳින්න
www. http://netcd.lakderana.com/malrenuwak/32/
SuwaragaRajaye.mp3

ඉටි මල

ගෑ-සුදැති ඉටි මල කහ වෙලා
හිඳී බඳුනක තනිවෙලා
වියට පත්වෙන විට අපි
කවුරුවත් නෑ මග බලා
පි-කොතෙක් කල් ගතවී ගියත්
ඉටි මලක් පරවී නොයයි
වියට පත් වුවත් නැතත්
සදාකල් අප තනිවමයි

ගෑ-තනිව කෙළවර තෙක් පතා
සිටින්නට හැකිදෝ සදා
වෙනත් සරණක් නැති නිසා
අතරමංවී ඇත මෙදා
පි-තනි වුවත් නව දීගෙකත්
වෙනස වෙනසක් නැති බවයි
සරණ සොයමින් යන මගේ
අතරමං වෙන්නේ ඔබයි

ගෑ-සුවැති දිවියක ඉඟි අසා
හිමිඳ වෙන්වී ගිය නිසා
දරුන් නෑයන් අතහැරලා
සසුනකට සිත යයි ගලා
පි-හිමිඳ හිමිටයි දරුන් ලොවටයි
ඒත් සැමකල් ඔබ සතුයි
නෑ සියන් පිරිවරා සිටියත්
තම හිසට තම අත්ලමයි

සහය ගායනය - තිළිණි අතුකෝරල
ගේය පද - ආචාර්ය විකුම්ප්‍රිය පෙරේරා
තනුව - රුක්ෂාන් කරුණානායක
සංගීතය - රුක්ෂාන් කරුණානායක සමග චයිම්ස් ඔෆ් ද
සෙවන්ටීස්
ගීතය රස විඳින්න

www. http://netcd.lakderana.com/malrenuwak/32/
ItiMala.mp3

සුළං රොදට

සුළං රොදට දැල් බඳින්න අහසට හැකිද
ගගන පුරා තරු නිවන්න සඳකට හැකිද
එකතුවෙලා ගී ගයන්න සිතුවොත් බැරිද
අපි පරපුරකින් පරපුරකට පෙරටම යමුද

උඩින් මිතුරු යටින් සතුරු ලෝකයේ
කළ හොඳ පසුපස එනවා නේදෝ අපේ
මේ සිහින මවා දුක් විඳලා මාවතේ
අප සැම එකතුව යන ගමනකි ජීවිතේ

අතින් අදින තල්ලු කරන මුර පොළේ
සුළු ඉඩ තිබුණට යන්නේ කෙලෙසද මගේ
අපි එකා වගේ අත් අල්ලා පිය පෙළේ
එක මිට බිඳිනට පහසුත් නැතිබව පෙනේ

සහය ගායනය - වෝල්ටර් ප්‍රනාන්දු
ගේය පද - ආචාර්ය විකුම්ප්‍රිය පෙරේරා
තනුව - අර්නස්ට් සොයිසා
සංගීතය - ආනන්ද වෛද්‍යසේකර

ගීතය රස විඳින්න
www. http://netcd.lakderana.com/malrenuwak/32/
SulangRodata.mp3

හිම බිම්

හිම බිම් ඉසව්වේ ඔබේ ආදරේ
ගලාවිත් නිදැල්ලේ මගේ ජිවිතේ
සංසාර බැම්මේ තරුමල් පිපේවී
එක්වී ඇදී යමුද සතුටින් අපි
හිම බිම් ඉසව්වේ ඔබේ ආදරේ
ගලාවිත් නිදැල්ලේ මගේ ජිවිතේ

ඇරුණු කවුළු විහඟ ගීත අතර නතර වී
තනිවෙලා ඉමු මෙහේ අපේ ලෝකයේ
ආදරේම විතරමයිද අපට ඉතිරිවී
නෑ සියෝ නැතත් වටේම ආදරේ ඇතී

සමත සිතින් පුබුදු ගතින් ජීවිතේ ගෙවේ
අරුණු උදේ තෙක්ම රැයේ ආදරේ දිවේ
සිහිනයක්ම වෙනව නේද අපට ජීවිතේ
කොහේ වුනත් එකම ලොවේ හිඳිමු නිදහසේ

ගේය පද - ආචාර්ය විකුම්ප්‍රිය පෙරේරා
තනුව - සරත් ද අල්විස්
සංගීතය - ආනන්ද වෛද්‍යසේකර

ගීතය රස විඳින්න

www. http://netcd.lakderana.com/malrenuwak/32/HimaBim.mp3

ඈත පෙනෙන තුරු වළල්ල

ඈත පෙනෙන තුරු වළල්ල මීදුමෙන් වැසේ
සුළං කැරලි කඳු අතරින් ගලා සිනාසේ
බලා සිටිමි ඈද හැලෙනා වැසි වසන්තයේ
නිහඬ උයන් තෙර බවුන් වැඩේ

පිපාසිත ලොවින් ඈත් වෙලා
වැසි බිඳක් පවා අගේ වෙලා
සරාගික ලොවින් ඉවත් වෙලා
පුබුදුවූ සිතින් පහන් කළා

කුමාරියක් ලෙසින් සැරසිලා
ගලා හැලේ සිරස් ඉරි වෙලා
මළානික හදේ සමාවෙලා
සතුටු සුළං රොදක් රිංගලා

ගේය පද - ආචාර්ය වික්‍රමප්‍රිය පෙරේරා
තනුව - එච්. එම්. ජයවර්ධන
සංගීතය - සංගීත් වික්‍රමසිංහ

ගීතය රස විඳින්න

www. http://netcd.lakderana.com/malrenuwak/32/EthaPenena.mp3

සංසාර සුවඳ

පි-මේ දැනෙන්නේ සංසාර සුවඳක්ද මන්දා
ගැ-මේ දැනෙන්නේ සංසාර සුවඳක්ද මන්දා

පි-පින්සාර සුදු වතට උන්මාද වුණ තරම
පවසන්න බෑ සිත ඔද්දල් වෙලා
ගැ-මනමාලකම් නැතිව මට ඉන්න දෙනවාද
ඔබේ උණුසුමේ මං මත්වෙලා

පි-අර ඉස්සර දවසක වාගේ
නෙතඟින් බලා හිනැහෙන්න ආයේ
ගැ-අර ඉස්සර දවසක වාගේ
හොරැහින් බලා පවසන්න ආයේ
පි-මේ දැනෙන්නේ ජීවිතේද මන්දා
ගැ-මේ දැනෙන්නේ ජීවිතේද මන්දා

පි-හද සන්තකව තිබුණේ
ඔය ඇස් දෙකට හිත බැඳි කුළුඳුල් සෙනෙහසයි
ගැ-හද සන්තකව රැඳුණේ
ඔය ඇස් දෙකෙන් මට හෙලූ මල් හී සරයි
පි-මේ දැනෙන්නේ ආදරේද මන්දා
ගැ-මේ දැනෙන්නේ ආදරේද මන්දා

සහය ගායනය - අමිලා නදීෂානි
ගේය පද - එරංග පාලිතරත්න
සංගීතය - ආනන්ද වෛද්‍යසේකර

ගීතය සහ රූප රචනය රස විඳින්න

www. http://netcd.lakderana.com/sansarasuwanda/32/SansaraSuwanda.mp3

https://www.youtube.com/watch?v=EDmsTO0jsgk

ආදරයක බැඳිලා

ආදරයක බැඳිලා
ඔබ ඉන්නවා මග බලා
මා එනවා කියා ඔයා ඉදින් කුමරියේ
මේ භවයේ ඇති වුණු අපේ ආදරේ

දිගු කල් වේ අපේ ආදරේ
තව දුරටත් රැඳේ ජීවිතේ
මා දුටු ඒ සිහිනයේ
සැබෑව මගේ ජීවිතේ

වෙනසක් නැත මගේ හදවතේ
ඉන්නෙමි මම ළඟින් සැම දිනේ
මා හැරදා නොයන් සොඳුර
අපේ සොඳුරු ලෝකයේ

ගේය පද - මංජු සිල්වා
සංගීතය - ආනන්ද වෛද්‍යසේකර

ගීතය සහ රූප රචනය රස විඳින්න

http://netcd.lakderana.com/sansarasuwanda/32/AdarayakaBendilaa.mp3

https://www.youtube.com/watch?v=HyJmI3o66qo

පැතුම් සුන්දරයි

පැතුම් සුන්දරයි ජීවන ගමන් මගේ
නෙතින් කඳුළු හරියට මහ ගඟක් වගේ
අපෙන් පාවෙලා හසරැලි අළුත් ලොවේ
ඉතිං පියාඹන්නට අවසරයි මගේ දුවේ

පියෙකු වෙන්න නුඹ මට දුන් විවරණය
කිරුළ නොමැති රජු වෙත පෑ සිහසුනය
සසර බැඳුම් මුසු සෙනෙහස් පණිවිඩය
අපට හොරෙන් අවුදින් ගෙයි දොරකඩය

නපුරු වෙලා සෙනෙහස පිටු පෑවෝතින්
අඳුරු වළා ජීවිතයට ආවෝතින්
නොයම් දුරක එදිනත් මම ළඟ පාතින්
රැඳී හිඳිමි නුඹ පිළිගන්නට දෝතින්

ගේය පද - අනුෂා නිලන්තිකා
සංගීතය - ආනන්ද වෛද්‍යසේකර

ගීතය රස විඳින්න
www. http://netcd.lakderana.com/sansarasuwanda/32/PethumSundarayi.mp3

මතකද මන්දා

ඔබේ නොවන ඔබයි
මගේ නොවන මමයි
කොතැනද මන්දා හමු වුණා වාගේ
මතක ද මන්දා - මතක ද මන්දා
මතකද මන්දා - තාමත් මතකද මන්දා

හවෙන් හවේ පුරා සසර සරණා තුරා
සඳක් නොවී ඉරක් නොවී
ළං වුණු හින්දා වෙන් වන්නට බැහැ කිසිදා
පැවසුවා වාගේ මතකද මන්දා
පැවසුවා වාගේ තාමත් මතකද මන්දා

කඳුළු සුසුම් හෙලා පලක් නොමැති නිසා
ඔබෙන් මිදී මගෙන් මිදී
යා යුතු හින්දා ඉවසාගෙන දුක හංගා
හිදීද මන්දා - හිදීද මන්දා
හිදීද මන්දා - නොසැලී හිදීද මන්දා

ගේය පද - එරංග පාලිතරත්න
සංගීතය - ආනන්ද වෛද්‍යසේකර

ගීතය රස විඳින්න
www. http://netcd.lakderana.com/sansarasuwanda/32/MathakadaMandaa.mp3

අකුරු කරන්නට

පි-අකුරු කරන්නට පාසැල වෙත ගිය
සුන්දර යුවතිය මා හට පෙම් කළ
කෙහෙරැළි අතරින් කෝල බැලුම් පා
ආල හැඟුම් දී මා මන් මත් කළ
ගැ-මළානිකයි අද නීල නුවන් යුග
දුක් මුසු බැලුමක රැඳෙනා පැතුමක
නික්මී යන්නට සිතුණේ ඇයිදෝ
නොදනිමි හිමියනි දෙනවද අවසර

ගැ-තිස් වසරක් තුළ සිපිරි ගෙයක මා
සිර කෙරුවා නොව දරුවන් සමගින්
රෑ මැදියම තෙක් නිදි වරමින් හිඳ
සැනසුම නොලැබිය සෙනෙහස් වදනින්
පි-සරු කරලන්නට අපගේ ජීවිත
කහවනු සෙව්වා මිස නැති වරදින්
ඒ කහවනු අද ඉවතක විසිකර
යන්නේ ඇයි දෙමි සොඳුරියේ අවසර

පි-උපන් දිනේ දා මල් කලඹක් දී
සිපගන්නට ඉඩ ලැබුණේ නැතුවට
මිතුරු සමාගම සමගින් දිනකදී
බමන මතින් මැදියම ගෙට ආවට
ගැ-කහවනු සෙව්වා සැප ලැබ දුන්නා
දරුවන් අද ඉගිලී ගොස් ඉවතක
සැප සම්පත් සැම නිවසෙහි රඳවා
යන සොඳුරිය මා දෙනවද අවසර

සහය ගායනය -නිමන්ති චමෝදිනි
ගේය පද - නයනේත්‍රි කපුරුසිංහ
සංගීතය - ආනන්ද වෛද්‍යසේකර

ගීතය සහ රූප රචනය රස විඳින්න
www. http://netcd.lakderana.com/sansarasuwanda/32/AkuruKarannata.mp3

https://www.youtube.com/watch?v=zWfa6CvqbUc

කඳුළ නුඹ

කඳුළ නුඹ මගේ ළඟින් උන්නට
නැතිය ඈ මගේ අහලකවත්
රිදෙන මතකය අරං යන්නට
හැකිද සමගින් තනිකමත්

බිඳෙන විසිරෙන සයුරු රළ ලෙස
චංචලයි ඇයගේ සිතත්
හඬන වැළපෙන හදවතට මගේ
තවම අහිමියි සැනසුමක්

නැගුණ හසරැලි ඇගේ මුව මත
දකින්නට ආසයි හෙටත්
දුකම විඳගෙන ඇගේ සතුටට
පතමි ආසිරි මා තවත්

ගේය පද - ලක්ෂ්මන් නයනකාන්ත
සංගීතය - ආනන්ද වෛද්‍යසේකර

ගීතය රස විඳින්න

www. http://netcd.lakderana.com/sansarasuwanda/32/KandulaNumba.mp3

සිත්තරා

කරගැට නාවෙත් රළු ඇඟිලිවල
පින්සල සියුමැලි වැඩි හින්දයි
සිතයට ඇවිදින සිත්තම එක දෙක
පණ පෙවුවෙත් මං ඒ හින්දයි
සකියෙනි මං සිත්තරෙකු නිසයි

ඉඳහිට අඳිනා නාරිලතාවන්
සිත චංචල කෙරුවාම නොවේ
පුරන්නේ මං මේ භාවනාව අද
පණ දෙන්නයි ඇස් වලට ලොවේ
සිත්තරෙකුයි මං සෑම භවේ

කුළු ගල් පහරින් හීරෙන හිත්වල
සිතුවිලි ගල්වී තියෙන්න ඇතී
ලෝකෙක ලස්සන දුක හා සතුටද
පින්සල වැඩියෙන් දකින්නැති
සිත්තරෙකුව මම අඳින්නැති

ගේය පද - කෞෂි දිසානායක
සංගීතය - ආනන්ද වෛද්‍යසේකර

ගීතය රස විඳින්න
www. http://netcd.lakderana.com/sansarasuwanda/32/Siththaraa.mp3

හැරදා යනු

හැරදා යනු කොහොමද රාහුල එකම පුතා
මම නම් බදා ගනිමි සත්තයි එහෙම සිතා
එතැනින් නොනැවතී මතු භවයේදීත් පතා
යළි යළි බැඳෙනවා සසරේ තව තදින් ඉතා

බැහැ දන් දෙන්නට ජාලිය මගේ ක්‍රිෂ්ණා ජිනා
මන්ද්‍රි දේවියනි පණ සරි නුඹේ සිනා
බිලි දෙන්නේ නෑ කුඩුව අපි තැනූ
රැක ගමි එළවා වින කරන දනා

මගේ මැයි කියමින් ඉන්නා තුරුම බදා
රිය සක සරි දුක එයි පසු පසම සදා
බැහැ මට යන්න මේ බැඳුම් මුදා
ඇතයි අපිට ඇතයි නිවන මෙදා

ගේය පද - තරංගා ජීවනි
සංගීතය - ආනන්ද වෛද්‍යසේකර

ගීතය රස විඳින්න

www. http://netcd.lakderana.com/sansarasuwanda/32/HeradaaYanu.mp3

නේරංජනා නදී තෙරේ

නේරංජනා නදී තෙරේ - හද්‍ර කුසුම් වනයේ
සුවඳ පිරි ගයාවේ - ඇසතු බෝධි හෙවණේ
වෙසක් මහ පුර සඳ රැස් එළියේ - සම්බුදු බව ලැබුවා
ගෞතම අවිඳු අඳුර දුරලා

ඊතණ ඇතිරිල්ලේ
වජ්‍රාසන හුන් ගෞතම මුනිවරයාණෝ
කෙලෙසුන් නසමින් සම්බෝධිය ලැබුවා
ගයාවේ ඇසතු බෝධි හෙවණේ

කාමාදි මර සෙන් හමුවේ
යුධ වැද කෙලෙසුන් ජය ලැබුවා
බදන් වීරියෙන් සම්බුදු බව ලැබුවා
ගයාවේ ඇසතු බෝධි හෙවණේ

ගේය පද - මහාචාර්ය අනුරාධ සෙනෙවිරත්න
සංගීතය - ආනන්ද වෛද්‍යසේකර

ගීතය රස විඳින්න

www. http://netcd.lakderana.com/sansarasuwanda/32/NeranjanaNadiThere.mp3

මගේ උරමත

මගේ උරමත හැදී ලොකු වුණ
පැටවූ අද කලෙකින් ඇවිත්
හිඳී තැන තැන බලාගත් අත
මහගෙදර යළි උන් ඇවිත්

හඬා නොදොඩා ජීවිතේ රළු මං තලාවේ ඇවිදලා
මගේ අත පය දුබල වන තුරු දුක් දරා උන් ලොකු කළා
තනිව ඇවිදින යන්න හැකි දුර උන්ගේ ගාවින් ඇවිදලා
කාලෙකට පෙර මහ ගෙදර ඉම නැවතුනා මං බැරිවෙලා

හදා දරුවන් උනුන් උන්ගෙම ලෝකවල් වල හිරවෙලා
මගේ මතකය වුණා අමතක වැටී කාලයේ වැලිතලා
සැලී ගොක්කොළ මල්වඩම් මැද යන්න කාලය ළං වෙලා
කමක් නෑ මළගමට හරි මගේ ඇවිත් උන් යලි ළං වෙලා

ගේය පද - ජනිත් විතාරණගේ
සංගීතය - ආනන්ද වෛද්‍යසේකර

ගීතය රස විඳින්න

www. http://netcd.lakderana.com/sansarasuwanda/32/MageUraMatha.mp3

සිහිල් සුළඟට

සිහිල් සුළඟට ස්වේත කෙහෙ රැළි
රඟයි මාගේ වත බඳා
ගිලුණු දෙකොපුල් හොරෙන් බලනෙමි
පිනැති සිනහව වුණු උදා
උපැස් යුවළට යටින් හිනැහෙන
සෙනෙහෙ පිරි නෙතු මත රඳා
සොඳුරුතම දිවි අරුත විඳි බව
සිතමි සිත සතුටින් මෙදා

රිදුණු තැන් රිද්දවූ තැන් ළඟ
දැවෙමි හැමදා මන් සිතින්
රළු බොරළු ළඟ ජීවිතේ තනි
නොකළාට පින් දෙමි බැතින්
මගේ කියා මේ ලොව සියලු දේ
බිහිවුණේ ඔබගේ මතින්
ගෙවූ ගවු දුර සිතින් විඳ විඳ
ඔබට තව ළං වෙමි සිතින්

යා යුතුම බව සිත කියද්දී
තැවෙන්නේ ඔබ ගැන සිතා
සසර ගමනේ මෙලෙසින්ම මම
ඔබ ළඟම ඉමි සැක නැතා
යන්න අවසර ඔබට පළමුව
මටම ඔබ හිමිවනු පතා
බැඳුණු බැමි ළඟ දැනෙයි තව තව
නිවන නම් දුර බව ඉතා

ගේය පද - සංජීවනී දහනායක
සංගීතය - ආනන්ද වෛද්‍යසේකර

ගීතය රස විඳින්න

www. http://netcd.lakderana.com/sansarasuwanda/32/SihilSulangata.mp3

කියන්නට වත්

කියන්නට වත් කෙනෙක් නැති තැන
හිතේ දුක හංගන්
අතර මග මා දමා ගිය බව
නොකියා මං ඉන්නම්

දවස් හතරක පහක ප්‍රේමය
මේ තරම් දුක නම්
සසර සරණා පෙම් කතන්දර
ඉවසුවෙද කොහොමින්

හුරු පුරුදු රුව ඉන්න ලස්සන
නාඳුනන විලසින්
හමුනොවුණා නම් දිගැටි ඇස් දෙක
දුකක් නැහැ එහෙනම්

ගේය පද - කෞෂි දිසානායක
සංගීතය - ආනන්ද වෛද්‍යසේකර

ගීතය රස විඳින්න

www. http://netcd.lakderana.com/sansarasuwanda/32/Kiyannatawath.mp3

සූරියකාන්ත මල්

සූරියකාන්ත මල් පිපිලා අද
උපන් බිමෙත් නැහැ සුවඳ පැතූ
ඉර හැරෙන හැරෙන අත හැරෙන්න බලනා
අවිහිංසක මල් අනුන් සතු

දහසක් බැල මෙහෙවර කම් කරමින්
සිනිඳු පෙති පවා වෙලා රළු
දහඩිය කඳුළින් උපයන රුපියල
වංචාවෙන් බිලි ගන්නවලු

තනිකම පාළුව හිත් රිදුමක් වී
මුහුදු හතෙන් පිට දැනෙන්නැති
සෙනෙහස පෙන්නා එන සළෙලුන් හට
හම්බකරපු දෑ පුදන්නැති

අවිහිංසක මල් හඬනා අරුමය
පඬුපුල් අසුනට දැනෙන්නේ නෑ
ලේ වල මුසු වුණු ඔය හැම කඳුළට
වන බඹරුන් ණය ගෙවන්නේ නෑ

ගේය පද - කෞෂි දිසානායක
සංගීතය - ආනන්ද වෛද්‍යසේකර

ගීතය රස විඳින්න

www. http://netcd.lakderana.com/sansarasuwanda/32/SuriyakanthaMal.mp3

උදේ හවස බුදු පහනට

උදේ හවස බුදු පහනට
මල් තියලා මම නිතරම
පැතුවේ නුඹ ගැනමයි පුතුනේ
අතේ තියෙන කාසි වලට
මල් ඔතලා තැන් තැන් වල
නුඹ මොනවද හෙවුවේ මගේ පුතේ

නික්මුණ දා දී නුඹ මට
ප්‍රජාපති හෙවුවේ නෑ
ජීවිතයේ මහ ගිරි දඹ
අමාරුවෙන් නැග ගන්නට
හයිය ගත්තේ නුඹ නිසයි පුතේ
මට වැරදුන තැන කියන් පුතේ

හොරෙන් අරන් නුඹ ගියාට
තරහක් නැහැ හිතේ කොනක
දුම් උරලා තැන් තැන් වල
නැති වෙන කොට නුඹ අකලට
ඉන්නට බැහැ තවත් ඇස් ඇරන්
මම යනකොට ජීවිතය අරන්
කර ගහන්න උඹ හොදින් ඉදින්

ගමේ ඉන්න කොලු නඩයට
එපා කරපු එකා උඹලු
ඇහෙද්දි හිත වාරු නැහැනේ
මත් වෙන ඔය ජරා දුමට
පෙම් බැදි නුඹේ පාප හිත අරන්
වැට බැදපන් රත්තරං ඉතින්
තව පරක්කු නැහැ මගේ පුතේ

ගේය පද - ජනිත් විතාරණගේ
සංගීතය - ආනන්ද වෛද්‍යසේකර
ගීතය රස විඳින්න
www. http://netcd.lakderana.com/sansarasuwanda/32/
MalOthalaa.mp3

බිනර වැස්සට

පි-බිනර වැස්සට හුඟක් ඉස්සර
  පාළු ඒ මල් බංකුවේ
ගැ-සුවඳ අරගෙන දුර ගියත් නුඹ
  කඳුළු යායකි ජීවිතේ

පි-ඉබේ පරවුණ හුඟක් මල් පෙති
  අදත් ඇති මල් මාවතේ
ගැ-මගේ පණ නුඹ ඊයේ වාගෙම
  තාම සුවඳයි ආදරේ

ගැ-පිදුවේ ඇයි නුඹ අපේ ලෝකය
  හුළඟකට යන්නට වගේ
පි-මාව අතහැරි පිච්ච මල නුඹ
  අදත් මං නම් ආදරෙයි

සහය ගායනය - නිමන්ති චමෝදිනි
ගේය පද - නිසන්ත දසනායක
සංගීතය - ආනන්ද වෛද්‍යසේකර

ගීතය රස විඳින්න

www. http://netcd.lakderana.com/sansarasuwanda/32/
BinaraWessata.mp3

නුඹ එදා කිව්ව දුක් ගීය

නුඹ එදා කිව්ව දුක් ගීයට සරදමක් කළත්
අද අහන් ඉන්න බැහැ ඔය ගී හැඬෙනවා මටත්
මං හීන ලෝකේ සැරි සැරුවා ඔහේ ගෙන වරම්
අර එදා දුන්න දුක් අද මට පත්තු වෙන තරම්

මං එපා කියපු ඔය හොඳ හිත හීන ලොකු වෙලා
අද ඕනි වෙද්දි මං වැරදී නුඹ දුරස් වෙලා
මුළු ලොවම දන්නෙ නැහැ ඔය දුක් දුන්නේ මං කියා
මට හිතා ගන්න බැහැ ඔතරම් ආදරෙයි කියා

මට සමාවෙන්න මං උන්නට නොදන්නව වගේ
හරි කෙටියි කියා ගිය දිගු මග වැරදුණා වගේ
මට පුදුම හිතෙන ඔය එක සිත ගියත් අද බිඳී
ණය ගෙවා ගන්න බැහැ මැණිකේ සසර මට මදී

ගේය පද - කෞෂි දිසානායක
සංගීතය - ආනන්ද වෛද්‍යසේකර

ගීතය රස විඳින්න

www. http://netcd.lakderana.com/sansarasuwanda/32/NumbaKiwDukGeeyata.mp3

සිනාසෙන නුඹේ දෑස්

සිනාසෙන නුඹේ දෑස් තවමත් මතක පොත ළඟ ගුලි වෙලා
දරා ගනු බැරි වේදනාවක හදෙහි සුසුමන් හිර වෙලා
ගෙනා ළෙංගතු කමේ සුසුවඳ තබා ඉගිලුන හැටි බලා
සදාදර සෙනෙහසක බැඳුමක් මගේ දිවියම ගොළු කළා

කලාතුරකින් දකින සොඳුරුම හදක සිතුවිලි පෙම් බැඳී
කියා ගන්නට දහක් දේ මට පද අතර නැවතී හිඳී
ගලා යන සෙනෙහසේ දියවර නෙතු අගට කඳුළක් දිදී
පලා යනු බැරි දිවි මගේ මා මළානික ලෙස යයි ඇදී

පමාවට කාරණා කම් නැත කොහේ හෝ හිඳ ජීවිතේ
අනේ ආයෙත් ඇවිත් යා නම් මගේ නොවුණත් කම් නැතේ
සරා සඳ දෙස බලා හිනැහුණ අපේ සෙනෙහස් මාවතේ
දයාබර මතකයන් සමගින් රැඳෙමි මම දැන් හිතුමතේ

ගේය පද - අනූෂා තිලන්තිකා
සංගීතය - ආනන්ද වෛද්‍යසේකර

ගීතය රස විඳින්න

www. http://netcd.lakderana.com/sansarasuwanda/32/SinasenaNumbeDes.mp3

නුඹ ගම් ගොසින්

නුඹ ගම් ගොසින් තිස් දවසක් ගෙවුණාය
පෙර පිරි හඳත් අහසේ අද තනිවමය
ළමා කටහඬක් නැති ගේ දුක් බරය
තුන් වේලේ කෑමත් දැන් අමතකය

කිරිබත් සොයා එන කපුටන් අපමණය
බඩගිනි ගතින් උන් යන්නේ දුකින්මය
ලිපේ වළං වල දංකුඩ හඬාමය
තේ බොන්නේ තනියම හිත හදා මය

රෑයේ කළුවරය තනියට සිටින්නී
හිතේ දුකය ඇස් කඳුළද රඳන්නී
ශ්‍රියා වාස නැත මූසල හඬන්නී
කවි සීපද මවා සිත දුක තවන්නී

ගේය පද - සුනිල් ගෝවින්නගේ
සංගීතය- ආනන්ද වෛද්‍යසේකර

ගීතය රස විඳින්න
www. http://netcd.lakderana.com/perthgamata/32/
NumbaGamGihin.mp3

මැදිවියද කොර ගසයි

මැදිවියද කොර ගසයි
පැල දොරකඩට වැද
මව් බසද පණ අදියි
මරණයට තුරුල් වී

විසිර ගිය මිතුරු කැළ
වෙරළ මත පබලු මෙන්
කාලයද සැඩ රළය
පලා යයි නොසද මග

පැතුම් සිතුවිලි පවුරු
බිඳී යයි සැඩ නලට
අහස උවනකි මැකුණු
මතකයේ රැඳී නැති

ගේය පද -සුනිල් ගෝවින්නගේ
සංගීතය- සංගීත් වික්‍රමසිංහ

ගීතය රස විඳින්න

www. http://netcd.lakderana.com/perthgamata/32/MediwiyadaKoraGasayi.mp3

නිල් කටරොල් මල්

පි-නිල් කටරොල් මල් නෙලන්න
  හැකි වේදෝ මේ දුරු රට
  අතට මිටට කාසි සොයා
  ඇයි ආවේ මේ දුරු රටකට

ගැ-ගලන ගීත සැඟවී යයි
  සංගීතය ගොළුවූ කල
  කවි සිතුවිලි සිත වියැකී
  ස්වර වැළපී මා හදවත්

ගැ-ගොළු මුහුදේ සිහිල් සුළං
  රළ පොළවට වැටී හඬයි
  අපේ දුකට ගී නැත මෙහේ
  මිතුරු වදන් වියැකී යයි

ගැ-අපිට ලැබෙන සුදු කාසිද
  මේ රටේම දියවී යයි
  අපේ ළමුන් රන් කිරි කට
  රෑදු බසත් මැලවී යයි

පි-ඔබේ හිසේ පළඳවන්න
  කටරොල් මල් මෙහි නැතුවා
  ඔබේ ලවන පැහැය රැඳුණු
  රත් මල් තුඩු සැඟවෙනවා

සහය ගායනා - සඳුනි රශ්මිකා
ගේය පද - සුනිල් ගෝවින්නගේ
සංගීතය - සංගීත් විකුරමසිංහ

ගීතය රස විඳින්න
http://netcd.lakderana.com/perthgamata/32/
NilkatarolMal.mp3

ඔපෙරාව

ගොළු මුහුද එතෙර වුව ඇසෙයි මට දුක් රාව
නෙත රඳුණු කඳුළු කඳු වැදී එන දුක් රාව
වේය මා හද රාව නොවේ ඔපෙරාව
එය මා හද රාව නොවේ ඔපෙරාව

කුරිරු යුද ඇස් වැදී අපේ ලංකා
නිවන ජල කඳ ඔබේ ඔපෙරාව
යුද බිමට ගොස් ජීවිත දිවි දුන්
එකම පුතුගේ සොහොන් කොත මත
හැඬූ මා පිය කඳුළු මකා හද කම්පාව
නිවන්නට හැකි වේද ලියූ ඔපෙරාව

සුරගුන් හැර දමා මරා හද රැඳි
ගියද නුහුරු අවියක් අත රැගෙන
යුද බිමට ගිය අපේ රණවිරු හට ඇසේවිද ඔපෙරාව
ගොළු මුහුද වියරු වී නැගූ දින දින
ගම් දනව් මා පියන්ට අහිමි වූ
සැනසුමක් ගෙන දේද ඔබේ ඔපෙරාව

බෙහෙත් උගුරක් වත් කටට නැතුව
රෝහලේ අගු පිලක ලැග ලැග
වැටී දුක් කඳුළු ගංගාවක
ඔබේ රට වැසියන්ට මේ ඔපෙරාව

ගොළු මුහුද එතෙර වුව දකිමි මම
කුරිරු රළ මත නැගුණු කඳුළු කඳු
වැඞී එන දුක් රාව ප්‍රතිරාව
වේය මා හද රාව මගේ ඔපෙරාව

සහය ගායනා - නිලුපුලි දිල්හාරා සහ ආනන්ද
වෛද්‍යසේකර
ගේය පද -සුනිල් ගෝවින්නගේ
සංගීතය- ආනන්ද වෛද්‍යසේකර
ගීතය රස විඳින්න

www. http://netcd.lakderana.com/perthgamata/32/Operaawa.mp3

ආපසු ගමන

අඳුර මැකෙන විට මැදියම
මම එමි අරුණලු අතරින
විහඟ හඬට කන් දෙන්නට
සතුරු මිතුරු හමුවන්නට

මැරුණු සමරු මිස මතකය
නැත ලොව ගැන කිසි වගක්
දුක් ගීයක තනුව මිසෙක
මියුරු සුරල් මිය ගොස් ඇත

නිතර සසර දුක් නිවනා
තුටු ගීයක් හද රැඳේද
නුහුරු රහස් බස් සඟවන
සතුරු මිතුරු හමුවේවිද

අඳුරද හිමිහිට දිය වෙයි
සතුටු කඳුළු නෙතක මැවෙයි
දුක් හද රැඳි සනදුර බිඳිමින්
අඳුරද හිමිහිට දියවෙයි

ගේය පද - සුනිල් ගෝවින්නගේ
සංගීතය- රුක්ෂාන් කරුණානායක

ගීතය රස විඳින්න

www. http://netcd.lakderana.com/perthgamata/32/AapasuGamana.mp3

ඕවිටි වල නැත

ඕවිටිවල නැත අද ඉපනලාවන්
කෙත් වතු වල නැත පිරි නිල්තලාවන්
සතුටද මැකුණු හද නැත සිරිකලාවන්
හද අඳුරේ පැතුරුණු හුදෙකලාවන්

ඉන්නේ මැදුරකයි රට ගිය අරුමෙන්ය
කන්නේ බත් තමයි තවමත් පෙර මෙන්ය
බොන්නේ බොර දියයි අරගෙන ගඟකින්ය
එන්නේ කවදාද රැකගෙන පණ කෙන්ද

රංකිරි කට ගෑ බස නැත ඇසෙන්නේ
උදේ රැයට පර බසක්ය දොඩන්නේ
සිසිල නොමැත අවු රස්නෙට දැවෙන්නේ
පිට මිනිසෙකු ලෙසින් මෙරට රැඳෙන්නේ

ගේය පද - සුනිල් ගෝවින්නගේ
සංගීතය - ආනන්ද වෛද්‍යසේකර

ගීතය රස විඳින්න
www. http://netcd.lakderana.com/perthgamata/32/OowitaLanga.mp3

මා මළ පසු

මා මළ පසු හැර තබන්න
කාමරයේ කවුලු පියන්
පොත් ගොන්නට ඉඩක් දෙන්න
ගොළු මුහුදේ සුවඳ ගන්න

මා මළ පසු හැර තබන්න
කාමරයේ කවුලු පියන්
හිරු එළියට ඉඩක් දෙන්න
තනි යහනේ නිදා ගන්න

මා මළ පසු හැර තබන්න
කාමරයේ කවුලු පියන්
බිම කළුවර ඇතුලට ගෙන
මා ලියූ කවි සොයා ගන්න

මා මළ පසු හැර තබන්න
කාමරයේ කවුලු පියන්
පොත් ගොන්නට ඉඩක් දෙන්න
ගොළු මුහුදේ සුවඳ ගන්න

ගේය පද - සුනිල් ගෝවින්නගේ
සංගීතය - රොහාන් ජයවර්ධන

ගීතය රස විඳින්න
www. http://netcd.lakderana.com/perthgamata/32/
MaaMalaPasu.mp3

පලා ආවෙමි

සොයා ආවෙමි
පලා ආවෙමි වහා අතහැර
මතක දිවයින බැහැර කොට මා
උදෑසන හල කෙල බිඳක් සේ
මගේ සිත බැඳි ගොදුර අතහැර
පලා ආවෙමි ගිජු ලිහිණියකු සේ

පලා ආවෙමි කුරුල්ලකු සේ
දැවෙන කැලයක් අතැර යන සේ

කොළොම්පුරයේ දැවෙන රස්නෙන්
පලා ආවෙමි කුරුල්ලෙකු සේ
තිසර නදියේ සිසිල සොයමින්
මතක දිවයින අතැර සැණෙකින්

කොළොම්පුරයේ උමතු රිය පෙළ
තලන්නට පෙර මගේ අතපය
පර්ත් පුරයේ අසපුවක් වෙත
පලා ආවෙමි රැඳී ඉන්නට
මතක දිවයින අතැර සැනෙකින්

හිටපු කවියෙකු සොරා ගත් මා
ඩොලර අතහැර දුගියෙකු ලෙස
ආමි මේ රට සොයා නිදහස
වසන්නට නිති ලබා සැනසුම

ගේය පද - සුනිල් ගෝවින්නගේ
සංගීතය - රොහාන් ජයවර්ධන

ගීතය රස විඳින්න
www. http://netcd.lakderana.com/perthgamata/32/
PalaaAawemiSoyaaAawemi.mp3

පුතණුවනේ

පුතණුවනේ
ඔබ ආයුතු නැත මා පසුපස අද
සිහ රජ පසු එන සිහ පැටියකු ලෙස
පුතණුවනේ

මා ගිය අනුවණ ගමන් මගක් මිස
මා අත ගැවසෙන ධනයක් නැත අද
මා ගිය අනුවණ ගමන් මගක් මිස
හිස නැත රඳවා මිණි කිරුළක් අද
පුතණුවනේ

මිය යන මතකයේ රැඳුණු වදන් මිස
සුභාෂිතේ ඔවදන් දිය නොහැකිය
පර බසකින් රන්කිරි ගෑ පවකට
සුභාෂිතේ ඔවදන් දිය නොහැකිය
පුතණුවනේ

මතු දිනයක ඔබ ගියහොත් පිටරට
කඳුළු බිඳක් වූ නුඹ ඉපදුණ රට
දෙනෙත් දකිනු ඇත නොලැබුණු උරුමය
කඳුළු බිඳක් වූ ඔබ ඉපදුණු රට
කඳුළු බිඳක් වූ අප ඉපදුණු රට
පුතණුවනේ

ගේය පද - සුනිල් ගෝවින්නගේ
සංගීතය - ආනන්ද වෛද්‍යසේකර

ගීතය රස විඳින්න

www. http://netcd.lakderana.com/perthgamata/32/Puthanuwane.mp3

සරමි සත් මුහුද වට

සරමි සත් මුහුද වට - ඔබේ හඩ සොයන්නට
වෙසෙමි ගොළු මුහුද ඉම - මිතුරු දම් ලබා සොඳ
ගදඔ සඳ මා මිතුර - කුඩා කල ලැබූ සොඳ
සසර නිම වනතුරුම - වෙනු මිතුර මගේ හඳ

කල්ප දින මැකෙන තුරු - ගෙවූ මහ ගමන් මග
ඔබ ගැයූ මියුරු සර - අත් වැලක් විය මට

බාල විය ගෙවී ගොස් - මහලු දිවි පැමිණි දින
පා තබමු මැකුණු දින - සොයා යළි ගී මගින්

මියුරු සත්සර මවන - මිතුරු සුනිලුන් පවර
සසර දුක නිවන මග - කියාදෙනු දිනෙක මට

ගේය පද - සුනිල් ගෝවින්නගේ
සංගීතය - රොහාන් ජයවර්ධන

*ගායන ශිල්පි සුනිල් එදිරිසිංහයන් වෙනුවෙන් ගායනා කළ
උපහාර ගීතය

ගීතය රස විඳින්න
[www.] http://netcd.lakderana.com/perthgamata/32/
SaramiSathMuhudaWata.mp3

කියයි ඔබ වේදනා

කියයි ඔබ වේදනා - ගත ඉරුණු වේදනා
සසර දුක කැටුව එන - ගත දවන වේදනා
කුඩා කල සිට දුකින් - කල් මැරුණු ජීවිතය
දුක දරා ගත ඉරුණු - සඟව ගත් ජීවිතය

බාලවිය පිය සෙනෙහස - සැඟව ගිය දින
ඔබ බියව හැඬූ සැටි - රැඳී ඇත මතකයේ
සෙල්ලිපියේ අකුරු සේ - සෙල්ලිපියේ අකුරු සේ

ලියන්නට අප පුවත් - වෙනස් කොට අපේ වත
යා නොහැක අතීතය - වැසුණු මං පෙතකි අද
ඔබේ ගත දුක නිවන- සෙනෙහසක වදන් මිස
ලියන්නට නොහැක මට- ගයන්නට දුක් ගීය

ගේය පද - සුනිල් ගෝවින්නගේ
සංගීතය - ආනන්ද වෛද්‍යසේකර

ගීතය රස විඳින්න

www. http://netcd.lakderana.com/perthgamata/32/
KiyayiObaWedanaa.mp3

වසන්ත සමය

වසන්ත සමයද - සමුගෙන ගිය සඳ
රුක් වදුලේ නැත - හිනැහෙන වන මල්
රුක් පාමුල් මත මිය ගිය මල්මය

කාලය බොදවුණු
සෙනෙහෙ පොදක් විය
සැමරුම් මියගිය අතීතයක් වී
සයුරට වට දිය බිඳු සේ වියැකිණි

අහසඳ මැලවී දුක්වන යාමේ
සමුගෙන යන්නට නිම නැති මෙහෙවර
නොලියා මිය ගිය
කවි පද අත හැර

ගේය පද - සුනිල් ගෝවින්නගේ
සංගීතය - සංගීත් වික්‍රමසිංහ

ගීතය රස විඳින්න

www. http://netcd.lakderana.com/perthgamata/32/
WasanthaSamaya.mp3

රජ මැදුරෙන්

රජ මැදුරෙන් පිටතට විත්
බලනු මැනවි නිරිඳානනේ
හඬනා මිනිසුන් නගනා දුක් රැළි
ජය ගොස් අතරින් සවනට ඇසුණේද
කියනු මැනවි නිරිඳානනේ

රට වෙනුවෙන් දිවිදුන් රණ විරුවන්
වැතිර සිටින නොහඬනන වන පෙත්
අතරින් පිය මැන ඔබ රට දස දෙස
බලනු මැනවි නිරිඳානනේ

නෙත් අඳ වී ගොස් ඇති දෝ අද දින
බලකාමෙන් මත් වී දෝ අද දින
රජ මැදුරෙන් පිටතට විත් රට දෙස
සොයා බලනු මැන නිරිඳානනේ

ගේය පද - සුනිල් ගෝවින්නගේ
සංගීතය - ආනන්ද වෛද්‍යසේකර

ගීතය රස විඳින්න

www. http://netcd.lakderana.com/perthgamata/32/
RajaMedurinPitathatawith.mp3

පර්ත් නුවර

පර්ත් නුවර පායයි සඳ
තිසර නදියේ හසරැළි මැද
රජ උයනේ මල් අවදිව
සිනහා පිරුණු පර්ත් රැයක

අපේ ගමේ සඳ වාගෙයි
සඳ පිපිලා ගං දිය මත
කැළණි ගඟේ පිපුණු සඳක්
සිහියට එනවා හනිකට

පන්සල් වල සීනු නිදන
පර්ත් නුවර පායයි සඳ
පෝය දිනට පන්සල් ගිය
මතකය දිව එයි හෙමිහිට

රටක් අතැර එතෙර උනා
ගොළු මුහුදේ දිය රැළි මත
නැති වූ ගම පර්ත් නුවර
සඳත් සමග ඇඳෙයි මෙදින

ගේය පද - සුනිල් ගෝවින්නගේ
සංගීතය - සංගීත් වික්‍රමසිංහ

ගීතය රස විඳින්න

www. http://netcd.lakderana.com/samanaliyan/32/PerthNuwara.mp3

https://www.youtube.com/watch?v=clYXmu3ytpk

වැලි ඇටයක්
(පියානනේ)

වැලි ඇටයක් මිරිකලා
මුතු කැටයක් බිහිකලා
රුවෙන් බෙලෙන් ඔපලලා
මිලෙන් අගෙන් වැඩි කළා

ඔබේ රුවෙන් මා මවා
ඔබේ ගුණෙන් මා කවා
පියාණනේ ඔබේ පෙමෙන්
මා සරු මිනිසෙකු කළා
මා සරු මිනිසෙකු කළා

ඔබේ නැණෙන් මා පොවා
ඔබේ සවියෙන් සෙල්මුවා
කැඩපතකින් පිළිබිඹුවක්
ලොකු පුතු මා ඔබ වුණා
ලොකු පුතු මා ඔබ වුණා

ගේය පද - ආචාර්ය විකුම්ප්‍රිය පෙරේරා
සංගීතය - සංගීත් වික්‍රමසිංහ

ගීතය රස විඳින්න
www. http://netcd.lakderana.com/weliaetayak/32/
WeliAetayak.mp3

කටු පඳුරක

ගැ-කටු පඳුරකට පැටලිලා සුළඟේ ඇදී යාවී
වෙරළ මත්තේ කැරකෙනා - පෙණ පොදක් වාගේ
පි-ඒ දුක මටත් තේරේ - වෙන්ව යා යුතුවේ
සටනින් පැරදුණා දැන් අපට වෙහෙසයි

ගැ-කටු පඳුරකට පැටලිලා - සුළඟේ ඇදී යාවී
වෙරළ මත්තේ කැරකෙනා - පෙණ පොදක් වාගේ

ගැ-අළු රොත්තකට සැඟවිලා - උණුසුම රැඳුණා
ලිපක ගැඹුරේ දිදුලනා - ගිනි බිඳක් වාගේ

ගැ-කටු පඳුරකට පැටලිලා - සුළඟේ ඇදී යාවී
වෙරළ මත්තේ කැරකෙනා - පෙණ පොදක් වාගේ

පි-ඉවසීම පිටාරා - ගලා යා යුතුවේ
සටනින් වෙහෙසුණා - දෙදෙනාම පරාදයි

දෙදෙනා- කටු පඳුරකට පැටලිලා - සුළඟේ ඇදී යාවී
වෙරළ මත්තේ කැරකෙනා - පෙණ පොදක් වාගේ

සහය ගායනය - සන්තුරි වෛද්‍යසේකර
ගේය පද - ආචාර්ය වික්‍රමප්‍රිය පෙරේරා
සංගීතය - ආනන්ද වෛද්‍යසේකර

ගීතය රස විඳින්න

www. http://netcd.lakderana.com/weliaetayak/32/KatuPandurakata.mp3

ඔබේ වීදියේ

ඔබේ වීදියේ පහන් කණුව යට
මා නැවතී ඉන්නම්
අඳුර වැටුණු විට පහනේ එළියට
මා දිස් නොවුණාදෙන්
වාරාංගනා -වාරාංගනා
වාරාංගනා පිරිවරිනා
සිතේ තනිය මිස ගතේ තනිය නැත
වාරාංගනා පිරිවරිනා

විරූප අඳුරේ පැහැදිළි නැති විට
ගත ඉන් සවිවේ නම්
අඳුර වැටුණු විට සිත දැඩි වන්නට
ලොව දිස් නොවුණාදෙන්
වාරාංගනා - වාරාංගනා
වාරාංගනා පිරිවරිනා
සිතේ තනිය මිස ගතේ තනිය නැත
වාරාංගනා පිරිවරිනා
වාරාංගනා පිරිවරිනා
වාරාංගනා - වාරාංගනා
වාරාංගනා පිරිවරිනා

ගේය පද - ආචාර්ය විකුම්ප්‍රිය පෙරේරා
සංගීතය - රොහාන් ජයවර්ධන

ගීතය රස විඳින්න

www. http://netcd.lakderana.com/weliaetayak/32/ObeWidiye.mp3

ලංකාවම ලබු ගෙඩියක්

ලංකාවම ලබු ගෙඩියක්
තොවිල් නටන ගමරාළලා
කට්ටඩියෝ පේළියයි
මහ වැස්සට පාවී පාවී යනවෝ
මහ මුහුදට වැටුනු ගමන් මාළු රළ ගිලියි

ඉස්සි ඉස්සි බල බලා කකුලේ ඇඟිලි කොරවෙලා
හොරෙන් නටන නාඩගම් බෙරේ පලු වෙලා
තත්ත තත්ත තත්ත තනේ තනම් තම් දෙනා
තත්ත තත්ත තත්ත තනේ තන තන තම් දෙනා

රැප්-
ගමේ ගෙදර තොයිලෙ වෙලේ හරියට වැස්සා
වැහැල වැහැල ගම ගෙදරත් වතුරින් පිරුණා
කට්ටඩි රාළට හොඳ අදහසක් පහළවුණා
තොවිලෙට ගෙනා ලබු ගෙඩියට රිංගන්නට හිතුවා
ලබු ගෙඩිය සිදුරු කරලා තොවිල්කරුවෝ රිංගුවා
බෙරකරුවෝ බෙර ගහනවා
ආතුරයා පරලවෙනවා
ලබු ගෙඩියත් හෙමින් හෙමින් වතුරේ පාවුණා
ලොකු ගඟකට වැටුණා
ගඟේ පාවෙලා ගිහින් මුහුදට වැටුණා
ලොකු මාළුවෙක් ඇවිත් ලබුගෙඩිය ගිලිනවා
අහසේ වුණ් ලිහිණි රජා මාළුව දැක්කා
පියාඹලා පහලට විත් මාළුව ගිල්ලා
දඩයක්කරුවෙක් ලිහිණියා දඩයම් කරලා
ඔහුගේ බිරිඳට දුන්නා
ලිහිණියාගේ බඩ පලනවා
ලොකු මාළුව බඩ ඇතුලේ
මාළුවාගෙ බඩ පලනවා
ලබු ගෙඩියත් බඩේ

ලබු ගෙඩිය පලනවා
ලබු ගෙඩිය ඇතුලේ මෙන්න බොලේ තොවිල් නටනවා
නට නට එළියට එනවා
නට නට එළියට එනවා
තොවිලේ එළියට එනවා

පදය පදය පුරා තාලෙට යයි ගලා
යක් මූණට දත් රැනට නිලමෙල රැවටිලා
තත්ත තත්ත තත්ත තනේ තනම් තම් දෙනා
තත්ත තත්ත තත්ත තනේ තන තන තම් දෙනා

ලංකාවම ලබු ගෙඩියක්
තොවිල් නටන ගමරාළලා
කට්ටඩියෝ පේලියයි
මහ වැස්සට පාවි පාවි යනවෝ
දොන් තරිකිට මහ මුහුදට වැටුණු ගමන් මාළු රැළ ගිලියි
තකදොන් මහ මුහුදට වැටුණු ගමන් මාළු රැළ ගිලියි

සහය ගායනය - සංගීත් වික්‍රමසිංහ
ගේය පද - ආචාර්ය විකුම්ප්‍රිය පෙරේරා
රැප් පද සහ තනුව - සනුක වික්‍රමසිංහ
සංගීතය - සංගීත් වික්‍රමසිංහ

ගීතය රස විඳින්න
www. http://netcd.lakderana.com/weliaetayak/32/LankawamaLabugediyak.mp3

මහළු විය

මුදුන් ලීයත් ගරා වැටී
පදනමේ ගල් බිඳී ගිය සැටි
මහළු විය අද ගලා ඒ
දිය කඳක් සේ නිම්නේ

බිත්ති තැන තැන ඉරිතැලී ඇති
මේ නිවස හැර යාම ළඟ එති
මහළු විය අද ගලා ඒ
දිය කඳක් සේ නිම්නේ

ඉකිබිඳින සම්පත්ති ගොනු නැති
නව යොවුන් සුනු මුසුව ගැලවෙති
මහළු විය අද ගලා ඒ
දිය කඳක් සේ නිම්නේ

ගේය පද - ආචාර්ය වික්‍රම්ප්‍රිය පෙරේරා
සංගීතය - ආනන්ද වෛද්‍යසේකර

ගීතය රස විඳින්න

www. http://netcd.lakderana.com/weliaetayak/32/MudunLeeyath.mp3

තරු දහසක්

තරු දහසක් පායන රෑ
පැල් කොටේට ගාල්වෙලා
ඔබේ සිතුවම් මනස පුරා
ඇඳෙන පැයේ සුසුම් හෙලා

වහලේ පොල් අතු අතරින්
ආකාසේ තරු පායයි
කටු මැටි බිතු හිදැස් තුළින්
පැලේ පහන තරු එළියයි

රූප මැවී බිත්ති පුරා
පහන් තිරය සමග නටයි
රෑහැයි ගීත මැඩි තනුවට
සවන් පෙලන මියැසියයි

ගේය පද - ආචාර්ය විකුම්ප්‍රිය පෙරේරා
සංගීතය - සංගීත් වික්‍රමසිංහ

ගීතය රස විඳින්න

http://netcd.lakderana.com/weliaetayak/32/TharuDahasak.mp3

ඉපදුණොත් ගැටුමක්

ඉපදුණොත් ගැටුමක් - අදහස් අතර වෙනසක්
කළයුත්තේ කිමක් වේද සාමයට මාවතක්

මෙත් සිතින් ඉවසා - දෙකොපුලම දක්වා
ගැටුම් සම කරනා මගක් වේ නම් විහිළුවක්

අවි රැගෙන බලවත් - සටනට එළඹුණත්
අවි බල වනු මිසක් සාමයේ මග හිතලුවක්

සවිය තම පැත්තේ - නැතහොත් අනෙක් පැත්තේ
දුබලාමය පෙලෙන්නේ සාමයක් නම් නොවන්නේ

සාමය නම් සමයි - බලය සමව බෙදයි
සවියෙන් එකඟවී සිටිමු අපි සැම එකතු වී

ඉපදුණොත් ගැටුමක් - අදහස් අතර වෙනසක්
කළ යුත්තේ කිමක් වේද සාමෙට මාවතක්

සහය ගායනය - ආනන්ද වෛද්‍යසේකර
ගේය පද - ආචාර්ය විකුම්ප්‍රිය පෙරේරා
සංගීතය - ආනන්ද වෛද්‍යසේකර

ගීතය රස විඳින්න

www. http://netcd.lakderana.com/weliaetayak/32/IpadunothGetumak.mp3

කියූ කව් ගී

කියූ කව් ගී වායු තලයේ
ස්වේත උඩු වියනක් වෙලා
සැරසෙනු මැනවී

ගෙතූ පදවැල් ඇමිණිලා
සිනිඳු පට සළුවක් වෙලා
ගතේ සීතල - දරා ගත මැනවී

මැවූ සිතුවම් පැහැ උරා
සොහොන් කොත මත දිළිසෙනා
පළිඟු කැට වී - උදාවෙනු මැනවී

ගේය පද - ආචාර්ය විකුම්ප්‍රිය පෙරේරා
තනුව - රැක්ෂාන් කරුණානායක
සංගීතය - චයිම්ස් ඔෆ් ද සෙවන්ටීස්

ගීතය රස විඳින්න

www. http://netcd.lakderana.com/weliaetayak/32/KiyuuKawiGee.mp3

ගිරවෙකු පිට නැග

ගිරවෙකු පිට නැග
උක්දඬු දුන්නෙන්
මී මැසි රෑනෙන්
විද හෙලුවා

පියුම් සර වැදී උමතුවී
සරෙන් හෝපලු තැවී තැවී
ඉසුරු කෙලෙසද භාවනාවේ
නැගෙන සිතුවිලි අනුහසින්
පාර්වතිය මල් පුදන්නේ

මී අඹෙන් විද වියළ්වා
දෑ සමන් වැද නොසැලුණා
නිලුපුලෙන් ඇත මුලාවී
ඉසුරු කෙලෙසද භාවනාවේ
දවනු මිස ඔහු නලලැසින්

ගේය පද - ආචාර්ය වික්‍රමිප්‍රිය පෙරේරා
සංගීතය - ආනන්ද වෛද්‍යසේකර

ගීතය රස විඳින්න
www. http://netcd.lakderana.com/weliaetayak/32/
GirawekuPitaNega.mp3

මාලවිකා

මාලවිකා ඔබේ දෙපා රිදෙනවද
අශෝක වනයට මල් පිපියන්
ඔබේ පා පහරේ පහස ලබන්නට
උන් ලද පිනටම මල් පිපියන්

ඔබගේ අනුරුව දුටු දා ඉදලා
සැමටම රහසින් පෙම් බැන්දා
නැටුමට ගැයුමට හිත තව ඇදුණා
අශෝක වනයට එය පෙනියන්

ගිනිමීතු වුවත් සිත ගිනි ඇවිලේ
අශෝක වනයට එය පෙනියන්
ඉරාවතියටත් මේ දුක දැනියන්
අශෝක වනයෙම මල් පිපියන්

ගේය පද - ආචාර්ය වික්‍රම්ප්‍රිය පෙරේරා
සංගීතය - රොහාන් ජයවර්ධන

* මහා කවි කාලිදාසයන්ගේ මාලවිකාග්නිමිත්‍රු නාටකය
ඇසුරෙනි

ගීතය සහ රූප රචනය රස විදින්න

www. http://netcd.lakderana.com/weliaetayak/32/
Maalawika.mp3

▶ https://www.youtube.com/watch?v=W7RcJpUmvmc

තේ බඳුනක කුණාටුවක්

ගැ-තේ බඳුනක කුණාටුවක්
පි-දැලකින් බැඳලා නවතන්නම්
ගැ-දිය පොකුණේ ඇත නිල් මැණිකක්
පි-හිස් කරලා දිය අරගන්නම්
ගැ-ඔබයි මගේ විරුවා
පි-මමයි ඔබේ විරුවා

ගැ-වාළුකා තලේ දේදුන්නක්
පි-බිම අතගාලා ඇහිඳින්නම්
ගැ-අහස් තලේ ඇත මිරිඟු දියක්
පි-ඉගිලිලා ගොසින් ගෙන එන්නම්
ගැ-ඔබයි මගේ විරුවා
පි-මමයි ඔබේ විරුවා

ගැ-සිදු වෙනවාදෝ අමුතු දෙයක්
පි-ඔබ මා ළඟ ඇත්නම්
ගැ-නොසිදු වෙලා ඇත පුරුදු දෙයක්
පි-සැමදා මා ඔබ ළඟ ඇත්නම්
ගැ-ඔබයි මගේ විරුවා
පි-මමයි ඔබේ විරුවා

සහය ගායනය - නිජමාලි ජයවර්ධන
ගේය පද - ආචාර්ය විකුම්ප්‍රිය පෙරේරා
සංගීතය - සංගීත් වික්‍රමසිංහ

ගීතය රස විඳින්න

www. http://netcd.lakderana.com/weliaetayak/32/TheeBandunakaKunatuwak.mp3

විලම්බිත හාමු

විලම්බිත හාමුගේ
කෙරුවාවල් ගොඩයි
උදේ ඉඳන් රෑ වෙනතුරු
පාරේ සැරිසරයි

ගමට එළිය දුන්නේ මම
නාඩගමේ නළුවා මම
පින්තාලිය නානා ළිඳ
ඒ සියල්ල මගේ තමයි

කජු කොලු රජ කෙරුවේ මම
පින්කම් පොලේ විරුවා මම
රජකම් කෙරුවත් පින්කම් කෙරුවත්
විලම්බිත හාමුනේ මම

කජු කොලු රජ කෙරුවේ මම
පින්කම් පොලේ විරුවා මම
ගීත පෙට්ටි රූප පෙට්ටි
ඒ සියල්ල මගේ තමයි

ගේය පද - ආචාර්ය විකුම්ප්‍රිය පෙරේරා
සංගීතය - ආනන්ද වෛද්‍යසේකර

ගීතය රස විඳින්න

www. http://netcd.lakderana.com/weliaetayak/32/WilambithaHamu.mp3

බත ඉදෙන තෙක්

බත ඉදෙන තෙක්
අඬ දබරයට ආරාධනා
බැහැයි කීවත් තෝරගන්නට බෑ
පිළිගැන්ම මිස විකල්පයකුත් නෑ

මැල්លුමේ කොළ ලොකුයිලු
අල ගෙඩිය පොඩි වැඩියිලු
ඊයේ බත්මලු
මාළුවගෙ කටුලු

දවල් වැඩ කෙරුවාලු
රෑට නිමකුත් නෑලු
වතුර කපලලු
ඇඳුම පරණයිලු

ගේය පද - ආචාර්ය විකුම්ප්‍රිය පෙරේරා
සංගීතය - රොහාන් ජයවර්ධන

ගීතය රස විඳින්න
www. http://netcd.lakderana.com/weliaetayak/32/BathaIdenaThek.mp3

බහ තෝරන බාල පුතුට

බහ තෝරන බාල පුතුට
මල්මාලා උක් සකුරු
තෑගි ලැබේ ඉවසීමෙන්
අදිනු බලා පොල් අකුරු

සරසවියගේ වරම් ලැබෙනු
සුවඳ තිළිණ පත්
නා කොළ මත සෙනේ ඔතා
නෑදෑ කැළ දෙත්

කිරි මුසු බත් රඹකැන් හා
කැවුම් කැවිලි සුවඳේ
අනාගතේ නැණ නුවණට
මිහිරි සිහින විහිදේ

ගේය පද - ආචාර්ය වික්‍රම්ප්‍රිය පෙරේරා
සංගීතය - රොහාන් ජයවර්ධන

ගීතය රස විඳින්න

www. http://netcd.lakderana.com/weliaetayak/32/
BahaThoranaBaalaPuthuta.mp3

ඔබේ ලේ ගලා

ඔබේ ලේ ගලා
මන්දිර ගොඩ නැගෙනු බලා
සාමයේ ධජේ රැව් දිදී
අළුත් ලෝකයයි සෙබළුනේ
අළුත් ලෝකයයි සෙබළුනේ

ඔබේ අත් දෙපා
ඇස් කන් නාස පුද ලබා
සාමයේ ධජේ පැහැ වෙවී
අළුත් ලෝකයයි සෙබළුනේ
අළුත් ලෝකයයි සෙබළුනේ

ඔබේ විරු උපා
යුදබිම ඔප කරනු බලා
සාමයම උදා වේ යළි
අළුත් ලෝකයයි සෙබළුනේ
අළුත් ලෝකයයි සෙබළුනේ

ගේය පද - ආචාර්ය විකුම්ප්‍රිය පෙරේරා
සංගීතය - ජයංග දැදිගම

ගීතය රස විඳින්න

www. http://netcd.lakderana.com/weliaetayak/32/ObeLeeGalaa.mp3

මිදුල පුරා

පි-මිදුල පුරා මඩ නානවා - මල් ගස් වල කොළ කඩනවා
ගවුමේ පටියක් ඉරනවා - පොඩි නංගිට ටොකු අනිනවා
ගැ-ඒ මොනවා කෙරුවත් - මා ඔබේම නේදෝ
දඟ කර කර නැටුවත් - ආදරේම නේදෝ

පි-මගෙ කලිසම් ඇඳන් යනවා - සාරි වලින් වැල් බඳිනවා
බල්ලට බත් ටික කවනවා - මැල්ලුම් මේසෙම හලනවා

ගැ-ඒ මොනවා කෙරුවත්

පි-පාඩම් අතපසු කරනවා - ගණිතෙට බින්දුව ගන්නවා
පාසැලේ සෙල්ලම් කරනවා - ගුරුතුමියට වද කරනවා

ගැ-ඒ මොනවා කෙරුවත්

පි-ගෙදර පුරා දඟ කරනවා - ඒත් ආදරේ හිතෙනවා
ඔබ මගෙ පොඩි දුව හින්දා - සියල්ල අමතක කරනවා

ගැ-ඒ මොනවා කෙරුවත් - මා ඔබේම නේදෝ
දඟ කර කර නැටුවත් - ආදරේම නේදෝ

සහය ගායනය - සඳුනි රශ්මිකා අතුලගේ
ගේය පද - ආචාර්ය විකුම්ප්‍රිය පෙරේරා
සංගීතය - ආනන්ද වෛද්‍යසේකර

ගීතය සහ රූප රචනය රස විඳින්න

www. http://netcd.lakderana.com/weliaetayak/32/MidulaPuraa.mp3

https://www.youtube.com/watch?v=CQlbmp35Gbs

ඔබ ඈත ගියා දෙන්

ඔබ ඈත ගියාදෙන්
තරු මල් විහිළු කළාදෙන්
මේ සාගරේ සමාන වූ
ආදරේ නිසා

ඈත අහසේ පියාඹා
නිදහසේ සරණා
කුරුල්ලෝ මෙන් වර ලබා
ඉගිළිලා ගියදෙන්

සීත වතුරේ පීනලා
නිදහසේ පෙරෙනා
පෙණ බිඳක් මෙන් පාවෙලා
ගලාගෙන ගියදෙන්

ගේය පද - ආචාර්ය විකුම්ප්‍රිය පෙරේරා
සංගීතය - රොහාන් ජයවර්ධන

ගීතය රස විඳින්න
www. http://netcd.lakderana.com/weliaetayak/32/ObaEthaGiyaaden.mp3

දුබල ඇසට

දුබල ඇසට නොපෙනුණාට
වළාකුලක සැඟවුණාට
තනි තරුවක් අහසේ නෑ පායන්නේ
සිතැඟි මිරිඟුවක් පමණයි

දුක් එන විට තනිවුණාට
තනියම රෑ වැලපුණාට
සක් කවයේ සුව සැප කැරකේ
නොමළ ගෙයක අබ ඇටයක් නෑ

සැප දකිමින් හිනැහුණාට
ලොව පෙරලා දැන්නුවාට
සක් කවයේ සුව සැප කැරකේ
සමග සිනාවෙන කිසිවෙක් නෑ

ගේය පද - ආචාර්ය වික්‍රම්ප්‍රිය පෙරේරා
සංගීතය - සංගීත් වික්‍රමසිංහ

ගීතය රස විඳින්න

www. http://netcd.lakderana.com/weliaetayak/32/DubalaEsata.mp3

සිහිනයක දෑවටී

සිහිනයක දෑවටී - නුඹ නම් දැන් එන්න එපා
ආදරේ සුසුමන් -මට දැන් එපා
හදවතට දුක් දීලා- වෙන්වෙලා
මාගේ දිවියම හඬවලා - නුඹ ගියා

සිහින අතරට කඳුළු ගෙනා - කුමාරියේ නුඹ මගේ
පියඹලා නුඹ ගියේ - රහසින් ඇයි ඉතිං
පායන්නේ එක තරුවක් - නොවුණත් නිල් ආකාසේ
නුඹ වෙලා උන්නේ තරුව වී - මගේ සිත් අහසේ

සෙනෙහසින් ළංවී පැවසූ - ආදරේ මේ වාගේ
සුන්වෙලා කඳුළක් වේ යැයි - සිතුවේ නෑ
පායන්න හැකි නම් - තරුව වී මේ සිත් අහසේ
මට දැනේවී ආදරේ - සිසිලසක් ආයේ

ගේය පද - දීප්ති හෙට්ටිආරච්චි
සංගීතය - රුක්ෂාන් කරුණානායක

ගීතය රස විඳින්න

www. http://netcd.lakderana.com/sonduruwasanthaya/32/SihinayakaDewatee.mp3

ඒ ආදරේ

සඟවලා හැඟුමන් හදේ
නොමසලා වදනක් මුවේ
නුඹට එය දැනුණද ළඳේ
කියා නොකියූ ඒ ආදරේ

දුටු පෙම් පැතුමන් නැවුම්
දිනෙන් දින පුබුදයි පැතුම්
සිහිනයේ පාවෙයි සිතින්
අවදිවන්නට බෑ ඉතින්

නොකීවත් දෙනෙතේ කතා
හැඟුම් මල් පිබිදෙයි සදා
හිමි වුණත් නොවුණත් මෙදා
සිහිනයේ සැඟවෙමු සදා

ගේය පද - ලක්මි ප්‍රභා රත්නායක
සංගීතය - රුක්ෂාන් කරුණානායක

ගීතය රස විඳින්න

www. http://netcd.lakderana.com/sonduruwasanthaya/32/EAdare.mp3

පොඩි දුවේ

පි-බෝවිටියා හිඹුටු කඩා ගෙන
දෙවැට දිගේ ආවා මතකයි
පාසල් ගිය හැටි සෙල්ලම් කළ හැටි
ගස් සෙවණේ කජු පුහුලන් කෑ හැටි
දූ ඒ සුන්දර අතීත සිතුවම්
ඇකී මැකී බොඳ වෙලා ගිහිං
පොඩි දුවේ - පොඩි දුවේ
ඒ මිහිරි සුවය දැන් මතකයක්ම පමණයි

ගැ-අපිට අහිමි වුණේ කොතැනද තාත්තේ
යාය පිටින් තුරු සෙවණ කැපිලා
යාය උසට ගොඩනැගිලි හැදිලා
අහසට දිවෙනා විදුලි කම්බි මැද
මකුළු දැලක අපි පැටලිලා
ඔබේ මතක සිහිනයක්ම වේ
තාත්තේ අපේ ලොවේ ඒ සැබෑ නොවේ

පි-ඇලේ දොළේ ලිං පොකුණේ සිහිලේ
ඔයේ ගඟේ නෑවා මතකයි
කවි ගී ගැයූ හැටි අවුරුදු කෑ හැටි
විනෝදයට චාරිකා ගිය හැටි
කෝ ඒ සුන්දර අතීත සිතුවම්
ඇකී මැකී බොඳ වෙලා ගිහිං
පොඩි දුවේ ... පොඩි දුවේ ....
ඒ මිහිරි සුවය දැන් මතකයක්ම පමණයි

ගැ-ලොවම යන්නේ නුහුරටද තාත්තේ
මිනිස්කමේ ගුණ සුවඳ මැකිලා
සඳ තරු නොපෙනී ආකාසේ
ළමා වියේ කෝ නිදහස කෙළිබිම
උදේ රෑයේ අමතර පාඩම්
ඔබේ මතක සිහිනයක්ම වේ තාත්තේ
අපේ ලොවේ ඒ සැබෑ නොවේ

දෙදෙනා - අප පා තබනා ලොවම අපේ නම්
එය රැක ගත යුතු අපම තමා
සොබා දහම් මව් තුරුලේ ඉදගෙන
එය සනසන්නේ ලොවේ ළමා
සිදුකළ යුතු හොඳ වෙනසක් වේ නම්
එය කළ හැක්කේ අපට තමා
අප එකමුතුවී වැඩ කෙරුවා නම්
ජය ටැඹ ලංවී නොවී පමා

සහය ගායනය - සඳුනි රශ්මිකා අතුලගේ
ගේය පද - හඳුජි මහින්ද ජයතිලක
සංගීතය - රුක්ෂාන් කරුණානායක

ගීතය රස විඳින්න

www. http://netcd.lakderana.com/sonduruwasanthaya/32/
PodiDuwe.mp3

සමුගන්නට පෙර

සමුගන්නට පෙර එක දවසක්
දෙනවද ඔය දෙනුවන් කැල්මක්
බිඳු බිඳු එක් වී දෙකෙපුල් තෙත් වල
කඳුළට අවමන් නොකර ඉතින්

සඳුර නිම කර රිදී පෙරා
පායා ආ හිරු සැඟව ගියා
මිහිමත වැහි දෙන වළාකුලේ
ඇයි මගේ විජිතය සුසුම් කළේ

හද මත සුපැතුම් සළුව එලා
මොණර පිලෙන් මුදු පවන් සලා
හෙමිහිට වියැකී සිතිජයේ සැඟවී
ගිය අරුමය ම'සිත දවා

ගේය පද - නයෝමි සිරිනාලි නවරත්න
සංගීතය - රුක්ෂාන් කරුණානායක

ගීතය රස විඳින්න

www. http://netcd.lakderana.com/sonduruwasanthaya/32/SamugannataPera.mp3

මල් ගොමු තුල

පි-මල් ගොමු තුළ රිසි ලෙස සරලා
පියඹමි සතුටින් රොන් සොයලා

ගැ-නෙක නෙක පාටින් තටු සලලා
එයි සමනලයින් මල් සොයලා

පි-පියඹන විට සමනලයෙකු වෙලා
කුසුමක් ළඟ සිත නතර වුණා

ගැ-කුසුමකි ඇත සුවඳින් පිරිලා
නැත කිසිවෙකු තවමත් දැකලා

පි-පුරුදු ලෙසින් එන සසර පුරා
හමුවීමක්දෝ මට සිතුණා

ගැ-පැතුමකි මෙය හැම භවය පුරා
නැත වෙනසක් ලොව සරණ තුරා

සහය ගායනය -නෙලූ අධිකාරි
ගේය පද - ඉන්ද්‍රානි කුලරත්න
සංගීතය - රුක්ෂාන් කරුණානායක

ගීතය රස විඳින්න

www. http://netcd.lakderana.com/sonduruwasanthaya/32/MalGomuThula.mp3

බටනලාවේ

බටනලාවේ සියුම් හඬින්
පැලේ තනිය මැකෙනවා
නිවි නිවි ඇවිලෙන මැලයෙන්
ජීවනයේ ගීතේ ගැයෙනවා

කැලෑ සතුන් නිසොල්මනේ
දෙකන් අයා සිටිනවා
සඳ එළියේ දඩයම්කරු
එවන් මිහිර මරා දමනවා

මුවදෙනගේ විලාපයයි
දඩ බල්ලන් බුරන හඬයි
එවන් මිහිර අමිහිරි වෙයි
මිනිසා මිනිසා හට එරෙහියි

ගේය පද - සිරි පීරිස්
සංගීතය - රුක්ෂාන් කරුණානායක

ගීතය රස විඳින්න

www. http://netcd.lakderana.com/sonduruwasanthaya/32/BataNalaawe.mp3

මුළු ලොව කීවත්

මුළු ලොව කීවත් - වරද නුඹේ යැයි
ආයෙත් නුඹ එන්නෑ - නුඹ නැති ලෝකෙක
නුඹ හා තනි වන - මා හට සැනසුම නැහැ
මාවත් මට හිමි නෑ

ආගන්තුක වී සිනහව මුව අග
උරණ වෙලා මා හා
සුසුමින් වියළුනු දෙතොලට දිය බිඳු
දෙනෙත හෙළයි දිව රෑ

අදුරට හුරුවුණ දෑසට සඳ මෙන්
ලොව වෙන සතුටක් නෑ
පුර පස වුණු හන්දා වෙන ලොවකට
සඳවත මට හිමි නෑ

ගේය පද - ලක්මාල් ජයසිංහ
සංගීතය - රුක්ෂාන් කරුණානායක

ගීතය රස විඳින්න

www. http://netcd.lakderana.com/sonduruwasanthaya/32/
MuluLowaKeewath.mp3

අඳුරු වලා පට

අඳුරු වළා පට තිමිර ඉරා ගෙන
තුරුණු ඉරක රන් කිරණ නැගේ
අළුතින් අරඹමු නැවතුණු දිවි මග
දෙහදේ පිපි මල් සුවඳ දැනේ

අප විඳි අපමණ සෝ ළතැවුල්
සුළඟින් ඈතට ගසා ගියාවේ
තැවුණු දැවුණු සිත ඔබේ දයාවෙන්
සැනසී නැලවී නිවී ගියාවේ

සසරේ තනිවී එකම සිතින්
නොසැලී නොහඬා ඔබේ නමින්
තනි මග ආ දුර ගිමන් නිවන්නට
අද හෙට දවසක් ඒවී ඉතින්

ගේය පද - නයෝමි සිරිනාලි නවරත්න
සංගීතය - රුක්ෂාන් කරුණානායක

ගීතය රස විඳින්න

www. http://netcd.lakderana.com/sonduruwasanthaya/32/AnduruWalaaPata.mp3

නසා දමා

නසා දමා අක්මුල් හැම
මන්මත් වූවා සසරක
මා ගියදා නිදහස දැක
සුව හා සැප ඇතිදෝ හෙට

පැලට උඩින් රජ මැදුරක
සෙවණ වුණා නව දේශෙක
ගත සතපන පස් කම් සැප
සිත හඬනා හේතුව කිම

සිහින මැදින් එක පිම්මක
ගලන සිතකි අරමුණු වෙත
වින නැතිවී නිදහස ඇත
හද හඬනා හේතුව කිම

ගේය පද - ආචාර්ය විකුම්ප්‍රිය පෙරේරා
සංගීතය - රුක්ෂාන් කරුණානායක

ගීතය රස විඳින්න

www. http://netcd.lakderana.com/sonduruwasanthaya/32/NasaaDamaa.mp3

සිත සැලෙයි

සිත සැලෙයි ඔබේ ආදරෙන්
සුවයක් උනත් පතනා යටින්
විමසමි බලා ඉපදෙන සැකෙන්
නොවෙනා නිසා කියනා ලෙසින්

ඔබ ආදරේ මල් වැස්සටලු
දුව ගොස් ගසක් යට ඇයි බලා
ඔබ ආදරේ මද පවනටලු
හමනා පැයේ ගෙයි සැඟවිලා

ඔබ ආදරේ හිරු අරුණලු
එන විට උදේ ඇත නිදියලා
ඔබ ආදරේ පැල්පතටලු
මහා මන්දිරේ හිඳ පවසලා

ගේය පද - ආචාර්ය විකුම්ප්‍රිය පෙරේරා
සංගීතය - රුක්ෂාන් කරුණානායක

ගීතය රස විඳින්න

www. http://netcd.lakderana.com/sonduruwasanthaya/32/SithaSeleyi.mp3

දූ මගේ

පි-වසන්ත සැණකෙළියේ - දහසක් මල් පිපුණේ
ඒ මල් ගොමු අතරේ - සුපිපුණ දූ මගේ

ගැ-වස්සානේ අරුමේ - මදනළ කොඳුරන්නේ
ජීවය පිරුණු ලොවේ- මගේ හදවත පොපියන්නේ

පි-නිකැළැල් සුවඳ මලේ -නුඹ ලෝකය නැත දන්නේ
ඔබ මේ ලෝකෙට පිපුණේ -ලස්සන දෙන්නට මේ ලොවේ

ගැ-සුළඟේ මුණු මුණුවේ - බඹරුන් රඟ දෙන්නේ
ලස්සන විඳගන්නේ - ආදරේ හින්දානේ

පි-බඹරුන් කැරකෙන්නේ - ආදරේ හින්දා නොවේ
උන් ඔබ හට රිද්දන්නේ - රිද්දා පැන යන්නටනේ

ගැ-ඔබ කියනා මේ දේ - මට දැන් තේරෙන්නේ
නිකැළැල් බව තුළිනි - තම ලෝකය සරසන්නේ

සහය ගායනය - විමානි කපුරු බණ්ඩාර
ගේය පද - ගරු නිරෝෂි දිල්හාරා කන්‍යා සොහොයුරිය
සංගීතය - රුක්ෂාන් කරුණානායක

ගීතය රස විඳින්න

www. http://netcd.lakderana.com/sonduruwasanthaya/32/DuuMage.mp3

සඳ අහසින් සමුගෙන

සඳ අහසින් සමුගෙන යාමේ
නොනිදන මගේ නෙත් සිහින ඉමේ
ලා නිල් මිදුම් පටලෙක බොඳ වුණ
පෙර දිග රූ රස සිතුම් මැවේ

මා හැරදා ආ පුලින තලාවේ
අතීතයේ සටහන් රැඳිලා
පෙමෙන් උපන් ආදර වරුසාවේ
සෙනේහයෙන් මල් පුදිනවා

මා තනි වූ හුදකලා වෙලාවේ
ඔබමයි මා වෙත පියමැන්නේ
නෙතින් බලා කියූ වදන් මුවින්
ඔබමයි හැඟුමන් අවදි කළේ

ගේය පද - හඳුජි මහින්ද ජයතිලක
සංගීතය - රුක්ෂාන් කරුණානායක

ගීතය රස විඳින්න
http://netcd.lakderana.com/sonduruwasanthaya/32/
SandhaAhasin.mp3

සොඳුරු වසන්තය

ගැ-සොඳුරු වසන්තය උදා වෙලා
මගේ සිත ඇත සතුටින් පිරිලා

පි-යොවුන් හැඟුම් හද තුළ රැඳිලා
ආදර සිත කුල්මත් විලා

ගැ-කුරුළු ගීත දෙසවන් පිනවයි
ගස් වැල් සැම මල් වලින් පිරෙයි

පි-පෙම් සිතුවිලි සිත තුළ මතුවෙයි
ඔබ තුරුලෙහි සැතපෙන්න සිතෙයි

ගැ-කුරුළු කිරිලියන් සේ පියඹා
යන්නට සිතෙනවා ඉගිල්ලිලා

පි-අපි අපේ ලොව තුළ තනිවීලා
ඉන්නට අපි යමු පියාඹලා

සහය ගායනය - චුලානි සුරවීර
ගේය පද - ඉන්ද්‍රානි කුලරත්න
සංගීතය - රුක්ෂාන් කරුණානායක

ගීතය රස විඳින්න

www. http://netcd.lakderana.com/sonduruwasanthaya/32/SonduruWasanthaya.mp3

සිතක හැඟුමන්

එදා විලසම තවම ඔබ ගැන
සිතක හැඟුමන් වෙලි වෙලී
සදාදර ලෙංගතු වියන් යට
මවයි මුවඟට හසරැලි

කොහේදෝ සිට අවුත් හෙමිහින්
සිතට මිමිණූ කාරණා
පලා නොගොසින් තවම සැමරුම්
ලෙස මවයි රන් තාරුකා

පරාජිත නැති දිනුමකුත් නැති
අපේ සෙනෙහස ගැන කතා
දයාබර ලෙස මහද සරසයි
තනිකමට දිගු ඉඩ වසා

ගේය පද - අනූෂා නිලන්තිකා
සංගීතය - රුක්ෂාන් කරුණානායක

ගීතය රස විඳින්න
www. http://netcd.lakderana.com/sonduruwasanthaya/32/
SithakaHanguman.mp3

සුවඳ කැකුළු

සුවඳ කැකුළු මල් තලලා
සමනලුන්ට පැණි උරන්න
පාට පාට කුරුල්ලන්ට
හඬ දුන්නා ගී කියන්න
සිත් විමනට සෙනෙහස දී
කීතු කීතු කර දමන්න
නුඹ කොහොමද එරෙහි වුණේ
එය විතරක් කියා දෙන්න

සීත පවනේ දැවටිලා
මල් මත තොල් පෙති තියා
මලේ සුවඳ අරන් හෙමින්
කොහේදෝ ඈතට ගියා
මතක කඳුළු ඉතිරිලා
හදේ කොනක කවි ලියා
මෙතුවක් නොලියූ කවියක්
දුන්නා නුඹ මට කියා

රෑ හිනෙක හමුවෙලා
අතැඟිලි යුග පටලලා
සුසුම් සුවඳ විඳ ගන්නට
සිටියෙමි පෙර මග බලා
කටුක කඳුළ නෙත පුරා
හීන ගියත් බොඳ වෙලා
වස්සානය ගෙන දෝතට
ඉමි පෙර මග නෙත් හෙලා

ගේය පද - රසිකා කෝරලගේ
සංගීතය - ධම්මික එදුස්සූරිය

ගීතය රස විඳින්න

www. http://netcd.lakderana.com/suwandakekulu/32/SuwandhaKekulu.mp3

ජීවිතේ මං

ජීවිතේ මං වැරදි කළ බව
හිතාගෙන නුඹ අද වුණත්
දුක හිතෙන්නැති කඳුළු එන්නැති
නුඹේ හිතටත් මහ හුඟක්
වැරදි කළේ නැහැ සැක කළේ නුඹ
හැර නොයා වත් ඉඳින්
පටාචාරා බුදු වෙයන් නුඹ
දරුවා විතරක් මට දියන්

යන්න ගියෙ නුඹ මරාගෙන අද
මගේ පෙම් වත් මුදු හිතත්
දන්නේ නැතුවට පව් පිරෙන්නැති
නුඹට මැණිකේ මහ හුඟක්
සත්තකයි මං සාප දෙන්නෑ
බුදු වෙනා මහ ලෝකයක්
නිවන් පලයන් පටාචාරා
ජීවිතේ මහ ගිනි ගොඩක්

කඳුළු ඇස් වල තිබුණ පලියට
බිම වැටෙන්නැති මහ ගොඩාක්
අපිට අපිවත් උරුම නැති හැටි
පෙර ඉඳන් එන කරුමයක්
හුඟක් ඉස්සර ඈත භවයක
පවු කරන්නැති මං වුණත්
පටාචාරා දරුව නුඹ ළඟ
ඌව රැකගෙන හිනැහියන්

ගේය පද - නිශාන්ත දහනායක
සංගීතය - ධම්මික එදුස්සූරිය

ගීතය රස විඳින්න

www. http://netcd.lakderana.com/suwandakekulu/32/JiwitheMang.mp3

සීතල දැනෙයි

පි-සීතල දැනෙයි මේ හිමගිර අඩු නැතුව
සිතුවිලි හඬයි අදුරේ ඉද නිම් නැතුව
ගෑ-ආදර වදන් මා සවනටවත් නැතුව
කාසි සොයා කුමකටද නුඹ ළග නැතුව

පි-සඳ මියැදුණොත් සඳ සාවිය හඬාවී
ඉර මියැදුණොත් ඉර ගිරවිය හඬාවී
ආදර මතක නෙත් අතරින් ගලාවී
මා මියැදුණොත් නුඹ විතරක් හඬාවී

ගෑ-කාලය දිගයි අප වෙන්වී දිවි ගෙවන
පාළුව වෙලයි අසරණ වී ඉකිගැහෙන
පාළුව කිමැයි තනි යහනක දිවි ගෙවන
අප ගැන දුකයි දෙතැනක හිඳ සුසුම් ලන

පි-කිරි කැටි පුතුට මා ගැන තතු කියාපන්
උතුරා ගලන ආදර බස් දොඩාපන්
මතු මත්තෙත් හමුවෙන්නට හිතාපන්
පෙම් කවියකින් හද ගින්දර නිවාපන්

සහය ගායනය - උමෝදා වීරසිංහ
ගේය පද - චන්ද්‍ර මලියරත්න
සංගීතය - ධම්මික එදුස්සූරිය

ගීතය රස විඳින්න

www. http://netcd.lakderana.com/suwandakekulu/32/
SeethalaDeneyi.mp3

දුර ඈත

දුර ඈත සීත හිම කතරේ
තනි වූ මෙමා විදි දුක් අතරේ
දැනුනා දැවුනා වේදනාවෙන්
මෝදු වෙලා නුඹ ගැන මතකේ

පායා සැඟවෙන සඳ රැයෙහි
වැටුණා වූ දෙනෙතේ උණු කඳුළ
ඉහිරි ගියා හද මා දමා මතකෙන්
මවා නුඹේ ළය මඬලේ

ලැබුණා වූ නව මොහොතක තනි පපුවේ
ලැබුණා වූ සෙනෙහස මා මතකේ
කියමි මෙසේ ළතැවුල් වසා
මා එනවා බලන්න මගේ මැණිකේ

ගේය පද - රුවන් කුමාර මැද්දගේ
සංගීතය - ධම්මික එදුස්සුරිය

ගීතය රස විඳින්න

www. http://netcd.lakderana.com/suwandakekulu/32/
DuraEtha.mp3

දුවේ නුඹේ නෙතු

දුවේ නුඹේ නෙතු තෙමන කඳුළම
ඇගේ නෙතු අග මමත් දුටුවා එදා
නුඹ උපන් දවසේ
සෙනෙහෙ දිය කඳ නුඹට දුන් සඳ
ඒ නුඹේ අම්මා

මගේ ඇස් ළඟ පිපුණු සියපත
ලොවේ අනගිම පදවි ලැබුවා මෙදා
කිරි සිනා ළඟ ලෙය කිරට හැරෙනා
අද නුඹයි අම්මා
මගේ දුවේ අද නුඹයි අම්මා

සෙනෙහෙ කිරුළක් හිත මතට කැන්දා
පියුම් කැකුළක් මා දෝතේ රන්දා
සිනා සලනා නුඹේ නෙතු ළඟ
සිතින් හිනැහෙන තාත්තා මම
රකිමි දෝතින් බදා ඒ මල් කැකුළ සැමදා

ගේය පද - සංජීවනී දහනායක
සංගීතය - ධම්මික එදුස්සූරිය

ගීතය රස විඳින්න

www. http://netcd.lakderana.com/suwandakekulu/32/DuweNumba.mp3

වීණාවේ

වීණාවේ
අදවත් මට මවා දියන්
පෙම් තනුවක් කඳුළු මුසු නොවූ

පතිකුලයට ඇය වඩිනා
සොඳුරු මොහොත අරඹන්නට
වීණාවේ
අදවත් මට මවා දියන්
පෙම් තනුවක් කඳුළු මුසු නොවූ

මතකයේ සුවඳයි අදටත්
ඇගේ නමින් නොපිපුණු මල
වීණාවේ
අදත් ඉතිං මවනු එපා
පෙම් තනු ඒ කඳුළු මුසු කෙරූ

ගේය පද - සහන් මෙත්සර
සංගීතය - ධම්මික එදුස්සුරිය

ගීතය රස විඳින්න
http://netcd.lakderana.com/suwandakekulu/32/
Veenawe.mp3

සුවඳ දුන්නු ආදරේ

පි-සුවඳ දුන්නු ආදරේ තවම මා ළඟයි
සිත පැතුමන් පිබිදුවේ සොඳුර නුඹේ නෙතයි

ගැ-ඒ දෙනුවන් නැවතුණේ නුඹේ දැහැනේමයි
එනමුත් මේ දෛවයදෝ සිතම අද දවයි

පි-වීණාවේ සත්සර මැද අපි තනිවූ දා
පැතුවා සසරේ ළංවී ඉන්නට සැමදා

ගැ-පියාඹන්න සමනලියක් විලසින් නුඹ හා
සිතුවත් අද තටු සිඳ ගත් සමනලියකි මා

පි-තටු සිඳගත් දා නුඹ මගෙ හදවත සැලුණා
එනමුත් පිදූ සෙනෙහස නුඹ අසළම රැඳුණා

ගැ-ආදරයේ අරුත මගේ හදටම දැනුණා
දෙව් විමනෙන් නුඹ ආවාදෝ මට හිතුණා

සහය ගායනය - සෂිකා සිරිමාලි
ගේය පද - ලක්මි ප්‍රභා රත්නායක
සංගීතය - ධම්මික එදුස්සූරිය

ගීතය රස විඳින්න

www. http://netcd.lakderana.com/suwandakekulu/32/SuwanndhaDunnu.mp3

හිතේ දුකට

හිතේ දුකට හුදෙකලාව ඔසුවක් නම්
මේ විදිහට හැමදාමත් තනි වෙන්නම්
සඳ එළියත් උඩු මහලට විතරක් නම්
කණාමැදිරි එළියෙන් මං සැනසෙන්නම්

විසුල අහස යට සුසුමන් දිය වේ නම්
ආත්මයට හුදෙකලාව පේ වෙන්නම්
තවත් පාට දේදුණු හිත පාරයි නම්
හිතේ තරහවක් නැහැ පිට වී යන්නම්

දෙලොවක් අතරේ හිඳ දුක් විඳිනවා නම්
ඔය ලෝකෙන් සඳහට මම සමුගන්නම්
අකල් වැස්සේ ඉඳ හිට හෝ තෙමෙනවා නම්
මම යන්නම් සතුටෙන් ඔබ ඉන්නවා නම්

ගේය පද - කෞෂි දිසානායක
සංගීතය - ධම්මික එදුස්සූරිය

ගීතය රස විඳින්න

www. http://netcd.lakderana.com/suwandakekulu/32/Hudekalaawa.mp3

සිත අද්දර

සිත අද්දර පෙමක් බැඳුණු ඔබ අහිංසකයි
ළඳුනේ එය දැනුණේ ඔබ හැඳින ගත් පසුයි
මා සිතන්නේ මගේ සිත දැන් ඔබට ගැති බවයි
මගේ ආදරේ දෙන්නේ දැන් ඔබේ නමටමයි

මෙරක් සේම නොසැලෙමි ළඟ සිටින විට ඔයා
මම ආදරේ ඔබේ ගති ගුණ වලටමයි දයා
අහිංසක හදින් ඔබේ ගුණ මහිමෙ පුද නියා
රැකගෙන සිටියට ළඳුනේ හද පතුලේ තියා

රත්තරං වගේ දිළිසෙන ඇඟිලි තුඩු දිහා
බලාන සිටියා දවසක් නොදැක නොදැනුණා
ඉමිහිරි දෑ ආදරේ ගැන කියා දුන් ඔයා
ඇයි කුමරියේ නොකිවුවේ මට ආදරෙයි කියා

ගේය පද - රංජිත් පීරිස්
සංගීතය - ධම්මික එදුස්සූරිය

ගීතය රස විඳින්න

www. http://netcd.lakderana.com/suwandakekulu/32/SithaAddara.mp3

උදා හිරු කිරණ

උදා හිරු කිරණ ගෙන
මගට එන මටත් පෙර
නැතිව බස් නැවතුණේ
හද අසයි නුඹ කවුද

වට කරන් රන් මලු තුනක්
ජීවිතය සේ රකින
මිල නොකළ සමරුදෝ
විමතියකි මහද වෙත

සම්පතින් නොඅඩු දෑය
මේ ලෙසින් තනි වෙන්න
කළකිරුණි දෝ නැතිදෝ
නෑ සියන් හද බැඳුණ

ගේය පද - නයනේත්‍රි කපුරුසිංහ
සංගීතය - ධම්මික එදුස්සූරිය

ගීතය රස විඳින්න

www. http://netcd.lakderana.com/suwandakekulu/32/UdaaHiruKirana.mp3

සඳ වෙත නඩුවක්

සඳ වෙත නඩුවක් පවරමි මම හෙට
සඳු වෙනුවෙන් හැඬූ අය ගෙන සහයට
තරු ආවොත් එම සඳු ගැන ඇපයට
පවරමි මම නඩු සඳ තරු වටකොට

මුවා වේවි සන වලාකුලක් යට
පෑව හොරෙන් යස ආල හැඟුම් මට
එපා කියා මා දෑමුවද තිර පට
සඳ රැස් ඇවිදින් එතුණා මා වට

මටත් හොරෙන් මගෙ සිත ගෙන හෙමිහිට
ආල හැඟුම් දැන් තරු හා තරඟෙට
සඳ ඉල්ලා දැන් හඬනා නෙතු හට
කුමක් කියන්නෙද සඳ තරු ළඟ කොට

ගේය පද - රසී පෙරේරා
සංගීතය - ධම්මික එදුස්සූරිය

ගීතය රස විඳින්න

www. http://netcd.lakderana.com/suwandakekulu/32/
SandhaWethaNaduwak.mp3

දිළිඳු පැලක

දිළිඳු පැලක ඇති රන් කහවනු මිණි
සෙව්වද කිසිදාකදි ලදුනේ
නිකළැල් පතිවත පමණයි පැතුවේ
එය ඔබමයි ඔබමයි දන්නේ

යශෝදරා සේ සෙවනැල්ලක් වී
දුක සැප දෙකෙහිම හිඳිමු කියා
පැතු පැතුම් අද ඇයි බොඳ කෙරුවේ
වරදක් නොකළෙමි මං කිසිදා

උරේ පලා ලේ බොන්නට දුන් ඒ
රැජිනක් පතිවත බින්දා නම්
අද දවසෙත් ඇත එදවස වාගේ
චපල ගතැති අඟනන් එමටා

ගේය පද - හර්ෂනාත් කාංචන
සංගීතය - ධම්මික එදුස්සුරිය

ගීතය රස විඳින්න

www. http://netcd.lakderana.com/suwandakekulu/32/
DilinduPelaka.mp3

උදුල පුර සඳ

උදුල පුර සඳ සේම පැහැසර
ප්‍රේමයම මනරම්
දනිමි හැඳින්නෙමි සුවය විඳගමි
ප්‍රේමයම මනකල්

මුදාහල සුරතින්
ළඟා කළ හසකැන්
මගෙන් මිස මට කිසිත් නොපතන
ප්‍රේමයම මනරම්

විදාහල සෙනෙහස්
නිවා හල සරතැස්
නිරාමිස සුව ගෙනෙන සැනසුම්
ප්‍රේමයම මනකල්

ගේය පද - සංජීවනී දහනායක
සංගීතය - ධම්මික එදුස්සූරිය

ගීතය රස විඳින්න

www. http://netcd.lakderana.com/suwandakekulu/32/UdulaPuraSandha.mp3

හැරදා සිනාවන්

හැරදා සිනාවන් සුළඟේ පාවී
ඔබ නෑසූ මගේ ඒ ආදරේ
පිවිතුරුයි සොඳුරුයි මලක් වගෙයි
කොහේදෝ පැතූ ආදරේ

දෑසින් කියූ ඒ ඔබගේ සෙනේ අද
ඈතින් සුළං හා පැටලී ගියා
මල්වන් සිනාවන් කොහේදෝ ගියේ

නොකියූ කතාවන් තවමත් මා සිතේ
රැඳි සිතුවිලි ඔබ හට කියමි
ගීයක් කර ඔබ වෙත එවමි

ගේය පද - කෙවින් යාන් ජල්ඩීන්
සංගීතය - ධම්මික එදුස්සූරිය

ගීතය රස විඳින්න

www. http://netcd.lakderana.com/suwandakekulu/32/HeradaaSinaawan.mp3

නුඹ කොහේද දුයිෂේන්

නුඹ කොහේද දුයිෂේන්
පොප්ලර් ගස් නැති ටියුෂන් අයිලේ
සල්පිල් වල බඩු විකුණන තාලෙන්
ශිල්ප බෙදන ටියුෂන් කඩ අතරේ

රුපියල් අද්දර ගත නැවිලා
සඳ අල්ලන්නට පොරකන තරගේ
තාප්ප වල ගස් කනු වල
බැබළෙන නම් ගම් අතරේ
නුඹ කොහේද දුයිෂේන්

විච්චූර්ණ ඇඳුම් ඇඳන්
අල්පිනායිලා යන මඟ තොට අතරේ
ගොදුරු සොයන වන සතුන්
මාන බලයි ඩැහැ ගන්නට
නුඹ කොහේද දුයිෂේන්

ගේය පද - ජනිත් විතාරණගේ
සංගීතය - ධම්මික එදුස්සුරිය

ගීතය රස විඳින්න

www. http://netcd.lakderana.com/suwandakekulu/32/NumbaKoheda.mp3

සේල පටයි මුතු දෙපටයි

සේල පටයි මුතු දෙපොටයි අරගෙන ආවේ
මගේ පැලට නුඹ කැන්දන් එන්න දයාවේ
ආල සිතින් බහ දුන්නා මතකද කෙල්ලේ
ඒ සෙනෙහස නුඹ ළඟ දැන් නැතුවා වාගේ

ඉද්ද සමන් දෙවැට දිගේ හිනැහෙන යාමේ
තගේ වැට අද්දර හොරෙන් හොරෙන් ඇයි ඉඟි පෑවේ
ආල පිරුණු හිතක් අරන් මාත් හිදින්නේ
අනේ මාලතියේ ඇයි නුඹ අද ඈතක යන්නේ

පැලට මගේ නැතේ වාසි අඟ හිඟ බෝලු
අනේ ඒ හින්දා නුඹ අද වෙනතක යනවාලු
මගේ පැලට කිසිදා යළි නෑ නුඹ එන්නේ
අනේ මේ මුතු පොටවත් අද දින අරගෙන යන්නේ

ගේය පද - ලක්මි ප්‍රහා රත්නායක
සංගීතය - ධම්මික එදුස්සූරිය

ගීතය රස විඳින්න

www. http://netcd.lakderana.com/suwandakekulu/32/
SelaPatayi.mp3

හිරු අවරට

හිරු අවරට ඇදෙනා
සැන්දෑ අහස පාමුල
රතු පාට හැන්දෑවේ
ගං ඉවුරේ අපි හිටියේ
උණ පඳුරේ සිලි සිලියේ
ගං දියේ නිසල බව
විටෙක ආ කුරුවියෙක්
සැනෙකින් බිඳින විට

නා දෙතොල් පෙති හඬා
සුදු මුදුව සිනා සී
නෙත් කොනින් බැලුම් ලා
මාහද කැළඹූ අයුරු
එදා ඉන් පසු යළිත්
හමුවෙලා දහස් වර
මගේ සිත තුළ රැඳී
ප්‍රේමයෙන් වෙලුණ හැටි

ඒ ගඟම ඒ ගසම
සෙවණ දුන්නාට පසු
කෝ කොහිද නා දෙතොල්
සැඟවිලා ගං දියේ
ඉර ඇදෙන සැඳෑවේ
ලස්සනක් ගෙනාවත්
මගේ හිතම දුක්බරයි
කෝ කොහිද ආදරය

ගේය පද - සුභාෂිනි ගුණවර්ධන
සංගීතය - ආනන්ද වෛද්‍යසේකර

ගීතය රස විඳින්න

www. http://netcd.lakderana.com/piniwessawage/32/HiruAwarata.mp3

පවස සනහන

පවස සනහන දිය සෙවු මට
සයුරු තෙර ඇයි හමුවුණේ
සිසිල ගෙන දෙන තුරු පැතූ මට
දැවෙන කතරයි හිමි වුණේ

බිඳුණු සෙනෙහස යලි නොඑන වග
කිසිම දින නැහැ වැටහුණේ
ඇගේ ප්‍රේමය නමින් මැකුණා
හදේ ආදර යෞවනේ

මතක සටහන් ගිලිහිලා
සිතක පැතුමන් බොඳ වී ගියේ
එදා මෙන් හුදෙකලාවේ දුක
දරා ගන්නම් මිහිරියේ

ගේය පද - ප්‍රදීප් නන්දලාල්
සංගීතය - ආනන්ද වෛද්‍යසේකර

ගීතය රස විදින්න

www. http://netcd.lakderana.com/piniwessawage/32/
PawasaSanahana.mp3

ළඟ පාත නැතුවාට

ළඟ පාත නැතුවාට
මතක සිත ළඟ තාම
දවස තුන් තිස් පැයේ
නුඹ හිඳී හැමදාම

මිහිරි සමනල් යුගය
ගෙවී බොහෝ කල් නමුදු
සිත තුරුණු ගී ගයයි
නර කෙසක් පෙනුණාට

ලසෝ දුක් තැවුල් මැද
සිනාසෙන ඉඳ හිටෙක
ඒ සිනා මත පිපෙන
එකම මල තමයි නුඹ

ගේය පද - අනුෂා නිලන්තිකා
සංගීතය - ආනන්ද වෛද්‍යසේකර

ගීතය රස විඳින්න

www. http://netcd.lakderana.com/piniwessawage/32/
LangaPaathaNethiwaata.mp3

ඇතැඹුලක් සේ

ඇතැඹුලක් සේ ලද ද සෙනෙහස
කෙටි කලක් රහසින්
ළතැවුලක් වී දවයි මා සිත
දිගු කලක් විරහින්
එක මලක් පිපුණා විගසින්
ඒ මලත් හැලුණා

දෙකොන නෙතුවල දිලෙන්නේ
ප්‍රේමයේ සරදම්
කාට මේ දුක කියන්නේ
නුඹත් නැහැ ළඟ නම්

හිතක ඇයි මල් පිපෙන්නේ
හැලෙන්නට මෙලෙසින්
කවුද සොඳුරුයි කියන්නේ
පෙමක නැහැ සැනසුම්

ගේය පද - ගයාන් සඳරුවන්
සංගීතය - සංගීත් වික්‍රමසිංහ

ගීතය රස විඳින්න
www. http://netcd.lakderana.com/piniwessawage/32/
AthabulakSe.mp3

වෙන් වෙන්න හිතුවාට

වෙන් වෙන්න හිතුවාට අද මේ ලෙසින්
එක් වෙන්න පෙම් පිරුවා අපි එක සිතින්
දුර යන්න ඔබ සිතුවේ ඇයි මේ ලෙසින්
රිදවන්න බැහැ මෙමට පෙම් කළ සිතින්

හැමදාක මා පැතුවේ ඔබේ සැප සිතින්
ඔබ කොහොම දුක් දෙන්නෙ පෙම් කළ සිතින්
ඉවසන්න හැකි වේද ඔබ දෙන රිදුම්
අවසානේ දක්වාම පෙම් කරමි මං

රිදවීම වෙන්වීම ඔබේ සතුට නම්
රිදවන්න වෙන්වෙන්න මා දුක් වුණත්
මියැදෙන්න පණ අදින මොහොතේ වුණත්
ඉල්ලන්නේ මම ඔබගේ සතුටම තවත්

ගේය පද - රසී පෙරේරා
සංගීතය - සංගීත් වික්‍රමසිංහ

ගීතය රස විඳින්න
www. http://netcd.lakderana.com/piniwessawage/32/
WenwennaHithuwaata.mp3

හිත් පවුරු බිඳලුවට

හිත් පවුරු බිඳලුවට
හිතේ තරහක් නැහැ මට
අද හෙටක නාවට කෙදින හෝ
හමුවේවී ඔබ මට

පෙර සසරේ හුරුවට
ගැටුණත් ඔබේ නෙතු මට
වරම් නැත එන්නට
ඔබම හැර දුන් පෙම් දොරෙන් මට

රැක්කත් මෙමා ගොළු වත
දකිමි කවියක ඔබේ හිත
මා වන් තවත් අයෙකුට
දෙන්න බැහැ මේ දුකම කැටිකොට

ගේය පද - ශාන්ති රණසිංහ
සංගීතය - ආනන්ද වෛද්‍යසේකර

ගීතය රස විඳින්න

www. http://netcd.lakderana.com/piniwessawage/32/HithPawuraBindhaluwata.mp3

බලා හිඳිමි

බලා හිඳිමි දුර ඈතක
නෙතු රන්දා මායාවක
මුව සරසා හසරැල්ලක
ඔබ හා මා නෙතු යාකොට

දිලෙන සඳේ හස කැල්මක
රුව සැඟවේ කඳුළැල්ලක
රන් සමනල ඕවිල්ලක
සිත පැටලේ ළතැවිල්ලක

මහ සයුරෙහි පෙණ රැල්ලක
පා කර සුසුමන් සෙනෙහෙක
ලොවම නිදන ඇසිපිල්ලක
එනු මැන මල් දේදුන්නක

ගේය පද - ස්වර්ණා බන්නැහැක
සංගීතය - ආනන්ද වෛද්‍යසේකර

ගීතය රස විඳින්න

www. http://netcd.lakderana.com/piniwessawage/32/BalaaHindhimi.mp3

දස දහසක්

දස දහසක් සිතුවිලි හද රැඳුණා
සිය දහසක් රස කවි වැල් ගෙතුණා
පදවැල් අතරෙහි ඔබේ රුව පෙනුණා
කවියේ අරුතද ඔබමැයි සිතුණා

එක් කවියක ඔබ හිනැහෙනු පෙනුණා
මගේ සුරත ගෙන සැනසෙනු දැනුණා
සොඳුරු පැතුම් සිහිනෙක සිත රැඳුණා
ඔබ මාගේමයි මසිතට හැඟුණා

දුක් බර කවියක ඔබෙ රුව මැකුණා
සිතුවම් කඳුළින් බොඳ වෙනු පෙනුණා
ඔබේ සුරත වෙන දෑතක රැඳුණා
මට පිටුපා නුඹ ඈතට ඇදුණා

ගේය පද - ලක්මි ප්‍රභා රත්නායක
සංගීතය - ආනන්ද වෛද්‍යසේකර

ගීතය රස විඳින්න

www. http://netcd.lakderana.com/piniwessawage/32/DasaDahasak.mp3

රුවන් වැලියට

කඳුළු දිය ඇදලා දුන්නේ රුවන් වැලියට
සුදහ ගින්දර පිච්චුවා හරි හැඩයකට
දැවෙන විඳවන ජීවිතේ නිමවුමක් කර
තැනූ ගඩොලින් ගඩොල බැන්දේ මහා වෙහෙරට

වැසි වැටෙද්දී අත් බැඳන් දෙවියන්ට කිව්වා
කැපූ ගඩොලත් රජුන් වෙනුවෙන් පිදූවා
බුදුන් දැක නිවන් පුර යන්න මං තැනුවා
දෑතේ හයියෙන් ගඩොල් තනමින් උන්නා

තුසිතයෙන් දෙව් බඹුන් ඇවිදින්ම වැන්දා
බුදු පසේ බුදුවරුන් වෙන්න පැතුමන් පැතුවා
දෑතේ සවියෙන් ගඩොල් හයියක්ම කෙරුවා
ආයේ වෙහෙරක් තනනු කවදාද හිතුවා

ගේය පද - දිනිති දීපිකා
සංගීතය - ආනන්ද වෛද්‍යසේකර

ගීතය රස විඳින්න

www. http://netcd.lakderana.com/piniwessawage/32/Ruwanweliyata.mp3

බිවු සිප් කිරි

බිවු සිප් කිරි වල ගුණ සුවඳ
දැනේ තවමත් මට
පිරිපුන් මිනිසෙකු වූ මා ණය ගැති
සදා ලක් මව්නි ඔබට

ලක් මවගේ සිප් සතරින් පෝෂව
ලොව ජයගත් උගතුන් බිහිකළ රට
සතර සිරිත් සුර පුරයක් වූ රට
ඉන්දිය සාගරේ මුතු ඇටයයි
ශ්‍රී ලංකා... ශ්‍රී ලංකා... ශ්‍රී ලංකා...

පාසැල් නිල ඇඳුමෙන් මා හැඩ විය
පොත පත ගුරු හර වලින් නැලවූවා
පෝෂණීය අහරින් කුස පුරවා
පිරිපුන් මිනිසෙකු කළේ ඔබය
ශ්‍රී ලංකා... ශ්‍රී ලංකා... ශ්‍රී ලංකා...

ගුණ නැණ ඔප කළ පාසැල් කාලය
නිම කළ මා ලොව තුළ සැරි සරලා
රටට වැඩක් කළ ගුණ දත් මිනිසෙක්
අගයමි ඔබ සේවය මගේ මවු රට
ශ්‍රී ලංකා... ශ්‍රී ලංකා... ශ්‍රී ලංකා...

ගේය පද - අරුණ ජයවර්ධන
සංගීතය - ආනන්ද වෛද්‍යසේකර

ගීතය රස විඳින්න

www. http://netcd.lakderana.com/piniwessawage/32/BiwuuSipKiri.mp3

පිනි වැස්ස

පිනි වැස්ස වගේ ඇවිදින්
පුබුදන්න නොපිපි හසරැල්
ඔබේ සුවඳ කැවූ සුළඟින්
පිසලන්න ගලන කඳුළැල්

රෑ අහසේ දිලෙන සඳ රන්
මගේ නෙතට ගෙනා සිහිලැල්
ඔබේ සෙනෙහෙ පිරුණු වදනින්
පරවුණා හදෙහි ගිනි දැල්

සිහිනයක් නොකර පැතුමන්
සිත් රහසේ නැඟී හැම කල්
මුළු දිවිය පුරා මිහිරෙන්
විසුරන්න සුවඳ මුතු මල්

ගේය පද - නයෝමි සිරිනාලි නවරත්න
සංගීතය - සංගීත් වික්‍රමසිංහ

ගීතය රස විඳින්න

www. http://netcd.lakderana.com/piniwessawage/32/
PiniWessaWage.mp3

ගී ගෝවින්දේ

පි-ගී ගෝවින්දේ මිහිරි තනුව ඔබ
ප්‍රියංවරී රාධා
ගැ-යොහොඹු විමානේ සොඳුරු මලවි නුඹ
මුරලි දරන ක්‍රිෂ්ණා

පි-පලු පත් අතරේ සිහිල් විමානේ
වසන්ත සමීරයේ
ගැ-අනුරාගී බට ලී හඬ රැව් දේ
මා නිතිනි නැලවේ

පි-සුරලොව මංගල අසිරිය දෝ මේ
පෙම් මදිරා උතුරා
ගැ-තැතිගෙන ඇත හද චංචල වී ඇයි
පා බැඳි මිණි ජාලා

සහය ගායනය - තිළිණි අතුකෝරල
ගේය පද - තිළිණි අතුකෝරල
සංගීතය - සංගීත් වික්‍රමසිංහ

ගීතය රස විඳින්න

www. http://netcd.lakderana.com/piniwessawage/32/GiiGovinde.mp3

නිමක් නැතුව

නිමක් නැතුව අකුරු කෙරූ
පත් ඉරූ ළඟ නැවතිලා
කඳුළු පිරූ සෙනෙහස අද
සිහින අතර තනිවෙලා

අහස තරම් ආදරයට
සොඳුරු කවක් මුමුණලා
ළබැඳි සෙනෙහෙ ඈත ගියා
සතුට සොයා පියඹලා

බිඳුණු මතක පැතුම් මගක
සුසුම් සුවඳ තවරලා
ඉන්නේ කෙලෙස මග බලාන
රිදුම් සිහින ඉවසලා

ගේය පද - සමන් හේවගේ
සංගීතය - ආනන්ද වෛද්‍යසේකර

ගීතය රස විඳින්න

www. http://netcd.lakderana.com/piniwessawage/32/NimakNethiwa.mp3

පාසැල නිම වන

පාසැල නිම වන සීනුව ඇතින් ඇසුණා
කොක්කු රෑන මෙන් දරුවන් දිව එනු පෙණුනා
උන් පිළිගන්නට මව්පියෝ වැට ළඟ රැඳුණා
ඒ වැට ළඟ මටත් ඉන්න ලැබෙයිද සිතුණා

පුතේ කියා දරුවන් අමතන්න ඇති
ඒ සුරතල් දැක මුව හිනැහෙන්න ඇති
ලොවට මුවා වී සිත වැළපෙන්න ඇති
පියෙක් වෙන්න කළ පිං මදි වෙන්න ඇති

සම්පත් ඉසුරු දෙවියනි මා නැත යැද්දේ
සුවිසල් මැඳුරු සැම මා අභියස ඇත්තේ
අඩක් පිරුණු සිත මගෙ නුඹ දැක නැත්තේ
කිරි සිනහව මා හට අහිමිව ඇත්තේ

ගේය පද - ලක්මි ප්‍රභා රත්නායක
සංගීතය - ධම්මික එදුස්සුරිය

ගීතය රස විඳින්න

www. http://netcd.lakderana.com/piniwessawage/32/PaaselaNimaawii.mp3

පින්න මලක්

පින්න මලක් පිපිලා හැන්දෑවේ
බෝවිටියා ලන්දේ
ගන්න හිතක් නැහැ දෙනුවන් ඉවතට
ලෝභ හිතෙන රුව බෝම අගේ
කෝළ කමට දෙනුවන් රතු වෙද්දී
මෝදු වුණා පෙම් සිත රහසේ
යන්න හිතක් නැහැ සිදාදියට යළි
සින්න වුණා හදවත මාගේ

උදුවප් සීතල රහස් කියද්දී
රටා මවන්නම් පන් පැදුරේ
වෑ කන්දට සඳ පායන ලස්සන
බලන්න එනවද හැන්දෑවේ
නා දලු දෙතොලේ මොළකැටි උණුහුම
කෝඩුකාර පෙම් සිතට දැනේ
ගෝමර ගෙළ වට මාල පලන්දන
නැකත ළඟයි එන දුරුතු මහේ

බණ්ඩි ගොයම කිරි වැදී පැසෙද්දී
තනියට ඉඳපන් සඳ පානේ
ඕනෙ පදම් කවි කතා කියන්නම්
සීතට ගුලි වී රෑ යාමේ
දණ්ඩි පැටවු වක්කඩේ නටද්දී
එනවද නාන්න සීත දොළේ
කන්ද උඩින් හිරු එබී බලද්දී
අවදි වෙයන් හෙට හිමිදිරියේ

ගේය පද - එරංග පාලිතරත්න
සංගීතය - රොහාන් ජයවර්ධන

ගීතය සහ රූප රචනය රස විඳින්න

www. http://netcd.lakderana.com/piniwessawage/32/PinnaMalak.mp3

https://www.youtube.com/watch?v=ihuii4F77Ww

මුණු පොතට

මුණු පොතට නෙත් සිරකර
සිත රැයක් නිදි වර වර
නුඹ එනතුරු බලා සිටි මගේ සිත් ගත්තී
කවි කම් මැවෙනා හද වෙත
මැවෙනවා නෙක සිතුවිලි පොද
තවමත් නුඹ කිමද නාවේ මගේ සඳ රාජිනී

මටම හොරෙන් ඇවිත් නිබඳ
සිතුවිලි තෙර සරණා විට
සෙනෙහෙ පුරන නුඹේ නෙතඟට සිහින මවද්දී
කිමද ගියේ හනි හනිකට
ඇයිද පමා යළි එන්නට
හෙටවත් නුඹ ඇවිත් යන්න හීන මවන්නී

නොසිතු විලස නොපැතු ලෙසට
ලංවී නුඹ මගෙ හද වෙත
දෝරේ ගලන පෙම් සිතුවිලි මවෙත පුදද්දී
පුදන්න බැරි මගේ හදවත
ඉපදුණාට පෙම් සිතුවිලි
මෙතැනම ඉමු මුණු පොතෙන් බලා ඉඟි බිඟි

ගේය පද - ලක්මාල් ජයසිංහ
සංගීතය - රොහාන් ජයවර්ධන

ගීතය රස විඳින්න
www. http://netcd.lakderana.com/piniwessawage/32/
MuunuPothin.mp3

නොයිඳුල් මලකට

නොයිඳුල් මලකට පෙම් බැඳිදා සිට
ඉගිල ගියා දස අත හැරුණූ
මනරම් රුවකින් අග තැන් වුවත්
දැනගනු බැරි යටි සිත කරුණූ

රුවට තිබුණූ මල ලොවට පෙනෙන්නද
මල හිනැහී විකසිත වෙන්නේ
ඒ හින්දාමද ලොවේ බඹර කැළ
රොන් ගෙන යන තුරු නිහඩ වුණේ

මලකින් මලකට නොයන කුමර බිඟු
එකම සිතකි මේ පෙම් බැන්දේ
මල තේරුම්ගනු නොහැකිව ළතැවී
බිඟු නෑ මල ළඟ ඉකිබින්දේ

ගේය පද - නිමල් එස්. පෙරේරා
සංගීතය - ආනන්ද වෛද්‍යසේකර

ගීතය රස විඳින්න

www. http://netcd.lakderana.com/pilakwage/32/
NoindulMalakata.mp3

කුසුම් පවනට

කුසුම් පවනට වෙලී
නැලවෙන වසන්තය ළඟ
මිලින වුණ එකම
වන පස මලයි ප්‍රේමය

නිතින් සුවහස් පැතු
මන්දිර සෙවණ දෙන
හිතින් ගිලිහී වැටුණු
අරුමය බැඳුණු අත්වැල

ළඟින් හසකැන් පාන
සිත්තම පෙම් සාරවත
දුරින් දුරකට ලිහී විසුරුණි
සංසාර බන්ධන

ගේය පද - දිනිති දීපිකා
සංගීතය - ආනන්ද වෛද්‍යසේකර

ගීතය රස විඳින්න

www. http://netcd.lakderana.com/pilakwage/32/KusumPawanata.mp3

පිලක් වගේ

පිලක් වගේ ලස්සන ඇස් තෙත් කරන්
බලා ඉන්නේ මගේ දිහා ද රත්තරන්
ලොවක් දිනිය හැකි ආදරේ ඉස්තරම්
මටත් හොරෙන් කවුරුන් හෝ අරන් ගිහින්

දුරක් යන්න සිතුවේ මම නුඹ අරන්
බලා ඉද්දි ඔබ මා දෙස නෙතු ඇරන්
මටත් නොදැන හීන අහුරු ගිනි අරන්
තවත් බලා මක්කරන්ද රත්තරන්

නුඹට තමා මගේ ආදරේ ඇති තරම්
ලියා දෙන්න මට පුළුවන් ලේ වලින්
මියෙන තුරුම මගේ හුස්ම තද කරන්
ඔය නෙතු මත මා හිඳී ද රත්තරන්

ගේය පද - රසී පෙරේරා
සංගීතය - ආනන්ද වෛද්‍යසේකර

ගීතය රස විඳින්න

www. http://netcd.lakderana.com/pilakwage/32/PilakWage.mp3

අසන්න මට

අසන්න මට තව ඔබේ මුදු වදන්
කියන්න මුමුණා දෙතොල් අගින්
ප්‍රේම අසපුවේ උපුල් තලාවේ
අසා සිටින්නම් ඔබේ නමින්

ඇවිද ගිය මග පවුරු බැඳුණත්
අපේ පෙර මග ඇහිරිලා
සෙනෙහසේ ගඟ ගලා ඇවිදින්
පවුරු දෙදරා ඉරි තලා

අහස ඉර හඳ පවතිනා තුරු
ඔබේ ළඟ මා නැවතිලා
සසර සරණා තුරුම සැනසෙම්
අපි අපේ ලොව හමුවෙලා

ගේය පද - නිමල් එස්. පෙරේරා
සංගීතය - ආනන්ද වෛද්‍යසේකර

ගීතය රස විඳින්න
www. http://netcd.lakderana.com/pilakwage/32/
AsannaMata.mp3

මගේ සෙනෙහස

මගේ සෙනෙහස මැන බලන්නට
අවැසි අවසන් සුසුම නම්
මා නමින් බැඳි අමු සොහොන් කොත
දෙව් ලොවක් සේ දකිමි මං

මගෙම කවියෙන් මගේ සොහොන් කොත
ඔප දමා සැරසිලි කරන්
නුඹ නොදන්නා සේ කිසිත් නොදොඩා
මළගමට නැවිත් හිඳින්

ලොවෙන් මා දුර ගොසින් ඇති බව
ඇසුණු සැටියෙන් නෙත් තෙමන්
දරාගනු බැරි වියෝවක් විලසා
මගේ මළගම මග හරින්

ගේය පද - ගයාන් සඳරුවන්
සංගීතය - සංගීත් වික්‍රමසිංහ

ගීතය රස විඳින්න

http://netcd.lakderana.com/pilakwage/32/
MageSenehasa.mp3

අළු පාට හැන්දෑව

අළු පාට වළාකුළු සෙමෙන් පෙළ ගැසෙනවා
හන්තානේ කඳු පෙළම අඳුරකින් වැසෙනවා
සිරි පොදය බිඳෙන් බිඳ විත් කඩා හැලෙනවා
සරසවියේ බිම පුරා නැවුම් සිරි ගෙනෙනවා

මහවැලියේ දිය කඳම සිරි පොදින් තෙමෙනවා
බොර පැහැති දිය දහර නෙක රටා මවනවා
මගේ හිතේ ඔබේ රුව ඒ තුළින් මැවෙනවා

පෙර දිනෙක අත් බැඳන් ඇවිද ගිය මේ බිමේ
ඇවිද යන්නට නොහැක මතක ඇත හිත් කොනේ
සමුගන්න සිතුවාට ඉඩක් ඇත මගේ හදේ

හන්තාන කඳු අදත් එදා ලෙස තියෙනවා
මහවැලිය පෙර ලෙසම තව ගලා බසිනවා
සරසවියේ බිම පුරා නුඹේ රුව ඇඳෙනවා
මට අහිමි මගේ සිත තවම ඉකි බිඳිනවා

ගේය පද - සුභාෂිණී ගුණවර්ධන
සංගීතය - ආනන්ද වෛද්‍යසේකර

ගීතය රස විඳින්න

www. http://netcd.lakderana.com/pilakwage/32/AlupaataHendewa.mp3

කඳුළු දිය
(රුවන් වැලියට)

කඳුළු දිය අනලා දුන්නේ රුවන් වැලියට
සුදහ ගින්දර පිච්චුවා හරි හැඩයකට
දැවෙන විදවන ජීවිතේ නිමවුමක් කර
තැනු ගඩොලින් ගඩොල බැන්දේ මහා වෙහෙරට

වැසි වැටෙද්දී අත් බැඳන් දෙවියන්ට කිවුවා
කැපු ගඩොලත් රජුන් වෙනුවෙන් පිදුවා
බුදුන් දැක නිවන් පුර යන්න මං තැනුවා
දෑතේ හයියෙන් ගඩොල් තනමින් උන්නා

තුසිතයෙන් දෙව් බඹුන් ඇවිදින්ම වැන්දා
බුදු පසේ බුදුවරුන් වෙන්න පැතුමන් පැතුවා
දෑතේ සවියෙන් ගඩොල් හයියක්ම කෙරුවා
ආයේ වෙහෙරක් තනනු කවදාද හිතුවා

ගේය පද - දිනිති දීපිකා
සංගීතය - ආනන්ද වෛද්‍යසේකර

ගීතය රස විඳින්න

www. http://netcd.lakderana.com/pilakwage/32/RuwanWeliyata.mp3

සිතේ සතුට

සිතේ සතුට ඔබමයි මට
සැනසුම අද ලං වෙලා
පිදූව සෙනේ මා හට ඔබ
සිහින අතර සිරවෙලා

ඔබට තරම් ආදරයක්
නැහැ මගේ හද කොඳුරලා
කෙසේ කියම් ගියේ ඇතට
මා ගෙන් ඔබ පියඹලා

මගේ සිතට ඔබේ නෙතට
කිසිදා නෑ මුලා වෙලා
කෙසේ කියම් ඉන්නේ මෙසේ
ජීවත්වී ගොළු වෙලා

ගේය පද - ආනන්ද වෛද්‍යසේකර
සංගීතය - ආනන්ද වෛද්‍යසේකර

ගීතය රස විඳින්න

http://netcd.lakderana.com/pilakwage/32/
SitheSathuta.mp3

රාජිනියේ

පි-රාජිනියේ හසරැල් මැවූ - විරාජිනියේ ළතැවුල් නිවූ
සාගරේ තරමට සෙනෙහස මැවූ මගේ ආදරී
ගැ-ආදරයේ පැහැසර මැවූ - මා දිවියේ සුවඳුක් නැසූ
සාගරේ තරමට සෙනෙහස ගෙන ආ පෙම්බරෝ

පි-ළඟ දැවටෙන විට මුදු සුවඳේ
පෙම් සර මල් දුන් ලියේ
ඔබ රුව දසුනින් සැනසුම විඳිනා
කින්නරා මම පංච කල්‍යාණියේ
ගැ-දුර පෙර සසරේ මා ඔබේම වී
පෙම් සර මුදු හද මා දයාවේ
සෙනෙහස ගෙන ආ කින්නරී මා
ඔබේ සංසාරයේ

පි-නැඹුල් පැතුමින් හද පුරවා ලූ
ලෝභ බැඳි දෙවුලි ආශා දැහැනින්
මා සිත පිනනා ළබැඳියේ ඔබ
සඳා වේවා මගේ ආදරියේ
ගැ-රෑ සඳු සේ මගේ තනිය මකාලූ
සුර රැඳි ඔබේ හද සැනසුම දුන්නා
හිනැහී උන්නා කුමරුනේ මා
සඳා වේවා ඔබේ

සහය ගායනය - ලලිතා ජයසිංහ
ගේය පද - රුවන් කුමාර මැද්දගේ
සංගීතය - ආනන්ද වෛද්‍යසේකර

ගීතය රස විඳින්න

www. http://netcd.lakderana.com/pilakwage/32/Raajaniye.mp3

ජීවිතේ

ජීවිතේ ගං තලේ
කඳුළු වැල් තැනේ
ඔබ ඒ ඉවුරේ මා මේ ඉවුරේ
දිය පිසිනා පවනේ
මා සෙනෙහස එව්වේ

ඇසේ තෙතම රිදුමකට හැරෙන්නේ
හමන සුළඟ සුවපත්ම කරන්න
එවන් සොඳුරු හඬ ඇසෙන විටදි මං
මටත් අහිමි වන්නේ
නුඹේ නමින් යළි උපදින්නේ

පෙරුම් පුරා හමුවෙන්න හිතක් නැති
උනුයි අපියි සෙනෙහස් දිය සුරකින්නේ
දෙගොඩ තලා හසරැල් ගෙන දා නැති මුත්
පතුල පෙනී යහමින්
කඳුළැල් එන දා ළඟම රැඳෙන්නේ

ගේය පද - දිනිති දීපිකා
සංගීතය - ආනන්ද වෛද්‍යසේකර

ගීතය රස විඳින්න
http://netcd.lakderana.com/pilakwage/32/
Jeevithe.mp3

සරණාගතයෝ

සරණ සොයායන්නේ - නවෝදයක් සොයන්නයි
ඉපදුණු බිමේ දුක් කඳුළැලි - කරුමය පිටු දකින්නයි
ළසෝ තැවුල් පසෙකට කර - නිවහන් ඉදි කරන්නයි
ළමා ළපටියන් සමගින් - යහ දිවියක් පතන්නයි

අපේ සාගිනි කඳුළු මතින් - කිරුළු තනා ගන්නෝ
මුසා බසින් නිගා දෙමින් - නොමිනිස්කම් කරන්නෝ
කතරේ වාලුකාවන් මැද - දරු සිරගත කරන්නෝ
නාවුරු දීප තුළ - අප තනිකරන්නෝ

සරණාගත කිසිවෙකුටත් - අපේ ඉරණම නොම වේවා
නීතිය නොව මිනිස් ලොවේ - යුක්තිය රජ කෙරේවා
සරණ සොයා යන්නන් හට - පිළිසරණය ලැබේවා
නැති වුණු මිනිස්කම - ලොව යළි ඉපදේවා

ගේය පද - ආචාර්ය ලයනල් බෝපගේ
සංගීතය - සංගීත් වික්‍රමසිංහ

ගීතය රස විඳින්න

www. http://netcd.lakderana.com/pilakwage/32/Saranaagathayo.mp3

බසින විට සඳ විල් දියට

බසින විට සඳ විල් දියට
තරුත් එනවා නාන්නට
කුමුදු කුසුමන් බලන්නට
ආවේ හෙසඳුන් කල්පනාවට

හැරි හැරී නැමෙන සුළඟට
හරි හරියේ රැළි නටන කොට
පද වෙලා කවි ලියෙන කොට
පෙති යටක හිත සීරුවට

දැනෙන තනිකම මකා ගන්නට
අකුරු තුරුළුව ළඟට ගත්තට
හිතින් අවසර නිදා ගන්නට
හෙටත් ගීයක් ඇත ගයන්නට

ගේය පද - දිනිති දීපිකා
සංගීතය - ආනන්ද වෛද්‍යසේකර

ගීතය රස විඳින්න

www. http://netcd.lakderana.com/pilakwage/32/BasinaWita.mp3

සමුදෙන්න

සමුදෙන්න සමුගන්න
තව එක වතාවක්
දුක දැනෙන මතකය ළඟින්
වැළපෙන්න ඉඩදෙන්න
පෙර සේම කොඳුරා
මට අහිමි සෙනෙහේ නමින්

රෑ අහසේ සඳ සිසිලේ
හිම වැටෙන සිහිනේ
මද සුළඟේ පාවී ගියේ
සුසුමකට ළං වෙන්න
දුක දරා වෙන් වෙන්න
නුඹ අහිමි මතකේ අගින්

මතුදාක යළි ආයේ
කඳුලකට දුක කියන්
මා එන්නේ පැතුමන් අරන්
පිළිගන්න පෙර සේම
සෙනෙහසේ හද පුරා
මා රැදෙමි සසරේ පෙමින්

ගේය පද - සමන් හේවගේ
සංගීතය - රෝහාන් ජයවර්ධන

ගීතය රස විඳින්න
www. http://netcd.lakderana.com/pilakwage/32/
Samudenna.mp3

දුර අත්තක

දුර අත්තක පිපි නා මලක් වගේ
සඳ නැති අහසට තරු වැලක් වගේ
දෑතේ දුර ළඟ නැතත් මගේ සිත
රැඳී එක සිහිනය නුඹයි ළඳේ

රෑ සිහිනෙත් නුඹ සිටියාදෝ
පියඹා මා තුරුළට වීදෝ
ලොව දැක රහසේ සැඟවී යනමුත්
සිත රැඳුණේ මා ළඟ නේදෝ
ලොවට හොරා අපි අපේ වීදෝ

පෙර භවයෙත් හමුවුවාදෝ
ආදරයෙන් සිත් බැඳුණාදෝ
අන්සතු දෙහදක බැඳි රැකවල් බිඳ
රහසේ නුඹ මා ළංවීදෝ
මතු සසරෙත් අපි හමුවේදෝ

ගේය පද - ලක්මි ප්‍රභා රත්නායක
සංගීතය - ධම්මික එදුස්සූරිය

ගීතය රස විඳින්න

www. http://netcd.lakderana.com/pilakwage/32/DuraAththaka.mp3

සිත පුරාම

සිත පුරාම ඔබේ මතක
සරදම් කර හැම වෙලේම
මගේ පාළු ලෝකෙට ඇයි
මේ තරම් අවහිර කළේම
කාලය දුර ගිහිල්ලා
මට කඳුළම ගෙනල්ලා

හීන මැදින් නුඹේ හිනා
ඉඟි කරමින් මට ඔච්චම්
පෑව සොඳුරු සෙනෙහස ළඟ
හිත මගේ නැහැ අවනත නම්
කාලය දුර ගිහිල්ලා
මට කඳුළම ගෙනල්ලා

කොහේ වුණත් හැමදාමත්
නුඹ සතුටින් හිනැහේ නම්
මගේ රිදුණ බිදුණ සිතේ
තරහක් නෑ කවදත්
කාලය දුර ගිහිල්ලා
මට කඳුළම ගෙනල්ලා

ගේය පද - අනුෂා නිලන්තිකා
සංගීතය - ආනන්ද වෛද්‍යසේකර

ගීතය රස විදින්න

www. http://netcd.lakderana.com/pilakwage/32/
SithaPuraama.mp3

පිපෙන පිපෙන මල්

පිපෙන පිපෙන මල් දරන්න ගහකට කෝ ඉඩක්
පොකුරු පොකුරු බිම හැලුණත් නැද්ද ලස්සනක්
සතුට කියලා අපි කියන්නේ දුකට තව නමක්
ආදරයක මිහිර දන්නේ බිඳුණු හදවතක්

ලස්සනයි කියා කියන්නේ හීන පිරි රැයක්
හීනයේ සුවය විඳින්න බැහැ සැබෑ වුණොත්
ඉටු නොවූ පැතුම් පුදන්නේ මිහිර මතකයක්
ලුහුබඳින්න කැමති නැද්ද එහෙම හීනයක්

කඳුළු එනතුරා නොවේද හිනැහුණේ මෙතෙක්
හිනා නැගෙන තුරු හඬන්න මෙන්න මාවතක්
පවතිනා දෙයක් නොමැති තත්පරෙන් එකක්
තුන් ලොවෙන් සොයා ගෙනෙන්න නොබිඳෙනා සිතක්

ගේය පද - නාරද විජේසූරිය
සංගීතය - ආනන්ද වෛද්‍යසේකර

ගීතය රස විඳින්න

www. http://netcd.lakderana.com/pilakwage/32/PipenaPipena.mp3

ආදර සටනින්
(ගණිත ගැටලුව)

ආදර සටනින් මාලය කැඩුණා
මුතු ඇට සැම තැන විසිරුණා
මුතු ඇට කීයක් වීදෝ මාලේ
හයකුයි දැන් ඉතිරිව ඇත්තේ

තුනෙන් එකක් ගෙයි මුල්ලේ
පහෙන් එකක් ඇඳ මත්තේ
හයෙන් එකක් ඈ හොයා ගති
දහයෙන් එකකියි ඔහුගේ අතේ

තුනෙන් එකක් වෙන්නේ දහයයි
පහෙන් එක හයයි හයෙන් එක පහයි
දහයෙන් එක තුන ඉතිරි හයයි
මාලේ මුතු ඇට තිහක් තියෙයි

ආදර සටනද නිමා වුණා
මුතු ඇට එකිනෙක ඇමිනුණා
ආදර මාලේ ගෙල වට බැඳුණා
මුතු සිනහා යළි උදා වුණා

ගේය පද - ආචාර්ය වික්‍රම්ප්‍රිය පෙරේරා
සංගීතය - සංගීත් වික්‍රමසිංහ

ගීතය රස විඳින්න

www. http://netcd.lakderana.com/dururatawalaapi/32/AadaraSatana.mp3

අපේම ජාතිය

අපේම ජාතිය දෙකට කඩන්නට
පාර කපන්නේ අපි අපිමයි
ආගම් හින්දා බේද පුරන්නට
රැකුල් බඳින්නේ අපි අපිමයි

උඩරට යටරට කියා බෙදාලා
උගත් කමින් නුගතුන් බෙදාලා
ගොවි කම ඈ නෙක කුල බෙදිලා
අපි අපේම මිනිසුන් ගරහයි

ගිලනුන් දුප්පත් මහළු සත හට
තමා ළඟ ඇති දේ දනට බෙදා
සොබා දහමේ දෙව්ඳුන් සැමදා
මවලා බෙදනා දහමේ

ක්‍රෝධ මෝහ රාගයෙන් වෙලිලා
තන්හා පස් පවු වල ගැලිලා
ලොව සැම තැන අපි සිංහලයෝ
සතර අතට අද ඇත බෙදිලා

ගේය පද - නලින් ජයවර්ධන
සංගීතය - සංගීත් වික්‍රමසිංහ

ගීතය රස විඳින්න

www. http://netcd.lakderana.com/dururatawalaapi/32/ApemaJaathiya.mp3

වන්දේ මරියා

වන්දේ මරියා උත්තමවූ මාතා
මරියා උත්තම මාතා
මරියා උත්තම මාතා
වන්දේ වන්දේ දෙවියෝ
දෙවියෝ ඔබ වෙතයි

සියළු මව්වරුන් අතරේ
ඔබවේ වර ලැබූ මාතා
ඔබගේ දරු ගැබවේ ලෝකේ
අතිසේ උතුම්
ජේසුයි අසිරි ලද්දෝ

වන්දේ මරියා
වන්දේ මරියා ජේසූ මාතා
අප සැම පාපෙන් ගලවා
මරියා උත්තම වරලත් මාතා
ජේසූ ලෝකෙට දුන්නා
අපගේ පව් නිසා ඉපදී
ජේසූ බිහිවී දිවි දී
අප ගැලවූ සමිඳු
වේවා එසේම වේවා

සහය ගායනය - අමන්දා පෙරේරා
සිංහල පදමාලාව - විකුම්ප්‍රිය පෙරේරා
සංගීතය - ආනන්ද වෛද්‍යසේකර

* Ave Maria නමැති සුප්‍රකට කතෝලික ගීයේ සිංහල පරිවර්තනය .

ගීතය රස විඳින්න

https://www.youtube.com/embed/R-hMxmgtj5M

දුරු රටවල අපි

ගැ-දුරු රටවල අපි ඉන්නේ
සිහිනෙන් වත් දැක නැහැනේ
ආත්මයෙන් වෙලිලා
සංගීතයෙන්ම බැඳිලා
සැනසෙමු අපි ගී ගයලා
අපි එකම මවගේ දරුවෝ
අපි එකම රටක දරුවෝ

පි-සම්බෝල රසඳ නංගී
අපි ජෑම් පාන් කන්නේ
ගැ-අපිට කොහෙද සල්ලි
අපි හෙල බතෙනුයි රැකුනේ
පි-තරුණ කැළ ඔය රටේ
රැප් ගීතමද ගයන්නේ
ගැ-බුදු ගුණ මව් ගුණ ගායනා
සිංහලෙන් මද ගැයෙන්නේ

ගැ-අම්මා රස කර කර දුන්
කිරි සුවඳයි තව දෙතොලේ
පි-වෙල් යායක ඉපනැල්ලක
සිසිලයි මගේ මැද මිදුලේ
ගැ-කැවුම් කොකිස් බැදලා
අපි කදමලු ගෙන යනවා
පි-මෙහි සිංහල අවුරුද්දේ
අපි කේක් තමයි කන්නේ

සහය ගායනය - නිලුපුලි දිල්හාරා
ගේය පද - ක්‍රිසන්ති ද ෆොන්සේකා
සංගීතය - ආනන්ද වෛද්‍යසේකර

ගීතය සහ රූප රචනය රස විඳින්න
www. http://netcd.lakderana.com/dururatawalaapi/32/DuruRatawalaApi.mp3

https://www.youtube.com/watch?v=iF66jLA3k7k

පැයෙන් පැය

පැයෙන් පැය සේ දින ගෙවෙන කල
තනි කමයි සිත සදාලන්නේ
දුරින් දුරකට පාව ගිය මුත්
සුවඳ උණුහුම ගෙදර රැඳුණේ

ඈත දුරු රට ලියත් කලකට
තවම සතියයි ගෙවි ඇත්තේ
ඈත සිට හඬ ගලා එන මුත්
රැට සිහිනෙන් රුව දකින්නේ

කඩෙන් ගෙන ආ කඩයප්පමින්
කුසේ ගින්දර නිවී යන්නේ
ගෙදර අම්මා යළිත් එනතුරු
පියා දරු කැළ බලා ඉන්නේ

ගේය පද - නලින් ජයවර්ධන
සංගීතය - සංගීත් වික්‍රමසිංහ

ගීතය රස විඳින්න

www. http://netcd.lakderana.com/dururatawalaapi/32/GedaraAmma.mp3

හදිස්සියේ හමු වුණා

හදිස්සියේ හමු වුණා
දෙනුවරක විසුව අප
එකම නුවරකදී
සිසිල් සන්ධ්‍යාවේ

විවර වූ පුළුල් නෙත්
සිඟිති නා දළු දෙතොල්
හෙලූ බැලුම් මා දිහා
කෙසේ අමතක කරම්දෝ

කලක් කල් ගත වුණා
මතක අමතක වුණා
තවම මා තනි වෙලා
සිටිමි යළි දකින තුරා

ගේය පද - නලින් ජයවර්ධන
සංගීතය - සංගීත් වික්‍රමසිංහ

ගීතය රස විඳින්න

www. http://netcd.lakderana.com/dururatawalaapi/32/HadisiyeHamuwunaa.mp3

කඳු මුදුනේ

කඳු මුදුනේ තේ පඳුරු දෙස බලා
ලණු පැදුරේ බැව්ලා ඉන්නෙමි
කොටු බෙදපු ලැලි කුලී කාමරේ
මව් සමග ඔත්පලව් ඉන්නෙමී

ඔබ ගියද කොලොම් පුර වෙන්වෙලා
වහලෙකුව දාස භාවෙන් බැඳී
දියණියේ නුඹ හෙලනා දාඩියේ
බලයටම අප කඳුළු යැයි සිඳී

උන්ගේම රුපියලට දිලිසෙනා
මව් මෙන්ම අද මාද රැවටුනී
කුස ගින්න පරදන්න ඉසිඹුලා
ඒ ලැබෙන සොච්චමට බැරි වුණී

නිදහසේ දිවි ගෙවුම හිස නගා
වැඩියෙන්ම උතුම් යැයි ද පැවසුනි
කුස ගින්න මැඩ ලන්නට හැකි උසස්
ගුණ දහම් ලොව වේද නැහැ දැනී

අද ඒ ද හෙට ඒ ද මග බලා
ඇස් කෙවෙණි රිදුණාට නැහැ දැනී
දියණියේ නුඹ එන්න උන් දමා
සිතුමත්ම සතුටක්ව රැව් දුනී

නුඹ නැතුව අප විඳින දුක් බලා
බත් පතක ඇති අගය නැහැ පෙනි
වතුකරේ සුර පුරක් ලෙස මවා
අද එන්න හෙට එන්න අප වෙත විගසිනේ

ගේය පද - ආචාර්ය විකුම්ප්‍රිය පෙරේරා
සංගීතය - ආනන්ද වෛද්‍යසේකර

ගීතය රස විඳින්න

www. http://netcd.lakderana.com/dururatawalaapi/32/KanduMuduneSandha.mp3

හාමුදුරුවනේ

හාමුදුරුවනේ පෙර කළ පින් මට
නොමැතියි දෙසූ නිසා
මෙම අත් භවයෙදී මසුරු නොම වෙලා
හොඳ හැටි පින් කෙරුවා
අද අසරණ වී දුකින් වැතිර ඉම්
කළ පින් එල නැතුවා

දවසක් හැර දවසක් දන් දුන්නා
වසරක් හැර වසරක් පින් ලැබුවා
අද අසරණ වී සරණ නොමැති කල
මෙලොවට නැති පින් එලොවට කුමටද

දිවි රැක ගන්නට මුදල් නොමැති අද
දූ දරුවන් නැත නෑදෑයින් රට
බුදුන් දකින්නට නිවන් දකින්නට
කළ පින් කුමටද මතුවට එල දෙන

ගේය පද - නලින් ජයවර්ධන
සංගීතය - සංගීත් වික්‍රමසිංහ

ගීතය රස විඳින්න

www. http://netcd.lakderana.com/dururatawalaapi/32/
HaamuduruwanePeraPin.mp3

මදහස රැඳි නෙත්

මදහස රැඳි නෙත් මානයේ
දැවටෙන්නට මොහොතක් වෙලා
ඔබ වැනි ලියකගේ නෙත් බිඟුන්
දිවි මග සුව යහනක් කළා

ඇති රහසට අවසර නිසා
වරදට බැඳෙනට ඉඩ නැත
අරමුණු දෙසටම සිත් නගා
යන පාමුල මල් පෙති ඇත

යශෝදරාවන් බඳු කතුන්
ලක් දෙරණෙත් ඉපදී ඇත
පෙර සසරේ නොව අද දිනයේ
උපමාවකටත් ගනු ඇත

ගේය පද - ආචාර්ය විකුම්ප්‍රිය පෙරේරා
සංගීතය - ආනන්ද වෛද්‍යසේකර

ගීතය රස විඳින්න

www. http://netcd.lakderana.com/dururatawalaapi/32/MadahasaRenidiNeth.mp3

මම සාප කර ගනිමි

මම සාප කර ගනිමි
අකීකරු මගේ සිතට
නිසසලව තිබුණු සිත
සසළ කර ගත් බැවිනි

පරාජිත වු පෙම් සටනින්
නටබුන් වූ දුබල හද
යළිත් ගොනු කර සිටියේ
මහත් ආයාසයකිනි

ඔබට සාප නොකරන්නෙමි
ළපටි වු ඔබේ සිත
කුරිරු කළ සිත් වලට
මම සාප කරන්නෙමි

ගේය පද - නලින් ජයවර්ධන
සංගීතය - සංගීත් වික්‍රමසිංහ

ගීතය රස විඳින්න

www. http://netcd.lakderana.com/dururatawalaapi/32/MamaSaapaNokarami.mp3

නාවේ ඇයි සොයා

නාවේ ඇයි මා සොයා
අරුණ දැන් හිනැහෙනා
අඳුර යයි සැඟවිලා
සොඳුරියේ එනු සොයා

මාගේ මාගේ හදෙහි
ගැහෙනා රාවේ සීමා නැහැනේ
චායා ඇන්දේ මාගේ මිහිරේ
අහසේ පොළවේ ගැටෙනා පැතුමන්
අප ඇයි මෙසේ වෙන්වීලා

චේතනා මාගේ දසුනේ
ඔබනේ රැඳුනේ මාගේ මිහිරේ
සෙනෙහේ බැඳුනේ මා හා
සසරේ ඇයිදෝ මාගේ සොඳුරේ
සසළයි සිත නම් ඔබ නැති දා
මගේ ප්‍රියේ හැම දා

ගේය පද - ක්‍රිසන්ති ද ෆොන්සේකා
සංගීතය - ආනන්ද වෛද්‍යසේකර

* හිංදි ගීතයක සිංහල පරිවර්තනයකි.

ගීතය රස විඳින්න

www. http://netcd.lakderana.com/dururatawalaapi/32/NaaweAeyiSoyaa.mp3

ඔබ වගේ ළඳක්
(අම්මා)

ඔබ වගේ ළඳක් නැහැ ලොවේ තවත්
ඔබ වගේ රුවක් නැහැ ලොවේ තවත්
ඔබ වගේ සිතක් නැහැ ලොවේ තවත්
නැහැ ලොවේ තවත්

අසරණ වූ දින මෙමා
සිටියා ඔබ ළං වෙලා
කඳුළින් නෙත තෙත් වෙලා
උණුසුම දී ළං වෙලා
සිටියා ඔබ සිටියා ඔබ
මා නොම තනිකර ඔයා

අපමණ දුක් විඳි ඔයා
සතුටක් ලෙස සිත හදා
ඇඟ ලේ කිරි කර පොවා
බුදු වේ මගේ මවු සදා
බුදු වේ ඔබ බුදු වේ ඔබ
මා වැදූ මවුනේ සදා

ගේය පද - ශාන් ගුණවර්ධන
සංගීතය - ආනන්ද වෛද්‍යසේකර

ගීතය රස විඳින්න

www. http://netcd.lakderana.com/dururatawalaapi/32/Amma.mp3

සුභ උපන් දිනක් වේවා
(පියාණෙනි)

සුභ උපන් දිනක් වේවා
නිදුක් නිරෝගී සැප
ආයුෂ වැඩි වේවා
ඔබ හට පියාණෙනි
සුභ උපන් දිනක් වේවා

දැඩි කළේ ඔබ මා බිළිඳෙකු දා
පසු කරද්දී යොවුන් විය පෙරදා
දියුණුවේ දොර හරිමින් පැතුවේ
සුභ පැතුම් සැමදා
ඔබේ මුවින් සැමදා

සමරමි අද දින ගෞරවයෙන්
ඔබ හට දීර්ඝායුෂ පතමින්
සිතමි දෙවි රැකවරණේ
පතමි බුදු සරණේ සැමදා
මගේ මුවින් සැමදා

ගේය පද - ශාන්ති කල්දෙමුල්ල
සංගීතය - ආනන්ද වෛදැසේකර

ගීතය රස විඳින්න

www. http://netcd.lakderana.com/dururatawalaapi/32/
SubhaUpanDinakPiyanane.mp3

එන්න නගේ

එන්න නගේ පුංචි කතාවක්
ඔබට කියා දෙන්නම්
ඔබ තාල වයන්නේ නම්
මම ගීත අසා ඉන්නම්

මේ කුළු දෙදරා පොළව තෙමී යනවා
සුළඟේ සැලිලා බෝ පත් ගී ගයලා
කුරුල්ලනේ මී මැසි සමනලයන් සේනා
උන්ගේ ලෝකයේ රහසේ ගී ගයනා
කවුද ඒ මිහිරි ගී තනු හදා උන්ට කියා දුන්නේ

මා හද ගැහෙනා ගී තනු රැළි නැංවේ
ඒ ගී තනුවේ සිසිලස සිත නැලවේ
යනෙනා ගමනේ ගෙවෙනා ජීවිතයි මේ
දිවි රඟ මඬලේ ඔබ මා සුසුමක් නේ
ළා හිරු පායලා දිවි මගේ අළුත් ඉරක් පෙනෙනා

ගේය පද - ක්‍රිසන්ති ද ෆොන්සේකා
සංගීතය - ආනන්ද වෛද්‍යසේකර

* හිංදි ගීතයක සිංහල පරිවර්තනයකි.

ගීතය රස විඳින්න

www. http://netcd.lakderana.com/dururatawalaapi/32/EnnaNage.mp3

සොය සොයා යන්නේ

සොය සොයා යන්නේ කාවදෝ
මා දන්නේ නෑ
සෙවුවේ කාවදෝ
මා ජීවිතේ

ජීවිතේ මේ එකම මගෙහි
යමුද අපි අත් බැදන්
මාගේ දසුනේ සරණා ළඳුනේ
ඔබ සදා මා ළඟින්

සිහිනෙන් මා වෙත එබෙනා ඔබ කවුරුන්දෝ
දන්නේ නෑ රෑ ළඳුනේ මාගේ නේදෝ
දෙනෙතේ සැඟවී හඬනා කඳුළයි මගේ
ගලනා ජීවිත ගඟුලේ ඉවුරයි මාගේ

දිවි මගෙහි ඔබ හිඳී නම්
එන්නේ මා ඔබේ පෙම පතා
කවුරුදෝ ඒ හිනැහෙනා රුව
මන්දහාසින් මා පෙලා
සොයා එන්නම් සදා ඉන්නට
හදට හද ළං වෙලා

ගේය පද - ක්‍රිසන්ති ද ෆොන්සේකා
සංගීතය - ආනන්ද වෛද්‍යසේකර

* හිංදි ගීතයක සිංහල පරිවර්තනයකි.

ගීතය රස විඳින්න

www. http://netcd.lakderana.com/dururatawalaapi/32/SoyaaSoyaa.mp3

පාට පාට සමනලයින්

පාට පාට සමනලයින් ඉගිලෙනු දැකලා
රෝස මලක පැණි බොන වන බඹරුන් දැකලා
ටිකිරි නඟා නියර දිගේ එනවා දැකලා
බඩවැටියේ රුක් අත්තන මල් පිදෙනවා

මලිති බටිති ගී හඬ ගම පුරා ඇහෙනවා
ලන්ද පුරා කෙකටිය මල් සුවඳ හමනවා
පාසැල් යන සුදු මැණිකෙගෙ හිනාව දැකලා
ඇළ දොළ ගංගා දිය ඇලි උතුරා යනවා

කුරුළු රැන් කැදලි සොයා පියඹා යනවා
හිරු ගිලිලා සඳ කිරණින් අදුර මකනවා
ටිකිරි නඟාගේ දෙනෙතේ මුතු කැට දැකලා
අහස පුරා තරු කැට දහසක් බබලනවා

ගේය පද - රුක්ෂාන් කරුණානායක
සංගීතය - රුක්ෂාන් කරුණානායක

ගීතය සහ රූප රචනය රස විඳින්න

www. http://netcd.lakderana.com/samanaliyan/32/
PaataPaataSamanalayin.mp3

▶ https://www.youtube.com/watch?v=8mIDEqjXBqo

පිනි වැටුණ උදේ

ගෑ-පිනි වැටුණ උදේ - කඳුකර නගරේ
  අපි මුණ ගැසුනා මට මතකයි
පි-සඳ බසින රැයේ - මඩු අවන් හලේ
  සමු ගත්තා අද මෙන් මතකයි

ගෑ-ආල බැලුම් හෙලු - ප්‍රේම සිනා නැඟු
  සුදු මීදුම සේ පාව ගියා
සිත උණුසුම් වූ ඒ හෝරාවේ
  සුසුම් හෙලා නොදොඩා හිටියා
පි-සිතට හොරා සමුගත් වෙලේ
  යලි හමු වේ යැයි මට සිතුණා

පි-දෙනුවර විසූ අප - එකම නගරයක
  හමු නොවුණා නම් සිත් නිසලයි
සිනා සලා ඔබ කීව වදන් යලි
  මතක් වෙලා මගේ හඳ කැළඹෙයි
ගෑ-සුසුම් හෙලා දෙනුවරකට වී ඒ
  ගෙවූ එදා අමතක කරලා

සහය ගායනා- චින්ද්‍යා පිරිස්
ගේය පද - නලින් ජයවර්ධන
සංගීතය- රුක්ෂාන් කරුණානායක

ගීතය රස විඳින්න

www. http://netcd.lakderana.com/samanaliyan/32/
PiniWetunaUde.mp3

තොටියෝ

දස වසරක කලකට පෙර දිනයක
ඈත රටක රැකියාවට යන විට
මට සුභ පතලා ගඟෙන් එගොඩ කළ
තොටියෝ ඔබ අද කොහේ කොතැනකද

උපන් ගමට මා ආපසු එන දා
තොටුපල උඩ ලොකු පාලම හදලා
දස දහසක් අය එගොඩ මෙගොඩ කළ
පාරුව තනියම දියඹට යනවා

ටික කලකින් පාරුව අමතක කර
වාහන වල යන සමහර අය අද
වියපත් වී මහ මග යන ඔබ දැක
අහක බලාගෙන යන සැටි පුදුමය

ඔබගේ දෑතට පින් සිදු වෙන්නට
පාරුව පදිමින් ඔබ කළ සේවය
අගයමි මා ලොව ජීවත් වෙන තුරු
සැමදා කළ ගුණ සලකමි ඔබ හට

ගේය පද - රුක්ෂාන් කරුණානායක
සංගීතය- රුක්ෂාන් කරුණානායක

ගීතය රස විඳින්න

www. http://netcd.lakderana.com/samanaliyan/32/
Thotiya.mp3

තරු කැටයුවළක්

තරු කැටයුවළක් ඉල්ලු මට නුඹ
අහසම අරන් ඇවිත්
මුළු අහසම අරන් ඇවිත්
පිනි දිය දෝතක් ඉල්ලු මට නුඹ
සයුරම අරන් ඇවිත්
මහ සයුරම අරන් ඇවිත්

මොහොතක් හිත ළග රැදෙන්න ඉල්ලා
සදහට ලැගුම් අරන්
ඔබ සදහට ලැගුම් අරන්
සෙනෙහස බිඳුවක් දෙන්නැයි ඉල්ලා
ජීවිතයම ගෙනිහින්
මගේ ජීවිතයම ගෙනිහින්

ළය සනහන සුසුමක් වනු වෙනුවට
සුළඟක් වී ඇවිදින්
සැඩ සුළඟක් වී ඇවිදින්
සැනසුම වෙනුවට දුන්නේ ඇයි දුක
උහුලනු බැරි තරමින්
මට උහුලනු බැරි තරමින්

ගේය පද - ශ්‍රියා කුමාරසිංහ
සංගීතය - රුක්ෂාන් කරුණානායක

ගීතය රස විදින්න
www. http://netcd.lakderana.com/samanaliyan/32/
TharuketaYuwalak.mp3

සුන්දර වූ මේ සිහිනේ

සුන්දර වූ මේ සිහිනේ පෙම් මායාවේ
අද තනි වීලා දෙන්නා අපගේ සීමාවේ
ඔබ අන්සතු වීලා වෙනතේ බැඳුනේ
සැනසිලා මා ඉන්නම් මාගේ සිහිනේ

ඔය දෑසේ දඟ පානා ආදර රහසේ
මා හද පෙම් ජාලා වාවනු කෙලෙසේ
ඔබ සඟවා මා ඉන්නම් හදවත මැදුරේ
මා හදවත රිදවා පෙම් බැඳි සොඳුරේ

සහය ගායනය- මිනාලි ගමගේ
ගේය පද - ක්‍රිසන්ති ද ෆොන්සේකා
සංගීතය- රුක්ෂාන් කරුණානායක

* Don't let me cross over නමැති ඉංග්‍රීසි ගීතයේ සිංහල
පරිවර්තනයකි.

ගීතය රස විඳින්න
www. http://netcd.lakderana.com/samanaliyan/32/
SundarawuuHeene.mp3

දිය මත පාවෙන

පි-දිය මත පාවෙන හසඟන විලසින්
සිහින කොදෙව්වට ඔබ එනවා
නොමියෙන පැතුමක සෙමෙර පවන් වැද
සිය දහසක් මල් පුබුදිනවා
ගැ-වෙරළත සුදු පෙණ විසිරෙන මොහොතක
සුන්දර සිහිනය උපදිනවා
දිය රැළි සමුගෙන දියඹ සිඹින විට
ඒ සිහිනය යළි මිය යනවා

ගැ-හිමගිරි අරණින් එහා රටින් එන
සුළඟක නුඹේ කට හඬ රැඳුණා
වළා පොදින් පොද ඉරා තුරුල් වෙන
කිරණක නුඹේ උණුසුම රැඳුනා
පි-මතක නිදන් කළ ලෙන් දොර පාමුළ
නුඹ ඉකි බින්දා මට ඇසුණා
මට මා අහිමිව සුසුම් හෙලන සඳ
හොරෙන් ඇවිත් සනසනු ඇසුනා

පි-සිත සිත්තම් කළ සොඳුරුම පිළිරුව
ඔබේ වත කමලක රැඳුණි දෝ
ඇසිපිය හෙලනා එකම නිමේෂෙක
නෙත් දහසක් මැද සැඟවුණිදෝ
ගැ-හද තුළ ඉපදෙන කඳුළැල් සිහිනය
මුතු කඳුළක් මත බොඳ වුණිදෝ
ඔබ මට හිමි වන මතු අත් භවයක
මේ හැම දුක් ගිනි නිම වේදෝ

සහය ගායනය - වින්ද්‍යා පිරිස්
ගේය පද - ශ්‍රියා කුමාරසිංහ
සංගීතය- රුක්ෂාන් කරුණානායක

ගීතය රස විඳින්න
http://netcd.lakderana.com/samanaliyan/32/Sihinaya.mp3

සුදු පෙණ කැටි

ගෑ-සුදු පෙණ කැටි නංවාලා ගලා ඇදෙද්දී
   නිල් දිය රැලි ගංගාවේ කොහේදෝ යන්නේ

පි-බුදු සිරිපා සෙවණේ උල්පතින් උපන්නේ
   කඳු අතරින් ගලාගෙනයි මා මේ එන්නේ
   මේ සරු බිම් යහනේ මිණි මුතු සැඟවෙන්නේ
   මේ දිය දහරින් නේ ගම් බිම් සරු වෙන්නේ

ගෑ-අපේ ගමේ උණ පදුරේ සෙවණ ලබන්නේ
   දිය රැලි යට කොරළි පැටවු පෙරලි කරන්නේ

පි-මා දෙපසම ඉවුරු කොනේ කැළුම් පිපෙන්නේ
   මා සමගින් සිනා සිසී සුළඟේ වැනෙන්නේ
   මහ සයුරට යන්නේ රළ හා මුසු වන්නේ
   ඈතට ඈතට ඇදිලා ලොවම දකින්නේ

ගෑ-මේ මහ පොළවට ඉඳුනිල් මැණිකක් වන්නේ
   මා සිහිනේ ගලනා නිල් දිය දහරින්නේ

සහය ගායනය - සඳුනි රශ්මිකා
ගේය පද - හඳුජි මහින්ද ජයතිලක
සංගීතය- රුක්ෂාන් කරුණානායක

ගීතය රස විඳින්න

www. http://netcd.lakderana.com/samanaliyan/32/
    NilDiyareliGangawe.mp3

ඉතිරී ගියාද ආදරේ

ඉතිරී ගියාද ආදරේ
බඳුනක් ලෙසින් පිරී ළයේ
සොම්නසකි භව සාගරේ
ආදරය බෙදෙනා පැයේ

සිය සිය ගණන් සිත් මල් පිපේ
සුවඳින් දහක් බඹරුන් දැපේ
ඉතිරිව දෙයක් හද තුළ නැතේ
සතුටක් බරක් සිතකට නොවේ

අතු ඉති වෙලා නව දළු එතේ
වෙහෙසක් නැතිව දහසක් කෙරේ
ඉහළට නැගුණු සුසුමක් ළයේ
කිසිදාක වත් අපසු නොයේ

ගේය පද - ආචාර්ය විකුම්ප්‍රිය පෙරේරා
සංගීතය- රුක්ෂාන් කරුණානායක

ගීතය රස විඳින්න
www. http://netcd.lakderana.com/samanaliyan/32
/IthiriGiyaada.mp3

හදේ පුද සුන

පි-හදේ පුදසුන මතම රැඳෙනා එකම මල වීලා
සුවඳ දී ජීවිතය වෙන්නට පෙරුම් දම් පුදලා
රැක ගන්න මට වරම් දෙනවද දුකක් නොම දීලා
දෝත පා ඔබ තුරුල් කර ගම් මලක් සේ සැමදා

ගැ-සුසිනිඳුය මා සුවඳ හමනා නොනිමෙනා ගමනේ
හදට දැනෙනා උණුසුමේ සුව තාම නෑ දැනුණේ

පි-නෙලා ගන්නට දෝත පානා බොහෝ අය අතරේ
මුල්ම පේළියේ මුලට සිටිනා දෙඅත මේ මාගේ
හද ගැස්ම හදවතට දෙන්නට උණුසුමක් විලසේ
දිනූ දින මම ඔබව රැක ගම් මගේ පණ වාගේ

සහය ගායනය - මීනාලි ගමගේ
ගේය පද - ලතා පෙරේරා
සංගීතය - රුක්ෂාන් කරුණානායක

ගීතය රස විඳින්න
www. http://netcd.lakderana.com/samanaliyan/32/HadePudasuna.mp3

වාලුකා තලයේ

වාලුකා තලයේ
ආදරේ වැලපේ
සෝක ගඟුළැල්ලේ
කඳුළු කැට වැතිරේ

දිය බිඳක් නැත සාගරේ
මල් පිපී නැත ආදරේ
සැනසුමක් නැති ලෝකයේ
මිරිඟුවක් විය ජීවිතේ

සෝක ළතැවුල් වේදනා
මුළු දිවිය තුළ සාදනා
ඔබේ සෙනෙහස අහිමි වී
නිමා විය පැතු වාසනා

ගේය පද - දුලිප් පටබැදි
සංගීතය - රුක්ෂාන් කරුණානායක

ගීතය රස විඳින්න

www. http://netcd.lakderana.com/samanaliyan/32/Waalukaathalaye.mp3

රන් තරු වන් දෑස

රන් තරු වන් දෑස සලා
මල් පෙති වැනි දෙතොල් පුරා
ටිකිරි සිනාවක් මා වෙත හෙලනවා
ආදරයෙන් තුරුල් වෙලා
ඔය ලස්සන මුහුණ පුරා
රහසක් තිබෙනා බව මට පේනවා

මල් වට්ටිය අතේ අරන්
පැන් කෙණ්ඩිය තුරුල් කරන්
පන්සල් යනවද මගෙ හැඩකාරියේ
නුඹේ තනියට එන්නද මං
එනවට අකමැතිද ඉතින්
තනිව යන්න එපා පාළු ඇදිරියේ

මා දුටුවම නොකර කතා
යන්නේ ඇයි සිතා මතා
දෑස් වලින් කතා කලා ඇති ළඳේ
පෙර සසරේ පුරුදු නිසා
මේ සසරේ ආවේ පතා
අපි දෙන්නා සදා කාලයේ බැඳී

ගේය පද - වර්නන් පෙරේරා
සංගීතය - රුක්ෂාන් කරුණානායක

ගීතය රස විදින්න
www. http://netcd.lakderana.com/samanaliyan/32/
DesaSalaa.mp3

බලා ඉඳින්නම්

බලා ඉඳින්නම් දෑස රිදෙන කම්
දැවෙනා ඉටි පන්දම් එළියේ
ඔබේ සොහොන දෙස කුමාරියේ

දරා හිඳින්නම් හදෙහි වියෝ දුක
සැලෙනා ඉටි පන්දම් එළියේ
මතු වී එන ඔබ රුව මත්තේ
මතු වී එන ඔබ රුව මත්තේ

වැටී මියෙන්නම් ඔබේ සොහොන ළඟ
මැළවී ගිය පසු සැලෙනා ඉටි පන්දම්
මා හැර ගිය මගේ කුමාරියේ
මේ ලොව හැර ගිය මගේ කුමාරියේ

ගේය පද - නලින් ජයවර්ධන
සංගීතය - රුක්ෂාන් කරුණානායක

ගීතය රස විඳින්න

www. http://netcd.lakderana.com/samanaliyan/32/
BalaaIndinnam.mp3

නිහඬ හිතේ

නිහඬ හිතේ තෝතැන්නට කවුද ඇවිල්ලා
සිනා හඬක් ගෙන මා සිත ළඟට ඇවිල්ලා
හිස් වූ සිතේ හිස් තැනකට කවුද ඇවිල්ලා
නොදැනෙන්නට සිත හඬවා යන්න ගිහිල්ලා

නෙතු පිය යට හීනයක්ව තුරුලට වීලා
පියවී ලොවේ නොදැනෙන්නට සුසුමක් වීලා

අයිති නොමැති ආදරයක් මවෙත පුදාලා
සිත රිදවා කඳුළක් වී කොහෙද ගිහිල්ලා

ගේය පද - ලතා පෙරේරා
සංගීතය - රුක්ෂාන් කරුණානායක

ගීතය රස විඳින්න
http://netcd.lakderana.com/samanaliyan/32/
NihandaHithe.mp3

සුන්දර මහවැලි ඉවුරේ

සුන්දර මහවැලි ඉවුරේ
සරසවියේ එදා
ඔබ හමුවූ මුල් දින
අමතක නොවේ සදා

හන්තානේ සීතල කඳු වැටියේ
අප එදා
ගත කළ ඒ සොඳුරු ලොවම
අද නිහඬ වෙලා

සිවු වසරක් ගත වී අප
සමුගෙන යන දා
ඔබ අමතක නොකරමි මා
ලොව වෙසෙන තුරා

ගේය පද - රුක්ෂාන් කරුණානායක
සංගීතය - රුක්ෂාන් කරුණානායක

ගීතය රස විදින්න

www. http://netcd.lakderana.com/samanaliyan/32/
Sarasawiye.mp3

කඳු මුදුනේ

කඳු මුදුනේ සඳු පිපිලා
හිම වරුසා ඇද හැලිලා
නිහඬ මතක අතරට වී
දිය රැලි අතරේ
මා අමතන්නේ

කඳු මුදුනේ සිනා සලන
මිහිදුම් මිහිරාවියනේ
මිහිකතගේ සිසිල් සෙවණ
නොවෙද ලබන්නේ
නදී දියණි ගයන ගීය
නදී දියණි ගයන ගීය
ඇයි නොඅසන්නේ

සිතක් හදවතක් නොමැතිව
උපන් එකළ තුරු සෙවණේ
නෙළුම් කුසුම් පෙර වාගේ
නැවත පිපෙන්නේ
ඒ අරුමෙන් ලැබෙන සුවඳ
ඒ හැඟුමෙන් දැනෙන සුවය
ඇයි නොසිතන්නේ

ගේය පද - ෂෙල්ටන් නවරත්න
තනුව - රොහාන් ජයවර්ධන
සංගීතය - සීදුව සකුරා

ගීතය රස විඳින්න
www. http://netcd.lakderana.com/paatapaataheenayak/32/
KanduMuduneSandha.mp3

මිහිරි ඔබේ සුවඳ

මිහිරි ඔබේ සුවඳ එයි ගලා
නිතිනි හදේ මහද රැඳී
නලවාලා සනසාලා
සිහිල් සුව දරා
ඉතිනි වතේ රොනට එමි හමා

මුදු අතැඟිල්ලෙන් ගාවා
නිදිසුව හැර පුබුදාලා
ඔබ මා දෑතේ පටලා
බලමි නෙත් දුලා
විඳිමි සිත් පුරා සිහිල් සුව දරා

මුතු තරු එළියෙන් දෝවා
සුදු සඳ රැස් මත අතුරා
ඔබ එය මතුවෙහි හොවා
සිඹිමි මුව වහා
ලදිමි හඳ පුරා සිහිල් සුව දරා

ගේය පද - රුවන් කේ රත්නායක
තනුව - රෝහාන් ජයවර්ධන
සංගීතය - සීදුව සකුරා

ගීතය රස විඳින්න
www. http://netcd.lakderana.com/paatapaataheenayak/32/
MihiriObeSuwandha.mp3

සිහින විමානයේ

සිහින විමානයේ සුරංගනාවෝ
මියෙන දිනේ ඔය පුංචි සිතේ
උදාර සිතුවිලි පුදිනවා හෙට
පුංචි සිතේ ඔය පුංචි සිතේ

දරුවා හෙට ඔබ ගොවි රජිඳා වේවා
මේ මහ වගා බිමේ
දා බිඳු කඳුළේ ජීවන ගීතේ
සංගීතය ඔබ වේ ඒ ලොව
සංතෝෂය ඇය වේ

දරුවා නුඹ හෙට රණවිරුවා වේවා
මේ මහ පොලෝ තලේ
දා බිඳු කඳුළේ ජීවන ගීතේ
සංගීතය ඔබ වේ ඒ ලොව
සංතෝෂය ඇය වේ

ගේය පද - ෂෙල්ටන් නවරත්න
තනුව - රොහාන් ජයවර්ධන
සංගීතය - සීදුව සකුරා

ගීතය රස විඳින්න
www. http://netcd.lakderana.com/paatapaataheenayak/32/
SihinaWimanaye.mp3

කෙලෙසද මා තනිවුයේ

කෙලෙසද මා තනිවුයේ
කවුරුද ඈ වෙන් කළේ
කොහේද සැඟවුයේ
නීල නුවන් ඇයගේ
නීල නුවන් ඇයගේ

පෙරදින මා හා සිටි ලන්දා
තනිකර ඇත වෙනතක බන්දා
හද හඬමින් ඇත ඒ හන්දා
යළි හමුවේදෝ අනේ මන්දා

මුසා බස් දොඩා මා රවටා
බිඳවිය ඔහු අද මා රිදවා
හද හඬමින් ඇත ඒ හන්දා
යළි හමුවේදෝ එම ලන්දා

ගේය පද - නලින් ජයවර්ධන
තනුව - රොහාන් ජයවර්ධන
සංගිතය - සීදුව සකුරා

ගීතය රස විඳින්න

https://www.youtube.com/watch?v=g_hhD0wu-pg

වැසි ඇද හැලුණා

වැසි ඇද හැලුණා කඳුළු වගේ
සිත දුක කීවා අඳුරු ලෙසේ
සීතල සුළඟට හිරිගඩු පිපුණා
ඔබ ළඟ නොමැති රැයේ
ඔබ ළඟ නොමැති පැයේ

අසම්මතය දුරලා
හැකි වෙද බැමි බිඳ දා
ගැලු කඳුළු දිය හෙලු සුසුම්
දුර යන්න නොදී අහුරා

සිත තුළ සිත දවටා
සුරතට තුරුළු වෙලා
රැහැන් වලින් බැඳ දැහැනක සිරකර
යමු සම්මතය කරා

ගේය පද - ලතා පෙරේරා
සංගීතය - ආනන්ද වෛද්‍යසේකර

ගීතය රස විඳින්න

www. http://netcd.lakderana.com/paatapaataheenayak/32/WehiBinduWetunaa.mp3

අන්න බලන්නකෝ

අන්න බලන්නකෝ නංගියේ මල්ලියේ
රතු පාටට ඉර බැස යනවා
ආකාසේ සඳ පායා එනවා
කුමුදු මලක් විකසිත වෙනවා

කෙනෙකුගෙ විපතේ කෙනෙක් සිනාසේ
නෙළුම් මලක් හැකිලී යනවා
සැඳෑ සුළං වැද මැදියම් අවුවේ
මිහිකත සෝකෙන් වැළපෙනවා
මිදී සැලෙන උණු කඳුළැලි වාගේ
නෙළුම් පතේ දිය නොරැඳෙනවා

මිනිසා ධර්මෙට පිටුපා යනු දැක
බැස යන මළහිරු වැළපෙනවා
මිනිස් ගුණය ලොව දස අත පැතිරෙති
රැවටෙන පුන්සඳ බැබළෙනවා
මිදී සැලෙන උණු කඳුළැලි වාගේ
නෙළුම් පතේ දිය නොරැඳෙනවා

ගේය පද - කටුගස්තොට ප්‍රනාන්දු මාස්ටර්
තනුව - කටුගස්තොට ප්‍රනාන්දු මාස්ටර්
සංගීතය - රොහාන් ජයවර්ධන

ගීතය රස විඳින්න

https://www.youtube.com/watch?v=i2sLZYqrYnM

කඳුළු බිඳුන්

කඳුළු බිඳුන් මුව කමලේ රැඳී ඇති
පිනි බිඳු වාගෙයි රෝස මලේ
කඳුළු බිඳුන් මුව මඬලේ රැඳී ඇති
පිනි දිය වාගෙයි නෙළුම් කොළේ

හිරු පායන විට වියළී යනවා
සඳ පායන විට මතුවෙනවා
කඳුළු බිඳුත් ඔබ මුහුණේ එලෙසේ
ඇති වී නැති වී මතුවෙනවා

සියල්ල ඇති වී නැතිවෙන ලොව තුළ
සදහට සෙනෙහස ඇතිවේදෝ
ඒ බව නොම දැන සිතින් දුරස් අප
මතු කුමකට යළි එක්වෙමුදෝ

ගේය පද - නලින් ජයවර්ධන
සංගීතය - රොහාන් ජයවර්ධන

ගීතය රස විඳින්න
▶ https://www.youtube.com/watch?v=tmpwc943hWA

පාට පාට හීනයක්

හීනයක් වගේනේ ආදරේ
කාගෙ කව්ද දන්නෙ නැහැ ප්‍රියේ
ඈත දිලෙන තාරකා වගේ
මාගේ දෑස දැල්වුණා ළඳේ
සෙනෙහස දන්නෙ නෑ
ඔබ හඳුනන්නේ නෑ
පාට පාට හීන ලෝකයේ

චණ්ඩ මාරුතේ සැඟවෙන්නෙපා සොඳුරේ
මා මුලා කරන්නෙපා ප්‍රියේ
මාගේ ජීවිතේ ඔබමයි වෙනස් කළේ
නොදන්නවාද මාගේ ආදරේ

සාගරේ වගේ මගේ ආදරේ ළඳේ
ඇයි නොදන්නේ නෑ පමා වුණේ
මා මුලා වුණේ නෑ මේ මගේ සෙනේ
ආදරේට ආදරේ කළේ

ගේය පද - ආනන්ද වෛද්‍යසේකර
සංගීතය - ආනන්ද වෛද්‍යසේකර

ගීතය රස විඳින්න
www. http://netcd.lakderana.com/paatapaataheenayak/32/HeenayakWagene.mp3

භවයෙන් භවයේ

භවයෙන් භවයේ එකට ඉන්නට
පෙරුම් පිරූ ඔබ ඇයි මෙසේ
මෙමා තනිකර ගියේ වෙනතක
නැතිද දුක් ගිනි ඔය හදේ

සයුරු වෙරළේ කුසුම් උයනේ
නදී තෙර මිමිනූ වදන්
ඇයිද මෙලෙසේ විසුණු කෙරුවේ
ළඳුනි අපගේ ලොව හැඟුම්

ඔබට පුද දුන් මගේ කඳුළැලි
පිරුණු මුකුලිත හද මලින්
පතමි ළබැඳියේ හිඳිනු සැමදා
ඔබේ නව ලොව සිත් තුටින්

ගේය පද - පැතුම් තිලකසිරි
සංගීතය - සංගීත් වික්‍රමසිංහ

ගීතය රස විඳින්න

https://www.youtube.com/watch?v=SkcWhw9GP_c

පිට රටකට ඇවිදින්

පිට රටකට ඇවිදින් කල් ගෙවුව මදිද දැන්
සොඳුර මහළු වී පොඩි දරුවන් ලොකු වී
ඇති මදිද මල්ලියේ සිටියා
සුද්දට යටවී අපි දැන් සුද්දට යටවී

ග්‍රීස්ම කාලේ අපි ගිනි අව්වට කරවී
සීත කාලයේ හිම සීතලට ගැහි ගැහී
ඉංගිරිසියට පුරුදු වී මදු දුම් පානෙට ලොල් වී
හිටිය මදිද හිටිය මල්ලියේ අපි දැන් සුද්දට යටවී

ලක් බිමට ගිහිල්ලා මල් පැන් ටිකක් සොයාලා
පොල් කට්ටෙන් රා බී පැරණි නාටක නටලා
හොඳ සිංදු සොයාලා ඒවා රැප් කරලා
සංගීතය කාලා එමු ආයෙත් මෙහාට පැනලා

ගේය පද - නලින් ජයවර්ධන
සංගීතය - සංගිත් වික්‍රමසිංහ

ගීතය රස විඳින්න

https://www.youtube.com/watch?v=C2S5SNYkj18

අසන්න ගිනි වැට

අසන්න ගිනි වැට
අසන්න මදුවිත
සමුදෙන්න ඔබ වෙතින්
අන් මගක සරන්නට

අවුල් වුණු මනසකට
පිළිසරණ ඔබ නොවෙද
ඒ පිනට තුති පිදුම කරමී
අවසන් වරට

පෙම් සිතයි උණුසුමයි
ඈ පුදයි මා පතා
මධු විතත් ගිනි වැටත්
සිසිල් වේ ඈ නිසා

ගේය පද - ආචාර්ය විකුම්ප්‍රිය පෙරේරා
සංගීතය - සංගීත් වික්‍රමසිංහ

ගීතය රස විඳින්න

https://www.youtube.com/watch?v=HKPm4rMfcBI

මා මේ පෙම

මා මේ පෙම පිදුවේ ඔබටයි
ඔබ වෙතටයි මට නොවෙයි අනුගාමිනී
මාගේ දෙඅත ගන්න අල්ලා
සතු දෙය ඔබටමයි අනුගාමිනී

සිත පෙලන්නේ ඇයි කඳුළට ඉඩදී
පිස දැමූ ඒ කඳුළුමයි ලොව දිලිසී හිනැහෙන්නේ
මා ආ දිවිය මගේ රුවනයි
කිසිවකු සතු නොවෙයි අනුගාමිනී
මේ මුළු භවය මගේ නිවනයි
ඔබ නිසාම ලැබුනේ අනුගාමිනී

සිත පෙලන්නේ ඇයි කඳුළට ඉඩදී
පිස දැමූ ඒ කඳුළුමයි ලොව දිලිසී හිනැහෙන්නේ
මා ආ දිවිය මගේ රුවනයි
කිසිවකු සතු නොවෙයි අනුගාමිනී
මේ මුළු භවය මගේ නිවනයි
ඔබ නිසාම ලැබුවේ අනුගාමිනී
අනුගාමිනී එන්න අනුගාමිනී

ගේය පද - නිමල් මෙන්ඩිස්
සිංහල පරිවර්තනය - ආචාර්ය වික්‍රම්ප්‍රිය පෙරේරා
තනුව - නිමල් මෙන්ඩිස්
සංගීතය - සංගීත් වික්‍රමසිංහ

* Follow Me නමැති ඉංග්‍රීසි ගීතයේ සිංහල පරිවර්ථනයකි.

ගීතය රස විඳින්න

www. http://netcd.lakderana.com/paatapaataheenayak/32/Anugamini.mp3

මෝහයෙන් මැවූ

ඔබ මට කියයි යන්නේ මිතුරෙක් වෙතට යැයි
ඒ මුසාවෙන් රැවටුණේ මා නොවෙයි
ඔබ තමයි
මෝහයෙන් මැවූ තව්තිසාවේ
කිරුළේ දිලුණේ බොල් මුතු
තව්තිසාව මිරිඟුවක්ය සොඳුරේ
මුලාවූ රැජිනියේ ඔබ එන්න යළි හැරී

ඔහු සිතන්නේ මා මුලාවේ වැටුණා කියා
ඒත් රිදුණේ මට නොවෙයි
මුලාවූ ඔබමයි
මෝහයෙන් මැවූ තව්තිසාවේ
කිරුළේ දිලුණේ බොල් මුතු
තව්තිසාව මිරිඟුවක්ය සොඳුරේ
මුලාවූ රැජිනියේ ඔබ එන්න යළි හැරී

ගේය පද - නිමල් මෙන්ඩිස්
සිංහල පරිවර්තනය - ආචාර්ය වික්‍රමප්‍රිය පෙරේරා
තනුව - නිමල් මෙන්ඩිස්
සංගීතය - සංගීත් වික්‍රමසිංහ

* Fool's Paradise නමැති ඉංග්‍රිසි ගීතයේ සිංහල පරිවර්තනයකි.

ගීතය රස විඳින්න
www. http://netcd.lakderana.com/paatapaataheenayak/32/
MohenMewuThawthisawe.mp3

මට තරුවක්

මට තරුවක් නොපෙනෙන අහසේ
ඔබම කිරි සයුර දුටුවා
වලාකුලක් නැති අඹර තලේ
ඔබම වැහි අහස දුටුවා

විලක් දොළක් මිරිඟුවක සැලේ
ඔබම පැන් බඳින වුවා
නිලත් රතත් වර්ණයක් නැතේ
ඔබම ඉදුදුන්න වුවා

ගහක් මලක් නැති මරු කතරේ
ඔබම වන වදුල වුවා
එදත් අදත් මේ කල්ප සැමේ
ඔබම රැකවරණ වේවා

ගේය පද - ආචාර්ය විකුම්ප්‍රිය පෙරේරා
තනුව - හඳුජි මහින්ද ජයතිලක
සංගීතය - ආනන්ද වෛද්‍යසේකර

ගීතය රස විඳින්න

www. http://netcd.lakderana.com/paatapaataheenayak/32/
MataTharuwak.mp3

ආදර සුන්දර

ආදර සුන්දර රන්වන් ඇල් හේනේ
නැද්ද මොර මලක් පීදිලා පිපිලා
ආදර සුන්දර රන්වන් සැරසිලි දේවාලේ
ආදර සුන්දර රන්වන්
නැද්ද මොර මලක් එක්වීලා පුදලා
ආදර සුන්දර රන්වන් රන්වන් විසිතුරු
නැද්ද වෙන මලක් වත් එක්වී පුදලා
ආදර සුන්දර රන්වන්

කන්දෙන් බැසගෙන නිල්වන් ලන්දෙන්
හේනට එන්නයි
හිරි ගඩු පිපෙනා හිමිදිරි උදෑසනේ
ආදර ගින්දර දල්වන්
පින්නේ සීතල පලවන්
නෑනා කවදා ඒදැයි හමුවට
හේනේ පාරේ

විල්තෙර කැළඹෙන දිය රැළ්
පෙම්බර හදකට දීලා හස කැන්
දොළ වෙත මනිනා පියවර සැනසිල්ලේ
ආදර ගින්දර උහුලන්
ඉන්නේ කෙලෙසද මම දැන්
නෑනේ ඇයිදෝ අප සිත් දෑලේ
එක් නොවුණේ

ගේය පද - ආචාර්ය විකුම්ප්‍රිය පෙරේරා
තනුව - හදුජි මහින්ද ජයතිලක
සංගීතය - ආනන්ද වෛද්‍යසේකර

ගීතය රස විඳින්න

www. http://netcd.lakderana.com/paatapaataheenayak/32/AdaraSundara.mp3

අද මා දමා

අද මා දමා සිත වේදනා සදා
බිඳ දා සෙනේ පිදූ ආදරයම මා
තනි කළා
ඇයි මා දමා ඔබ වෙන්වී ගියේ
සිඳ දා රසේ මතු
ජීවිතයම මා තනි කළා

ඉන්නම් තනි වී ඇසුරෙන් වෙන් වී
ඔබගේ නාමෙන් දෙනෙතේ කඳුළු බිබී

රෑ බෝව සඳ පැයු පැයේ
පොපියා දෙතොල් රතු වූ ඔහුගේ
තුරුලේ සැනසුණේ
පෙම්වතියේ මා ඉකිබිඳ හැඬුවා
ඔබ දුටුවේ නෑ මහදේ ළසෝ ගිනි
මේ ජීවිතේ ඔබ මා දා ගියත්
සසරේ සරණ තෙක් සොඳුරේ
පතමි වාසනා

ගේය පද - දුලිප් පටබැඳි
සංගීතය- ආනන්ද වෛද්‍යසේකර

ගීතය රස විඳින්න

www. http://netcd.lakderana.com/paatapaataheenayak/32/AdaMaaDaa.mp3

කුමුදෙකි

කුමුදෙකි හිරු එන මග මැළවෙමි
සඳ නැති රැය තරු ළඟ වැළපෙමි
හෙට යළි මුණ නොගැසෙනා පැතුමින්
මිහිරියෙ සමු ගත මැනවි මගෙන්

කඳුළක තිළිණය පමණි මගෙන්
සතුටක් වෙද මිය ගිය සිතකින්
සුපිපුණු මල් මැද සිත සතුටින්
සරණට සමු ගත මැනවි මගෙන්

ඇය මා හැර ගිය මග දරුණු
ඉරණම ඇත අද ගිනි වැදුණු
ආදර හිත අන් අත පුදනු
කෙලෙසද මින් අප සමු ගනිමු

ගේය පද - ආචාර්ය විද්‍යානි මනතුංග
සංගීතය - ආනන්ද වෛද්‍යසේකර

ගීතය රස විඳින්න

www. http://netcd.lakderana.com/paatapaataheenayak/32/KumudekiHiriEnaMaga.mp3

ශ්‍රී ලංකා මගේ ලංකා

මට පෙනෙන්නේ මිරිඟුවක් පමණයි
ගෙදර වගේ තව තැනක් නම් නැහැ
මගේ සිහිනය හිස් වුණා අදුරේ
ඔබ වෙතට එමි යළිත් ලක් මවිනි

නැගී තිබුණා දේදුන්න අහසේ
මා විනා ඒ දුටුව කිසිවෙක් නෑ
හඬක් මා දෙසවනට කොඳුරා ගී
පිබිදී දුවයන් රුවන් විජිතයටා

එති උණුසුම් සෙනෙහෙ ආලිංගනයේ
රස බලන්නට ඒ පාරාදිසයේ
තිබුණි සම්පත් රැදී මා සඳහා
ගුවන් ගමනක් ඔබින් යත් සයුරේ

ජය ලබන්නට විටෙක හරි ලේසි
වේග වාහන සොඳුරු ලිය ඇසුරේ
නිවෙන දැල්වෙන විදුලි එළි නැවතී
කඩා වැටුණා දේදුන්න බිමටා

ශ්‍රී ලංකා මගේ ලංකා

ගේය පද - දයා ආනන්ද රණසිංහ
සංගීතය - සංගීත් වික්‍රමසිංහ

ගීතය රස විඳින්න

www. http://netcd.lakderana.com/paatapaataheenayak/32/
SriLankaMageLanka.mp3

රුදුරු රළු මහ මුහුද

රුදුරු රළු මහ මුහුද - ඉකිගසා හඬාපන්
කළ පවට පල දෙන්න - තුන් ලොවට ඇසෙන්නට
නුඹය අප දිවි රැක්කේ - නුඹෙනි කුසගිනි නිවුණේ
එයිනි අඹු දරු හැදුණේ - නුඹය උන් බිලි ගත්තේ

දිලුණු නිල් කැටය මෙන් - මනහරව සුකුමලව
සැනෙන් කළු රකුසු වෙස් ගෙන - හඹා ආ බවය
පිරුණු පවු සෝදන්න රට හරහා ගැලුව නුඹ
හඬාපන් ඉකිබිඳින් - දැන් මුළු තුන් ලොවටම ඇසෙන සේ

රට කරන නරයන්ගේ - රට කරපු නරයින්ගේ
අකුසල් කන්දේ බරට - නුඹේ පතුල පැලී ගොස්
ගිලී කිඳුනා නොවෙද
එයින් උරණව ගලා ආ නමුත් හරි සැරට
නුඹට වත් නොහැකි විය - බෙදන්න මගේ රට දෙකට

සහය ගායනය - සනත් මාපා සහ විපුල රත්නකැල
ගේය පද - නලින් ජයවර්ධන
සංගීතය - රොහාන් ජයවර්ධන

ගීතය රස විඳින්න

https://www.youtube.com/watch?v=5CTfhojxtFA

මේ නැගෙන පෙණ කැටි

මේ නැගෙන පෙණ කැටි පිපී රළි මතු වුණේ
සියල්ලෝ මරු මුවේ කවුද ගැලවෙන්නේ
නැගී මුහුදෙන් දිය කඳක් වෙරළ බිඳ දැමුවේ
දොරින් දොර බිය වැදී විලාපෙන් සැලුණේ

අපට කුමටද සුනාමී යුද ගින්න යන්නට නිවී
එකමුතු වෙන්න ප්‍රේමෙන් බැඳී මා පුතු ඇතේ සැඟවී
සුනාමී සුනාමී ඒ දිනේ නොමැකී සිතේ
අතේ සවි බිඳීලා මා පුතා ගිලිහී ගියේ

සුනාමි සුනාමි ගුගුරලා මේ මිහිතලේ
ඔබ ඇයිද මේ දේ කළේ
හෙලා හැම මරු මුවේ

"මුහුදේ හඬයි ඒ ඇසෙන්නේ - මුහුදයි හඬින් කෑ ගසන්නේ
මව් බිමේ පස් සෝදා හලොත් - ඔබෙත් පවු දිය වී යතේ "

දුටිමි මුහුදේ ළිහිණියෙක් මින් ගොදුරකට පනිනා
සැනින් අරගෙන ආදෙකුත් උග දියඹ තුළ ගිලුණා
ඇසී ඒ ගස් උණ්ඩයේ හඩ කන ළඟින් ඇදෙනා
සැණින් අරගෙන මා පුතා එක පිම්මකින් පැන්නා

කියන් හනිකට සුනාමි නුඹ නීති නොතකන්නේ
ඔබ සිතේ ඇතිදෝ කුමක් මා පුතු බිළිගත්තා

ගේය පද - නිමල් මෙන්ඩිස්
සිංහල පරිවර්තනය - ආචාර්ය විකුම්ප්‍රිය පෙරේරා
තනුව - නිමල් මෙන්ඩිස්
සංගීතය - රොහාන් ජයවර්ධන

ගීතය රස විඳින්න

www. http://netcd.lakderana.com/tsunamiaudiocd/32/TsunamiSrilankaSinhala.mp3

කන්ද පාමුලේ

කන්ද පාමුලේ නෙළුම් විලේ ජලාශයේ
සීගිරි ළඳුන් උපුල් නෙලා විලා තෙරේ

නීලවන් වරල් සලා නුවන් අගින් බලා
නෙත් විලේ දසුන් මවා සුගන්ධවත් කළා
ඒ ඔබේ නමින් කුරුටු ගීතයක් වෙලා
මං ගයම් ළඳුන් ළඟින් සදා නොවෙන්වෙලා

සීගිරියයි වැවයි පුරා සුරංගනා සිනා
සිංහලේ යුගෙන් යුගේ සුගන්ධවත් කළා
ඒ ඔබේ නමින් කුරුටු ගීතයක් වෙලා
මං ගයම් ළඳුන් ළඟින් සදා නොවෙන්වෙලා

ගේය පද - ෂෙල්ටන් නවරත්න
සංගීතය - රොහාන් ජයවර්ධන

ගීතය සහ රූප රචනය රස විඳින්න

▶ https://www.youtube.com/watch?v=aekWFuAW7PY

කවුරුදෝ වග කියන්නේ

කවුරුදෝ වග කියන්නේ
බිදුණු ජීවිතයට ඇගේ
කවුරුදෝ වග කියන්නේ

ගිලිහිලා ඇ හද මලේ පෙති
මැලවිලා ඇ මුවහසේ රැළි
රතුවෙලා ඇගේ නීල දෙනුවන්
හෙළූ උණු කඳුලට ඇගේ
කවුරුදෝ වග කියන්නේ

අතීතය වෙත නිබඳ යන හිරු
ඇගේ තනියට ගෙනෙන කිරි දරු
පතා නැත පිය කෙනෙකු මිහිපිට
මෙවන් ජීවිතයට ලොවේ
කවුරුදෝ වග කියන්නේ

ගේය පද - ෂෙල්ටන් නවරත්න
සංගීතය - රොහාන් ජයවර්ධන

ගීතය රස විඳින්න
▶ https://www.youtube.com/watch?v=oSoVVzfM8IA

ගායනා කරන්නේ මා

ගායනා කරන්නේ මා ඔබේම ගීතයයි
ගී ගයා පතන්නේ මා ඔබේම ජීවයයි
ජීවයයි ඒ ගීතයයි මගේ නොව ඔබෙයි
මගේ නොව ඔබෙයි

අඳුරේ දිලෙන සඳවතයි - ඔබේ හදවතයි
නිහඬ රැයක සසළ වෙයි - සිනා සතු විලයි
මුවට මුසුවෙනා ඒ ගීය සුළඟ අග රැඳෙයි
ඔබට අත වනා ඒ ගීය මගෙන් වෙන්ව යයි

රසික සවන සිහිනයයි - නෙතේ සිහිලසයි
මසිත මිලින බව නිමයි - මගේ තනිකමයි
මුවට මුසුවෙනා ඒ ගීය සුළඟ අග රැඳෙයි
ලොවට රසදෙනා ඒ ගීය මගේ නොව ඔබෙයි

ගේය පද - ෂෙල්ටන් නවරත්න
සංගීතය - රොහාන් ජයවර්ධන

ගීතය රස විඳින්න
www. http://netcd.lakderana.com/kandapaamule/32/GaayanaKaranneMaa.mp3

අදුරු රැයක් විය

අදුරු රැයක් විය මා හද චංචල
ඒ රැ කළුවර දෑස වසා
සොඳුරු ළඳක් විය මා හද පෙම් කළ
ඒ පෙම් ලෝකය දෑස වසා

පෙම් ගී ගැයුවා මල් හද උයනේ
රැ වී ළංවී හිමිදිරියේ
ගුවන්තලේ හෙමින් ඇසේ
පෙම් ගී රාවය පාවී
පාවී ඇවිදින් හෙමින් සැරේ

ඉකිබිඳ හැඬුවා මතකයි නැවතත්
තනි වුදා මා සොහොන් බිමේ
ගුවන් තලේ හෙමින් ඇසේ
දුක් ගී රාවය පාවී
පාවී ඇවිදින් අදුරු රැයේ

සිපගන්නම් මා පිබිඳුන සුදු මල්
වැළලු තැන ඔබ සොහොන් බිමේ
ගුවන් තලේ හෙමින් ඇසේ
දුක් ගී රාවය පාවී
පාවී ඇවිදින් අහස් තලේ

ගේය පද - නලින් ජයවර්ධන
සංගීතය - රොහාන් ජයවර්ධන

ගීතය රස විඳින්න
www. http://netcd.lakderana.com/kandapaamule/32/
AnduruRaeyakViya.mp3

මලක් නම් ඔබ

පි-මලක් නම් ඔබ ඔබේ සුවඳින්
හැඟුම් සනහන අදහසින්
නිතර මා එන්නම් - නිතර මා එන්නම්

ගැ-මලක් නම් මම මගේ මුවගින්
ළඟින් ඉඳගෙන සෙනෙහසින්
සුවඳ දී ඉන්නම් - සුවඳ දී ඉන්නම්

පි-රැයේ අඳුරේ ඔබේ රුව නැත
කෙලෙසදෝ මා ඔබ දකින්නේ
ගැ-මගේ මුවගේ සිනා සුවඳින්
ඔබගේ රෑ මා ළඟ හිඳින්නේ

පි-මලේ ඔබගේ සදා සෙනෙහස
කොතැනදෝ සැඟවී සිටින්නේ
ගැ-මගේ මුවගේ නුරා රොන් මත
කවදදෝ සැඟවී හිඳින්නේ

සහය ගායනය -නිජමාලි ජයවර්ධන
ගේය පද - ෂෙල්ටන් නවරත්න
සංගීතය - රොහාන් ජයවර්ධන

ගීතය රස විඳින්න

www. http://netcd.lakderana.com/kandapaamule/32/MalakNamOba.mp3

ක්ලේශ ආශාවේ වෙලී

ක්ලේශ ආශාවේ වෙලී
දිවි ගෙවන ලොවෙහි අපි
දෙසූ දහම් අමෝද හිමි
බැති සිතින් වැළඳ ගනී
ක්ලේශ තන්හාවේ ගැලී

කම් සැපේ රස පතා
කිමද අනේ පල නැතා
සිත යොමා ඒ සිතා
පස් පවෙන් වෙන් වෙලා

සය වසක් දුක් ගෙවා
එගොඩ වී සසරෙණා
හිමි දෙසූ දම් අසා
නිදුකිනි ලොව සතා

ගේය පද - නලින් ජයවර්ධන
සංගීතය - රොහාන් ජයවර්ධන

ගීතය රස විඳින්න

www. http://netcd.lakderana.com/kandapaamule/32/
KleshaAasaweWeli.mp3

අද අප සමුගන්නා

අද අප සමුගන්නා මේ මොහොතේ
ඔබේ සුරත මා සුරතේ පටලා
සිපගන්නම් මා ඔබ ඉකිබිඳ හඬනා වේලේ

බාල වි‍යේ සිට බැඳි සෙනෙහේ අප
එක්වන්නට පතලා
බිදුණු රළ තරංගාවක් සේ
විසිර ගියා සුණු විසුණු වෙලා

ලොවේ චෝදනා ඉවත දමා අප
එක්වන්නට පතලා
මිතුරන් එක්වී කුහක ලෙසින්
මිලින කළා අප හද පියුමන්

ගේය පද - රොහාන් ජයවර්ධන
සංගීතය - රොහාන් ජයවර්ධන

ගීතය රස විඳින්න

▶ https://www.youtube.com/watch?v=bGAMuKtp0e0

නින්ද නෙතින් ගලනා

නින්ද නෙතින් ගලනා රෑ යාමේ
කන්ද උඩින් එනවා පිච්ච සමන් සුවඳේ
රෑ යාමේ ලන්ද දිගේ එනවා

සේද වලා සලු පිලි පොරවාලා
සීත හිමේ හිඳ ගීත ගයාලා
ආල හැඟුම් මනසේ කටු ගාලා
මාල බැඳන් තරු මාල නෙලාලා

පාන සිනා මුතු පිනි දිය දෝලා
පාළු මකා දුර ඈත රැඳිලා
දෑස අගින් නිදි ගීතය මුදවාලා
සෝ ළතැවුල් සඳමාලි නිවාලා

ගේය පද - ෂෙල්ටන් නවරත්න
සංගීතය - රොහාන් ජයවර්ධන

ගීතය රස විඳින්න

▶ https://www.youtube.com/watch?v=_02q685br4l

වරමක් ලැබුණොත්

පි-වරමක් ලැබුණොත් මතු යම් දවසක
අතීතයට ගොස් ආපසු එන්නට
දිවි මාළිගයේ ගල් පදනම යළි
නොසැලෙන සේ සවි කරලා එනවා
ගැ-අතීතයට යා යුතු ඇයි පියාණෙනි
අද මේ මොහොතේ කරන්න කළ යුතු දේ
සොඳුරු සිහිනයකි අතීතයෙන් මතු වූ
අප එක පොකුරක මල් විය පෙර දවසේ

පි-ඔබ වෙනුවෙන් ලෝකයක් තනන්නට
නිවස හැර පියා ගිය දින කුමටද
ලොව නලු වෙස් මැද තනිවම දිවි මග
ආයේ නොයන්න සකසනවා මම
ගැ-අතීතයට යා යුතු ඇයි පියාණෙනි
අද මේ මොහොතේ කරන්න කළ යුතු දේ
ඔබ නොරටේ රළු ජීවිතයක ගැටෙනා
මම හා මා ඇස් තෙත් වේ අද දවසේ

පි-දෙවරක් නොසිතමි ඇරයුම පිළිගමි
සමාව ඉල්ලා ආපසු එනවා
ගැ-නැවතුණ තැන සිට පෙරටම යන්නට
ඔබ සමගින් මම මග සකසනවා
පි-අතීතයේ රන් මෙන් වටිනා පැය
අපිට තියේ මතු ලෝකය තනන්න
ගැ-නැවතුණ තැන සිට පෙරටම යන්නට
ඔබ සමගින් මම මග සකසනවා

සහය ගායනා - සඳුනි රශ්මිකා අතුලගේ
ගේය පද - ආචාර්ය විකුම්ප්‍රිය පෙරේරා
සංගීතය - ආනන්ද වෛද්‍යසේකර

ගීතය රස විඳින්න
www. http://netcd.lakderana.com/niwaadukaale/32/ThuruhisaRaendhiGiraawaanane.mp3

සිඳෙන තෙක් දිය

ගැ-සිඳෙන තෙක් දිය විල් තෙරේ
බලා හුන් නිල් ලිහිණියෙක්
කඩ මසෙකු දුටු ඒ ඇසිල්ලේ
සිල් මුදා ඉගිලී යයි

ගැ-ඉවසීම එය නම් අප අපම රවටලා
ඉවසීම එය නම් අප අපම රැවටිලා
අවි දැරූ අතකින් කුළුණු පිරි සිතකින්
සදාකාලික සමාවෙන් සමුදීම ඉවසීමයි

පි-වැඩෙන තෙක් සවිබල ගතේ
අවි හෙලා කල් බල බලා
ලද මොහොතකදී අනිකා හෙලා
රණ ගොසින් හඬ නග නගා

සහය ගායනය - නිලුපුලි දිල්හාරා
ගේය පද - ආචාර්ය විකුම්ප්‍රිය පෙරේරා
සංගීතය - ආනන්ද වෛද්‍යසේකර

ගීතය රස විඳින්න
www. http://netcd.lakderana.com/vidulieliyak/32/SindenathekDiya.mp3

සිහින මායිමෙන්

ගැ-සිහින මායිමෙන් එතෙර වෙලා
නව කැදැල්ලකට ඇරයුම්

පි-රැවටී දනයට රුවෙන් වෙලා
පෙම පමණද ලෝකයේ උතුම්

ගැ-සිත මිස කය නැහැ ලෝකයේ
ආදර මන්දිර තනවම්

පි-වයසට එක්වෙන සෑම පැයේ
වැටහෙයි මාවත දන්නෙම්

ගැ-අද මිස හෙට නැහැ ලෝකයේ
ආදර මන්දිර තනවම්

පි-තෝරා ගත් මග ජීවිතේ
වෙනසක් නම් නොකරන්නම්

සහය ගායනය - නිලුපුලි දිල්හාරා
ගේය පද - ආචාර්ය විකුම්ප්‍රිය පෙරේරා
සංගීතය - ආනන්ද වෛද්‍යසේකර

ගීතය රස විඳින්න

www. http://netcd.lakderana.com/vidulieliyak/32/SihinaMaayimen.mp3

සිත අසනීපෙන්

පි-සිත අසනීපෙන් හිදින වෙලේ
   ගෙල රවටා ඔසුවකි බීවේ

ගැ-සුව නොවනා ලෙඩ දුක් ගානේ
   දිවි තෙරටයි අප ළංවූයේ

පි-සිත් ගැලපුණා නොවේ
   අඟපසඟේ සැහුමක් නැතේ

ගැ-එනමුත් දරු දෙදෙනා වෙනුවෙන්
   සැම දුක් ඉවසාගෙන සිටියේ

පි-දිවි මග කෙළවර ළංවේ
   දින දින ඇගයුම වැඩිවේ

ගැ-පෙර ඉවසුම මිණි මෙන් අගනා
   හද සැනසුම යළි උදා වුණා

සහය ගායනය - නිලුපුලි දිල්හාරා
ගේය පද - ආචාර්ය වික්‍රම්ප්‍රිය පෙරේරා
සංගීතය - ආනන්ද වෛද්‍යසේකර

ගීතය රස විදින්න
![www] http://netcd.lakderana.com/vidulieliyak/32/
SithaAsaneepen.mp3

ඔබ මෙනෙහි කරන විට
(අම්මා)

ඔබ මෙනෙහි කරන විට තරුවක් පායයි
සිත පිරී ගලා විත් දෙඇසින් වැගිරෙයි
ඒ සොඳුරු මතකයි අම්මා

කරුණා දහරා සිත සවි වුවා
දොම්නස් බිඳිලා සන්සුන් වූවා
ඒ සොඳුරු මතකයි අම්මා

ඇසි පිය හෙළනා මොහොතක් පාසා
පවන් රොදක්වී ගත දැවටෙවුවා
ඒ සොඳුරු මතකයි අම්මා

ගේය පද - ආචාර්ය විකුම්ප්‍රිය පෙරේරා
සංගීතය - රොහාන් ජයවර්ධන

ගීතය රස විඳින්න

www. http://netcd.lakderana.com/ukusues/32/ObaMenehiKaranaWita.mp3

බ්‍රහ්ම සර

බ්‍රහ්ම සර නංවා
ලොවැ එකලු කරනු
තිරසාර ලෝ ඇදුරු
දෙසුමට සවන් යෙදූ

මිහිරි කන්කළු ගීතයයි
ගැඹුරු අනුරා නාදයයි
වන් සවන් මත රාව නංවා
නිබඳ පැහැදිලි රූ මවයි

කැටිව ඉපදී විසිර යයි
වටව පැවති හඬ කවයි
අසන දන ඉක්මවා නොයනා
සිතැඟි බඹ සර නාදවෙයි

ගේය පද - ආචාර්ය වික්‍රම්ප්‍රිය පෙරේරා
සංගීතය - රොහාන් ජයවර්ධන

ගීතය රස විඳින්න

www. http://netcd.lakderana.com/ukusues/32/
BrahmasaraNanwaa.mp3

ඉරු දින සැරසී

ඉරු දින සැරසී
සරුංගලය සේ
දෙව් පුද දැකුමට
යන කෝමලී
ආලේලුයියා

දෙව් බඹු සේනා
ඔබ පුද ගැනුමට
පේළි සැදිලා
එනු සිකුරුයි

බැති ගී සිංදු
මුවගින් පිටවී
අම මී බිංදු
වෙන අයුරූ

ගේය පද - ආචාර්ය වික්‍රම්ප්‍රිය පෙරේරා
සංගීතය - සංගීත් වික්‍රමසිංහ

ගීතය රස විඳින්න

www. http://netcd.lakderana.com/ukusues/32/IrudinaSerasii.mp3

පා ඇඟිලි සැලෙන

පා ඇඟිලි සැලෙන සෙයින්
කිති කැවේ හෘද බිඟුන්
රන් රුවන් මුවා කයින්
සුව මැවේ දේව විමන්

දිලි දිලි සැලෙයි කසුන්
මිනිමෙවුල් නැඟේ පියෙන්
මල් කඩා හැලේ නාදෙන්
විසිරේවි සුවඳ සෝකෙන්

දිලි දිලි නිවෙන තරුවෙන්
මද රුවක් දිසේ ඇතින්
එක පෙළට තැබූ මානෙන්
ඇස් මුලා වුණා සිහිනෙන්

සහය ගායනය - අනුර ඩයස්
ගේය පද - ආචාර්ය විකුම්ප්‍රිය පෙරේරා
සංගීතය - රොහාන් ජයවර්ධන

ගීතය රස විඳින්න

www. http://netcd.lakderana.com/ukusues/32/
PaaEngiliSelena.mp3

කිසි කලේ හමු නොවේ

කිසි කලේ හමු නොවේ නම් ඔබ හා මෙමා
කිසි දිනේ යන්නේ නෑ මා ඒ මාවතේ
කවුලු අවුරා තිබේ නම් හදේ ද්වාරයේ
සොඳුරු සිරි මාවතේ කුමට යමු දෝ ප්‍රියේ

ඉපිලිලා විසිරුණත් සතුට මේ ජීවිතේ
පිබිදිලා හිනැහුණත් රුසිරු මල් මාවතේ
වසත් කාලේ උදා වීලා සිතේ
කටු ඇනී වේදනා දේවි නම් පාමුලේ
ඔබ නෙලා සිඹිම් දෝ සුවඳ රන් වන් මලේ

කඳුළු බිඳදාලා ඔබ එන්නේ දෝ මාවතේ
ප්‍රේමයේ සිනිඳු සලු සේල සරසාලා වතේ
මා පෙලන්නේ ඇයි ඒ මතක රඳවා සිතේ
මා සමු දෙන්නෙමි හැරදමා ජීවිතේ
කුමට ඉන්නේද රැඳිලා මේ දිවි මාවතේ

ගේය පද - ක්‍රිසන්ති ද ෆොන්සේකා
සංගීතය - සංගීත් වික්‍රමසිංහ

* හිංදි ගීතයක සිංහල පරිවර්තනයකි.

ගීතය රස විඳින්න
https://www.youtube.com/watch?v=I2WWoUm4oyo

ආදරය කරන්නේ මේ

ආදරය කරන්නේ මේ මේ කවුරුන්ද මේ
අර පෙම්වන්තයන්ගේ සුර ලෝකයද මේ
මියයාවී - සුන්වේවි - වැනසේවි සැමදා
රහැනෙන් මනු බඳින්න මිතුරේ මා හැර යන්න
ආදරය පැතුවේ නැහැ මා

කඩා දමා ගියත් පිරුණු මී විත දෙන ලොලේ
හද පතුලේ පිපුණු පියුම් සදා කලේ ලෙලේ
යාවි මේ හද මා දෙදරාලා

පේළි ගැසි පාවෙන දෙව්ලොව අඟනාවෝ
නුවන් දැලේ පැටලේවිද මා සිත රැඳුනාවෝ
ජය වේ පතන්නම් සැමදා මා

ගේය පද - ක්‍රිසන්ති ද ෆොන්සේකා
සංගීතය - සංගීත් වික්‍රමසිංහ

* හිංදි ගීතයක සිංහල පරිවර්තනයකි.

ගීතය රස විඳින්න

https://www.youtube.com/watch?v=cPr1DpoGjaA

දෑ ගී මිණි

දෑ ගී මිණි කැටි
දෑ ගී මිණි කැටි
ඔබ මතු කළ හැටි
අප නිසා පිදූ හැටි
සිහි වී සමරමි
දෑ ගී

ඇති නැති සැමටම ඇමතුවා
එකමුතු ලොවක් මවා
ගී පන්දහසක් පණ පොවා
අපව මත් කළා
දිවි ගංගාවේ කෙළවර කරා
සැණින් ඔබ ගියා - ගී ලොව තනි කළා

අපගේ සිනාවයි මුදල නොවේ
ගී දහසක් බිහි කළේ
අද ඇති වන මේ අවබෝදේ
ඔය මේ විලස ගැයේ
කොතැනක හිටියද මෙම ලෝ තලයේ
ඔබව සිහි කළේ - සැරදේ හැම කලේ

ගේය පද - ආචාර්ය විකුම්ප්‍රිය පෙරේරා
නව සංගීතය - සංගීත් වික්‍රමසිංහ

* එච් .ආර්. ජෝතිපාල උපහාර ගීතය

ගීතය රස විඳින්න

https://www.youtube.com/watch?v=rBIJiC5ntvo

දෝන ගජමන්

දෝන ගජමන්
මලකි දෑසමන්
හිතේ කොනකින් පීදෙනා
ආල මනරම්
ගොතන කවි කම්
කාට දෝ මේ ගායනා

පාට රන්වන්
දෑස නිළුපුල්
කොහොම අමතක කරමිනා
හිතක ළතැවුල්
එකම බැල්මෙන්
ඈත යන හැටි පාවෙලා

තුංග සමනොල
ගිරෙන් පායන
පුන් සඳක් ලෙද සෝබනා
රැගෙන ඔය අත
යන්න මගේ රට
එන්න හනිකට පා නගා

ගේය පද - වසන්ත විජේකෝන්
සංගීතය - ආනන්ද වෛද්‍යසේකර

අප අපේ වන්නට

අප අපේ වන්නට
පිං පුරා නැති මුත්
කොතැන හෝ ඇති
අපිට හිමි හදවත්

පෙර මතක මල් කැට
පිබිදේවි අදටත්
හිත රිදුම් දෙන ය
සඳ දෙවුද නිදි ගත්

අද සිදී ගොස් ඇත
සෙනෙහසක උල්පත්
නෙත් කෙවෙණි යට නුඹ
සිටී මගේ කවදත්

ගේය පද - අනුර බුලත්ගමගේ
සංගීතය - ආනන්ද වෛද්‍යසේකර

බණ කියන්න

බණ කියන්න දොස් හොයන්න හැමෝම එනවා
නිකන් වගේ එතන ඉඳන් ඔවදන් දෙනවා
තමන්ගේ වැඩ බලා ගන්න නැතිද විනෝදේ
උදේ ඉඳන් රෑ වෙනකන් සොයයි කුඩා දේ

ආදි කාලේ ගොවියෙක් සල් පිලට ගිහිල්ලා
කහවනුවක් ගෙවලා ගොන් පැටියෙක් ගත්තා
පුතා එක්ක ඌව අරන් ආපසු ගමනේ
කැලේ පාරේ එනකොට තව ගැමියෙක් දැක්කේ

"අනේ මෙහෙම ගොන් තඩියෙක් ලෝකයේ ඇද්ද
පොඩි එකාව පයින් යවයි - ගොනා මොකටද ?"

ගොවියා මේ දේ අහලා ගමන නවතලා
පොඩි එකාව ගොනා පිටේ නග්ගා ගත්තා
මේ විදිහට ගවු කාලක් දෙදෙනා යන්නේ
කෙල්ලෙකු හා මග යන මැහැලියක් දකින්නේ

"දැන් කාලේ හැදෙනා උන් කිසි කමකට නැහැ
මහලු පියා පයිං යද්දි ගොනා පිටේ යයි"

"අනේ ... අනේ ... පුතේ ඔන්න ඔය
ගොනා පිටෙන් බහින්නේ " ගොවියා කිව්වා
ගොනා පිටට නැගලා යළි ගමන ඇරඹුවා
අනේ තාත්තේ ...

සහය ගායනය - රේණුකා වික්‍රමසිංහ සහ සංගීත් වික්‍රමසිංහ
ගේය පද- ආචාර්ය විකුම්ප්‍රිය පෙරේරා
සංගීතය - සංගීත් වික්‍රමසිංහ

ගීතය රස විඳින්න
https://www.youtube.com/embed/ceWbOqixEIY

ගේය පද රචක නාමාවලිය

01 අජන්ත ජයසේකර
02 අමිල උක්වත්ත
03 ආනන්ද පද්මසිරි
04 ආනන්ද වෛද්‍යසේකර
05 අනිෂා ශිරෝමාලා
06 අනුෂා තිලන්තිකා
07 අරුණ ජයවර්ධන
08 අරුණ වික්‍රමාරච්චි
09 අසංක සඳරුවන්
10 අසන්ති පෙරේරා
11 අනුර බුලත්ගමගේ
12 බණ්ඩාර බෙලිකැටමුල්ල
13 භද්‍රජී මහින්ද ජයතිලක
14 චන්දි ජයසිරි
15 චන්ද්‍ර මලියරත්න
16 චතුරිකා සෙව්වන්දි
17 ආචාර්ය විද්‍යානි මණතුංග
18 දම්මික එගොඩවත්ත
19 දයා ආනන්ද රණසිංහ
20 දීප්ති හෙට්ටිආරච්චි
21 දිළිණි අබේසිංහ
22 දිනිති දීපිකා
23 ආචාර්ය විකුම්ප්‍රිය පෙරේරා
24 දුලිප් පටබැඳි
25 එරංග පාලිතරත්න
26 එරින් ප්‍රනාන්දු
27 ගයාන් අබේසිංහ
28 ගයාන් සඳරුවන්
29 හර්ෂනාත් කාංචන
30 හසිනි භාග්‍යා තන්ත්‍රිගේ
31 හසිත හේමාල්
32 හෂාන් එරංග ද සිල්වා
33 ඉන්ද්‍රානි කුලරත්න
34 ඉන්දු ලියනගේ
35 ජනිත් විතාරණගේ
36 කාංචනා ප්‍රියකාන්ත
37 කෞෂි දිසානායක
38 කෙවින් යාන් ජල්ඩීන්
39 ක්‍රිසන්ති ද ෆොන්සේකා
40 ලක්මාල් ජයසිංහ
41 ලක්මි ප්‍රභා රත්නායක
42 ලක්ෂ්මන් නයනකාන්ත
43 නිමල් මෙන්ඩිස්
44 මහාචාර්ය අනුරාධ සෙනෙවිරත්න
45 ෂෙල්ටන් නවරත්න
46 ලතා පෙරේරා
47 ලීරා ද සිල්වා
48 ආචාර්ය ලයනල් බෝපගේ
49 මහේෂි කෞෂල්‍යා
50 මංජු නැදගමුව
51 මංජු සිල්වා
52 මනෝජි පූර්ණිමා
53 මාරි භාග්‍යා ප්‍රනාන්දු
54 නලින් ජයවර්ධන
55 නාරද විජේසූරිය
56 නයනසේන වන්නිනායක
57 නයනේත්‍රි කපුරුසිංහ
58 නයෝමි සිරිනාලි නවරත්න
59 නිමල් එස් පෙරේරා
60 නිම්මි ප්‍රියදර්ශනි
61 නිෂාද් ඉංතික
62 නිසන්ත දසනායක
63 ඔමායා අරුමපුර
64 පැතුම් තිලකසිරි
65 ප්‍රදීප් නන්දලාල්
66 ප්‍රියන්ත පතිරණ
67 රන්ජන් රත්නායක
68 රන්ජිත් පීරිස්
69 රන්සර බණ්ඩාර
70 රසී පෙරේරා
71 රසිකා කෝරළගේ

72 ගරු නිරෝෂා දිල්හාරා කන්‍යා සොහොයුරිය
73 රොහාන් ජයවර්ධන
74 පූජ්‍ය රොමාල්ඩ් පෙරේරා
75 රුක්ෂාන් කරුණානායක
76 රුවන් කුමාර මැද්දගේ
77 රුවන් රත්නායක
78 සහන් මෙත්සර
79 සමන් හේවගේ
80 සමීර ප්‍රේමචන්ද්‍ර
81 සංජීවනී දහනායක
82 සංජීවිකා සමරතුංග
83 සංගීත් වික්‍රමසිංහ
84 ස්වර්ණා බන්නැහැක
85 සිරි පීරිස්
86 සුභාෂිණි ගුණවර්ධන
87 සුනිල් ගෝවින්නගේ
88 සුසන්ත දන්දෙණිය
89 ශාන්ති කල්දෙමුල්ල
90 ශාන්ති රණසිංහ
91 ශීලා පෙරේරා කෝනාරිස්
92 ශ්‍රීමති ධනවලවිතාන
93 ශ්‍රියා කුමරසිංහ
94 ෂාමිලා හුසේන්
95 ෂාන් ගුණවර්ධන
96 තරිඳු අමිල
97 තරංගා ජීවනී
98 ත්‍යාගා සෙව්වන්දි
99 තිළිණි අතුකෝරාල
100 තුෂාරි ලියනගේ
101 තුෂාරිකා කන්නංගර
102 තුසිත් දඹකොටුව
103 උදිත වර්ණකුලසූරිය
104 පූජ්‍ය රාජාංගනේ ආරියවංශ හිමි
105 වර්නන් පෙරේරා
106 වසන්ත විජේකෝන්
107 විජය මාපලාන

තනු රචක සහ සංගීත අධ්‍යක්ෂක නාමාවලිය

01 අර්නස්ට් සොයිසා
02 ආනන්ද වෛද්‍යසේකර
03 එච්. එම්. ජයවර්ධන
04 ජයංග දැදිගම
05 විශාරද දර්ශන වික්‍රමතුංග
06 දමිත අයෝද්‍ය
07 ධම්මික එදුස්සූරිය
08 නවරත්න ගමගේ
09 නිමල් මෙන්ඩිස්
10 ප්‍රේමනාත් කොඩිතුවක්කු
11 හදජ් මහින්ද ජයතිලක
12 මංජු සිල්වා
13 මර්වින් ප්‍රියන්ත
14 ආචාර්ය රෝහන වීරසිංහ
15 රොහාන් ජයවර්ධන
16 රුක්ෂාන් කරුණානායක
17 සංගීත් වික්‍රමසිංහ
18 සරත් ද අල්විස්
19 ස්ටැන්ලි ඔමාර්

සහය ගායක ගායිකා නාමාවලිය

01 රූපා ඉන්දුමති
02 නෙලු අධිකාරි
03 අමිලා නදිශානි
04 නිලුපුලී දිල්හාරා
05 චේතනා රණසිංහ
06 නිමන්ති චමෝදිනි
07 ඉනෝකා අහංගම
08 තිළිණි අතුකෝරල
09 මිනාලි ගමගේ
10 ලලිතා ජයසිංහ
11 නිජමාලි ජයවර්ධන
12 උමෝදා වීරසිංහ
13 සශිකා සිරිමලි
14 වින්දයා පීරිස්
15 හංසි අමල්කා
16 අනුෂා නිලන්තිකා
17 චුලානී සූරවීර
18 විමානි කපුරුබණ්ඩාර
19 සන්තුරි වෛද්‍යසේකර
20 රේණුකා වික්‍රමසිංහ
21 හදූජි මහින්ද ජයතිලක
22 වෝල්ටර් ප්‍රනාන්දු
23 සංගීත් වික්‍රමසිංහ
24 ආනන්ද වෛද්‍යසේකර
25 රොහාන් ජයවර්ධන
26 රවින්ද්‍ර අලගියවන්න
27 අනුර ඩයස්
28 විදර්ශන කෝදාගොඩ
29 සනත් මාපා
30 විපුල රත්නකැල
31 ළමා ගායිකා සඳුනි රශ්මිකා අතුලගේ

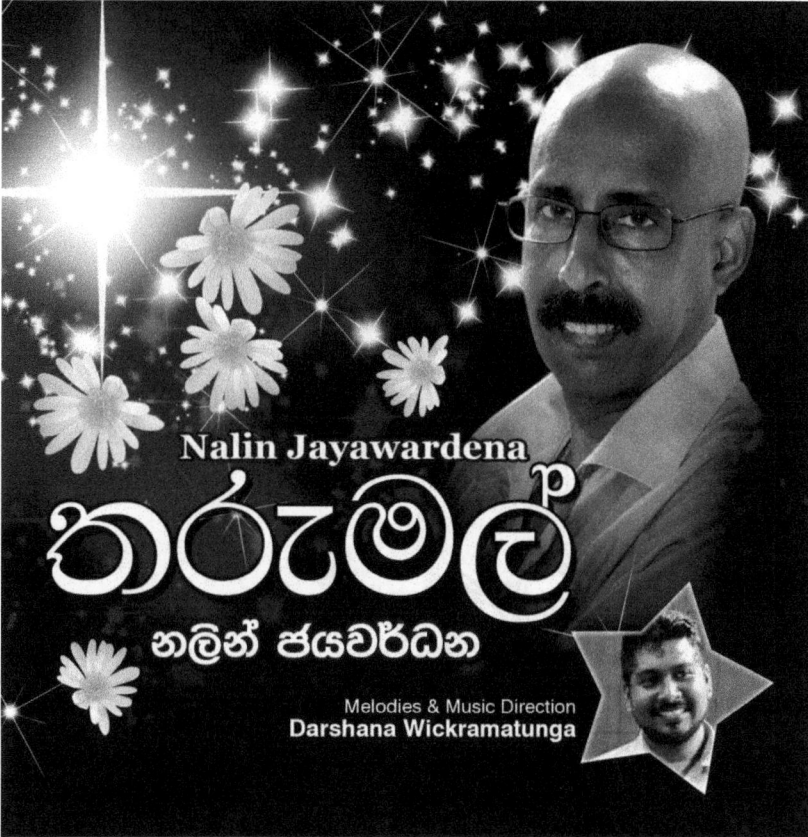

Nalin Jayawardena

තරුමල්

නලින් ජයවර්ධන

Melodies & Music Direction
Darshana Wickramatunga

Google Play https://play.google.com/music/preview/
Bys3eribdfivfz3qujwfj37awki?utm_source=
youtube&utm_medium=buylink

www. http://www.cdbaby.com/m/cd/nalinjayawardena13

iTunes https://itunes.apple.com/us/album/tharu-mal/id1142436646

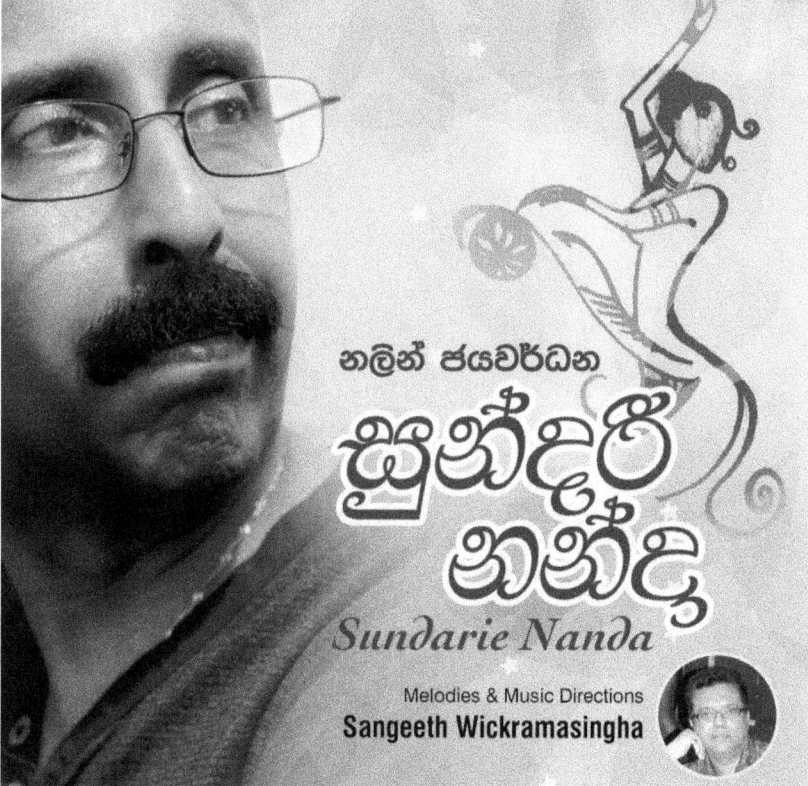

N A L I N   J A Y A W A R D E N A

නලින් ජයවර්ධන

සුන්දරී නන්දා

Sundarie Nanda

Melodies & Music Directions
Sangeeth Wickramasingha

www. http://netcd.lakderana.com/CD51.php

Available on iTunes
https://itunes.apple.com/us/album/
sundari-nanda/id1118569602

Google Play
https://play.google.com/store/music/album/
Nalin_Jayawardena_Sundari_Nanda_%E0%B7%83_
%E0%B6%B1_%E0%B6%AF%E0%B6%BB_%E0%
B6%B1%E0%B6%B1_%E0%B6%AF?id=
Bn5t5essspqglpkcvzopu5wbh54&hl=en

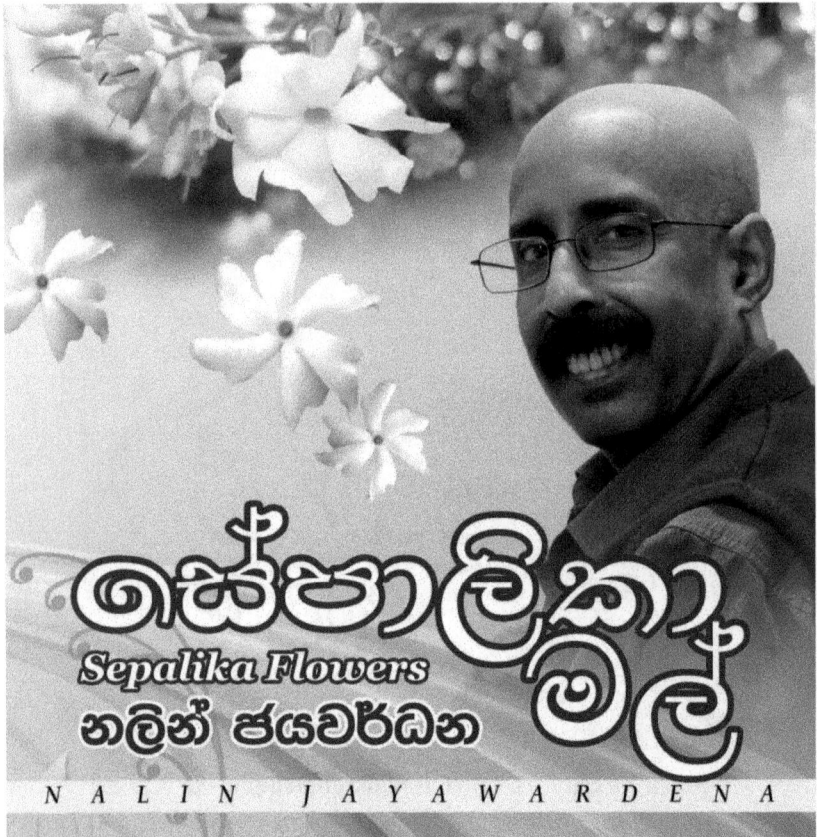

Sepalika Flowers
සේපාලිකා මල්
නලින් ජයවර්ධන
NALIN JAYAWARDENA

आचार्य विकුම්ප්‍රිය පෙරේරා ගී සංකල්පනා - 7
Vicumpriya Perera Lyrics - 07

NALIN JAYAWARDENA
සිත්තරුවාණනි
Siththaruwanani සරල ගී එකතුවකි
නලින් ජයවර්ධන

Melodies & Music Directions
SANGEETH WICKRAMASINGHE

www. http://netcd.lakderana.com/CD50.php

https://itunes.apple.com/us/album/vicumpriya-perera-lyrics-07/id899741336

https://play.google.com/store/music/album/Nalin_Jayawardena_Siththaruwanani?id=Bpfp5gfwcnnwpgoyzmkvpkzg23e&hl=en

NALIN JAYAWARDENA
Including a duet with Chethana Ranasinghe

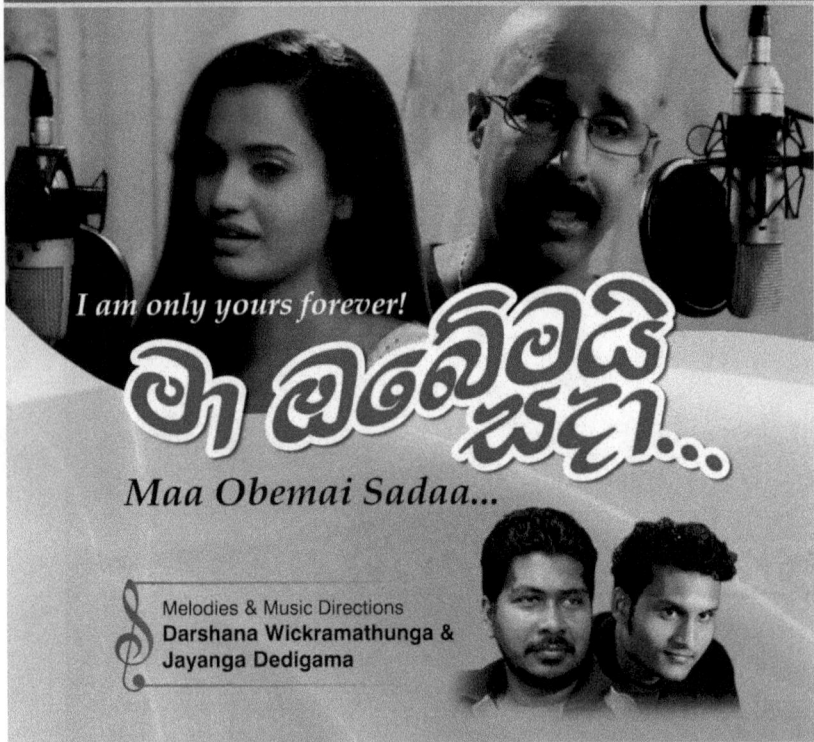

I am only yours forever!

මා ඔබේමයි සදා...

Maa Obemai Sadaa...

Melodies & Music Directions
Darshana Wickramathunga &
Jayanga Dedigama

ආචාර්ය විකුම්ප්‍රිය පෙරේරා ගී සංකල්පනා - 6
මල් රේණුවක්
නලින් ජයවර්ධන
COMPACT
disc
DIGITAL AUDIO

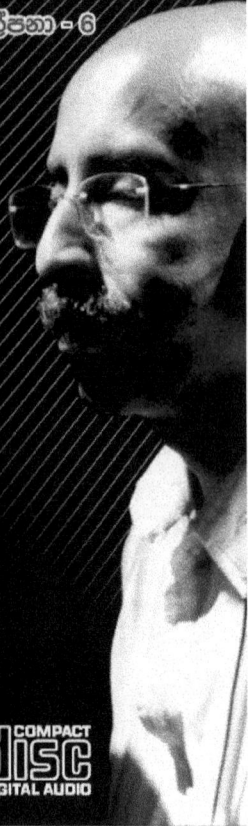

http://netcd.lakderana.com/CD46.php

https://itunes.apple.com/us/album/vicumpriya-perera-lyrics-06/id603727163

https://play.google.com/store/music/album/Nalin_Jayawardena_Mal_Renuwak_%E0%B6%B8%E0%B6%BD_%E0%B6%BB_%E0%B6%AB_%E0%B7%80%E0%B6%9A?id=Bw72oh5eok22uux3xw2yjv5ia3m&hl=en

NALIN JAYAWARDENA

නලින් ජයවර්ධන
සංසාර
Sansara Suwanda සුවඳ

Melodies & Music Directions
ANANDA WAIDYASEKERA

www. http://netcd.lakderana.com/CD47.php

iTunes https://itunes.apple.com/us/album/sansara-suwanda/id979760784

Google Play https://play.google.com/store/music/album/Nalin_Jayawardena_Sansara_Suwanda?id=B7k5bjl77qksbdex7ksuzxegvxm&hl=en

සුනිල් ගෝවින්නගේ ගී සංකල්පනා
පර්ත් ගමට පායයි සඳ...
Lyrical Compositions of **Sunil Govinnage**

ගී ගායනා:
නලින් ජයවර්ධන

www. http://netcd.lakderana.com/CD27.php

https://itunes.apple.com/us/album/perth-gamata-paayayi-sandha/id381220184

https://play.google.com/store/music/album/Nalin_Jayawardena_Perth_Gamata_Paayayi_Sandha_Suni?id=Bzlie2tdjhdiukxn3aagjm2wabu&hl=en

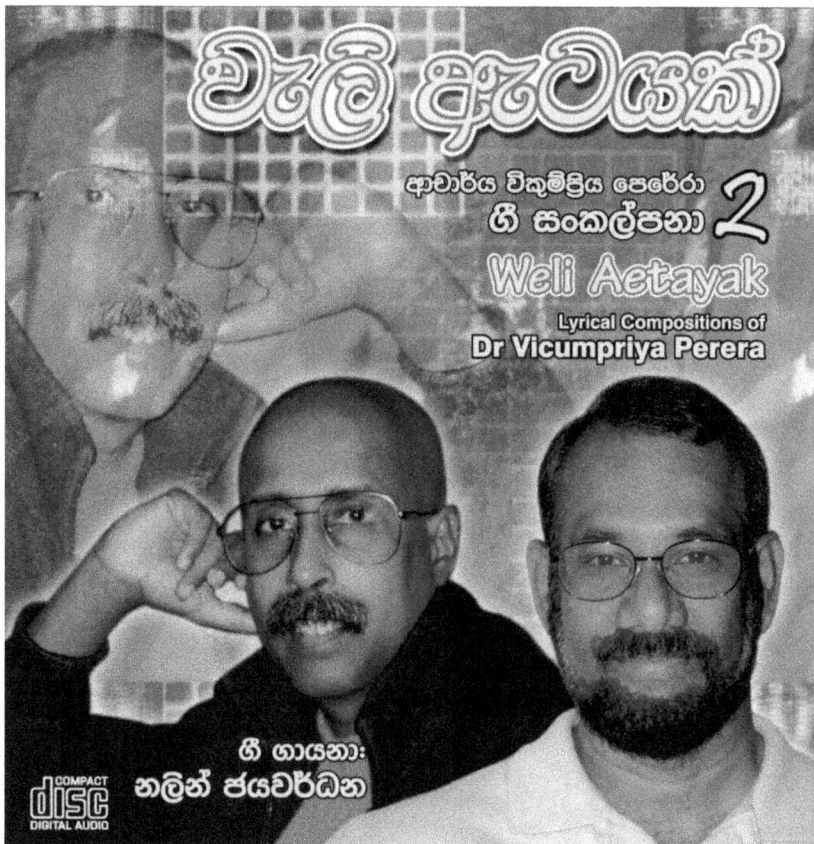

වැලි ඇටයක්
ආචාර්ය විකුම්ප්‍රිය පෙරේරා
ගී සංකල්පනා 2
Weli Aetayak
Lyrical Compositions of
Dr Vicumpriya Perera

ගී ගායනා:
නලින් ජයවර්ධන

නලින් ජයවර්ධන

Sonduru Vasanthaya

Nalin Jayawardena back to the 70's

Melodies & Music Directions
RUKSHAN KARUNANAYAKE

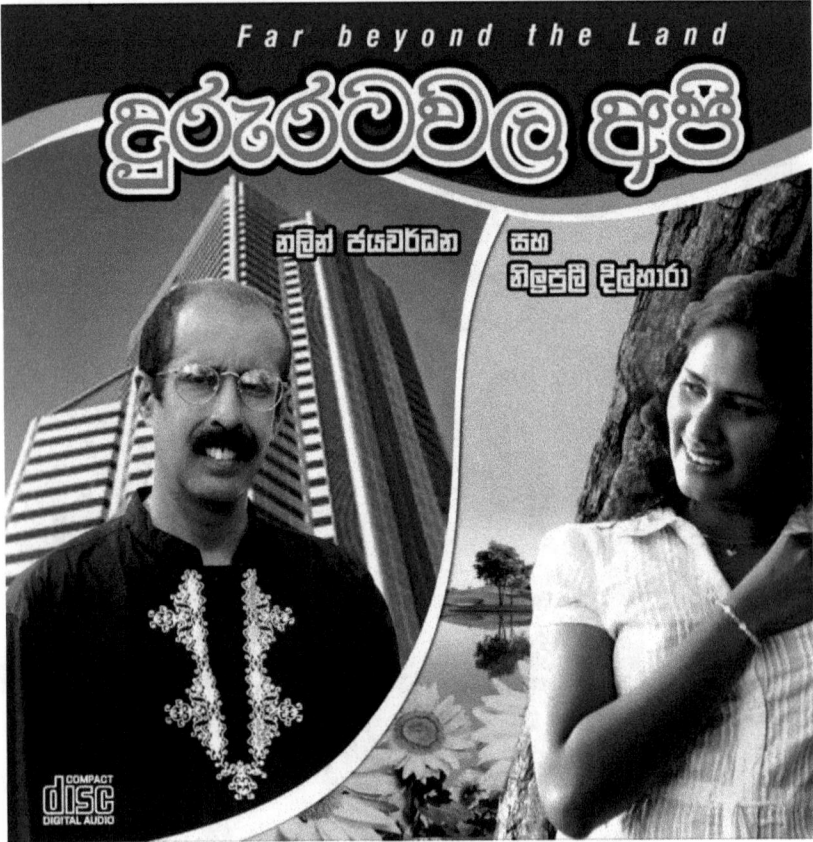

Far beyond the Land

දුරුරටවල අපි

නලින් ජයවර්ධන සහ නීලපුලි දිල්හාරා

http://netcd.lakderana.com/CD32.php

https://itunes.apple.com/us/album/duru-ratawala-api/id411586157

https://play.google.com/store/music/album/Nalin_Jayawardena_Duru_Ratawala_Api_Special_Editio?id=Bavjpmuuhdteovzswjzzmurr3lm&hl=en

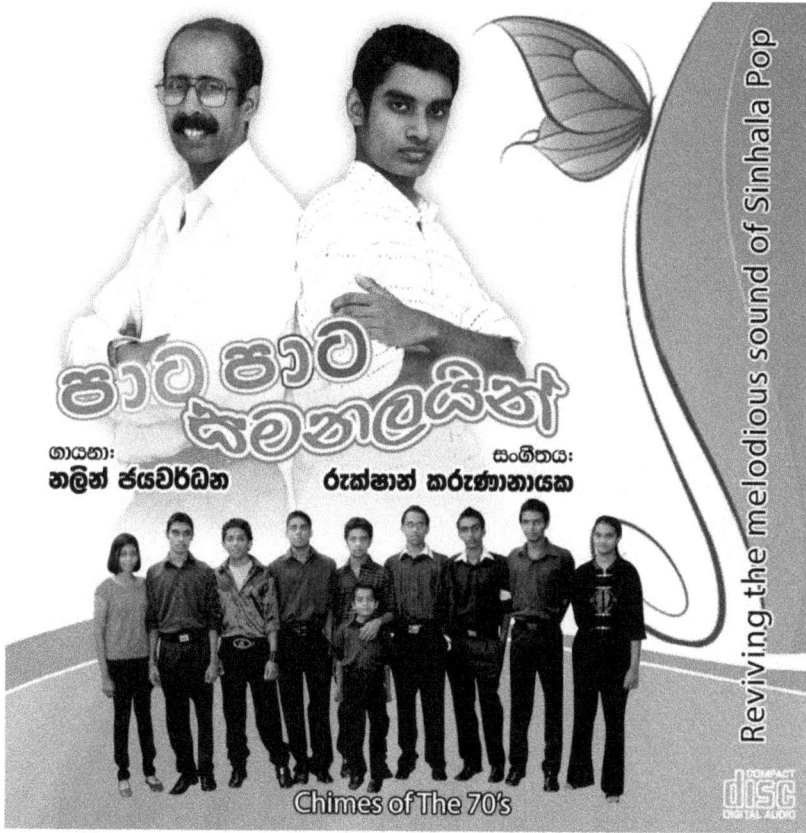

Reviving the melodious sound of Sinhala Pop

පාට පාට සමනලයින්

ගායනා:
නලින් ජයවර්ධන

සංගීතය:
රුක්ෂාන් කරුණානායක

Chimes of The 70's

http://netcd.lakderana.com/CD26.php

https://itunes.apple.com/us/album/paata-paata-samanalayin-chimes/id382974750

https://play.google.com/store/music/album/Nalin_Jayawardena_Paata_Paata_Samanalayan_Special?id=BI3wt6rucimtodmilwuoyjpxk2i&hl=en

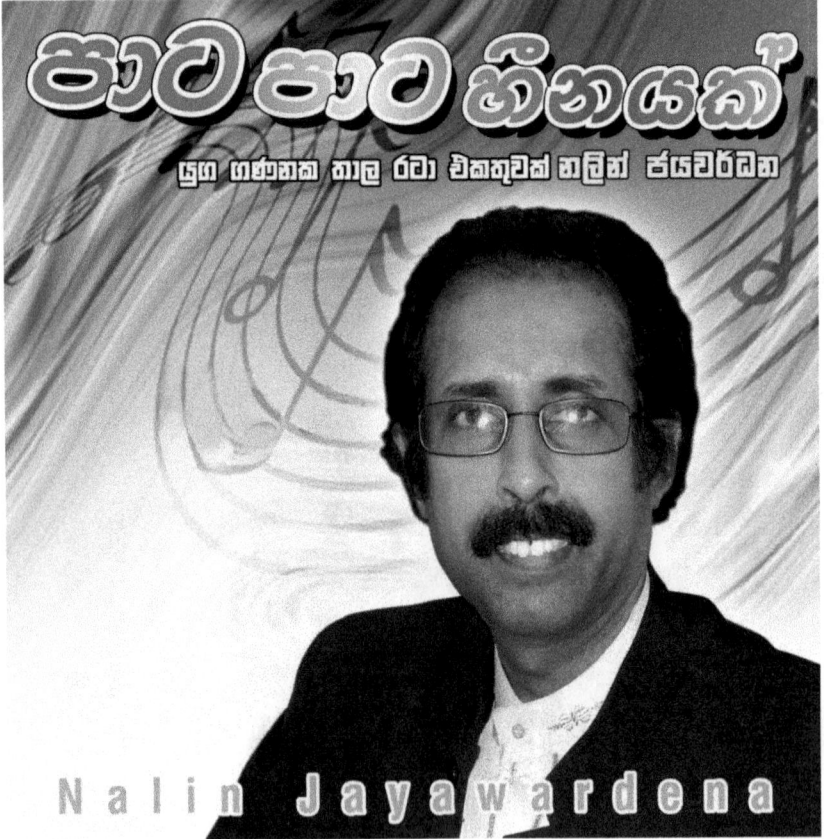

http://netcd.lakderana.com/CD20.php

https://itunes.apple.com/us/album/paata-paata-heenayak/id315464442

https://play.google.com/store/music/album/Nalin_Jayawardena_Paata_Paata_Heenayak?id=Bsaxf4m6ioc4ccpfquj3zq5um3a&hl=en

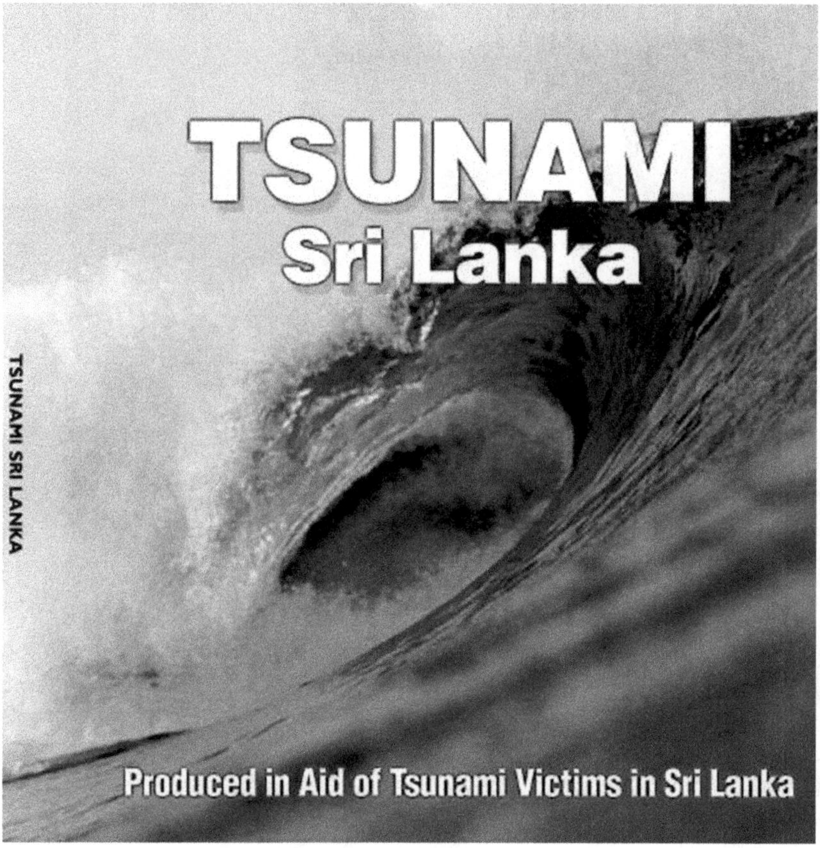

TSUNAMI
Sri Lanka

TSUNAMI SRI LANKA

Produced in Aid of Tsunami Victims in Sri Lanka

www. http://netcd.lakderana.com/CD06.php

Sinhala Jukebox
රොහාන් ජයවර්ධන
Rohan Jayawardena
නලින් ජයවර්ධන
Nalin Jayawardena
කන්ද පාමුලේ
KANDA PAAMULE
ප්‍රථම ශ්‍රී ලාංකීය අන්තර්ජාල සංයුක්ත ගී තැටිය

www. http://netcd.lakderana.com/CD01.php

www.ingramcontent.com/pod-product-compliance
Lightning Source LLC
Chambersburg PA
CBHW051939090426
42741CB00008B/1199
* 9 7 8 9 5 5 4 0 5 3 0 0 7 *